Eugène NUS

A LA
RECHERCHE
DES
DESTINÉES

PARIS
LIBRAIRIE MARPON & FLAMMARION
E. FLAMMARION, Successeur
26, RUE RACINE, PRÈS L'ODÉON

A LA

RECHERCHE

DES DESTINÉES

DU MÊME AUTEUR

Les Dogmes nouveaux, 1 vol. gr. in-18 jésus . . . . 3 fr.

Les grands Mystères, 1 vol. gr. in-18 jésus. 3 fr.

Choses de l'autre monde, 1 vol. gr. in-18 jésus . . . . 3 fr. 50

Nos bêtises, 1 vol. gr. in-32. . . . . 3 fr. 50

Eugène NUS

A LA RECHERCHE DES DESTINÉES

PARIS
LIBRAIRIE MARPON & FLAMMARION
E. FLAMMARION, Successeur
26, RUE RACINE, PRÈS L'ODÉON

I

Jeune science et vieille métaphysique.

Un monde finit, un monde commence. Ce siècle qui a vu se transformer l'outillage matériel du genre humain, assiste, dans ses derniers jours, à la transformation des idées. Nous sommes au début d'une évolution qui marquera dans nos annales. Voici, d'un côté, l'antique Orient qui s'ébranle et sort de ses sanctuaires, nous apportant la clé de ses mythes, pères des nôtres, et reliant nos analyses dans sa grande synthèse où, après nos religions, s'engouffrent nos philosophies.

Chez nous, en dehors et au dessus du vieux moule religieux, politique, social et immoral, composé de judaïsme, de paganisme et de si peu de christianisme, dans lequel les races occidentales se débattent encore, un mouvement curieux s'opère, à l'insu des masses moutonnières et de leurs bergers aveugles, sacerdoces, académies et gouvernements.

Deux ennemies qui se proclamaient irréconciliables, sont en train de se réconcilier, ne s'en doutant ni l'une ni l'autre, et plus que jamais se dénigrant. La frontière qui les séparait s'efface peu à peu, et des invasions réciproques tendent à mêler leurs deux royaumes. La science, bon gré mal gré, à chaque pas qu'elle fait en avant, se voit poussée sur le terrain de la raison pure, et celle-ci, pour qu'on ne l'accuse plus de bâtir sur le sable, est contrainte d'emprunter à sa rivale les matériaux de ses fondations. Seulement les savants, tout en plongeant dans l'inconnu, se défendent comme des diables de toucher à la métaphysique.

Ils ont beau dire. Forcément entraînées par leurs découvertes dans des régions inaccessibles à l'alambic, au scalpel et au compas, chimie, physique, biologie, cosmologie s'échappent à l'envî du champ restreint des phénomènes, pour affirmer, en deçà et au delà, des causes et des effets, purs produits de la raison. Il faut convenir que, dans les temps passés, les apôtres de l'animisme, du vitalisme, du dynamisme, du déterminisme, de l'émission, de l'ondulation, et même de l'attraction, n'ont jamais fait autre chose.

— « A chaque phase de son progrès, dit Spencer, la science a coupé court aux questions par des solutions superficielles. Infidèle à sa méthode, elle a négligé de s'enquérir de la nature des agens qu'elle invoquait avec si peu de façon. »

Négligé ! Je le crois bien. Ce sans-façon a une excuse trop valable. M. Spencer qui a pris ses *premiers principes* dans les dernières solutions de la science, n'est-il pas forcé, lui-même, de couper court à certaines questions ? Demande-t-il à la chimie l'explication de l'affinité des corps ; à la physique l'essence de la chaleur, de la lumière et du mouvement dont elle fait un seul dieu en trois personnes ; à l'astronomie le secret de la mise en jeu des atomes qui forment et déforment les mondes, et aux professeurs d'anthropologie la nature des cellules nerveuses à travers lesquelles évoluent les arts, les sciences, les dogmes, la morale, la conscience et la pensée?

Sur cette question des agents qu'elle invoque, la science n'a rien à envier ni à reprocher à la philosophie, pas même aux doctrines religieuses. Elle a procédé, comme celles-ci et comme celle-là, par tâtonements successifs, remplaçant chaque fois des affirmations erronées par des conceptions moins fausses, et elle vient rejoindre aujourd'hui sa concurrente sur un plan parallèle, sinon commun, apportant l'unité de force à côté de l'unité de Dieu, ce qui est peut-être la même chose.

Il est vrai que nos princes des laboratoires et des observatoires, d'accord avec M. Spencer, proclament ce *peut-être* infranchissable, déclarant qu'il est aussi impossible de connaître la force, que de connaître Dieu. C'est le domaine inaccessible de l'inconnaissable, ou plutôt de l'incognoscible, néologisme bien inutile créé par les apôtres de l'abstinence intellectuelle qui ont fondé, sous le nom de Positivisme, une société de tempérance contre les excès de l'esprit.

Abordons tout de suite ce problème. Car, si nous ne pouvons rien connaître, il est inutile de chercher.

II

L'inconnaissable.

Partout l'inconnu, à commencer par nous-mêmes. Nous ignorons tout, l'homme et le reste, et comment cela commence, et comment cela finit. Nous croyons vivre dans le temps, nous mouvoir dans l'espace, et ce que nous pouvons le moins comprendre, c'est l'espace et le temps. Nous ne sommes sûrs que d'une chose, c'est que nous ne sommes sûrs de rien, puisqu'il est établi que nos sens mêmes nous trompent. Que trouver? que prouver? qu'y a-t-il hors de nous? qu'y a-t-il en nous-mêmes? Est-ce l'Inde qui dit vrai : l'Illusion?

Même en admettant cela, il semble pourtant qu'une chose au moins soit réelle : le sujet qui s'illusionne. Si le temps, l'espace, le mouvement, la matière ne sont que des apparences, il y a quelqu'un à qui ces apparences apparaissent, qui les signale et les discute, et ce quelqu'un, c'est nous. Donc nous sommes, et le monde des idées est aussi, quoi qu'on dise. — « Je pense, donc je suis. » — C'est Descartes qui a raison.

A moins toutefois que ce *je* qui croit penser, ne soit lui-même qu'une illusion qui s'illusionne; qu'il n'y ait pas plus de réalité dans le sujet que dans l'objet, et que le *moi*, comme le *non-moi*, ne doivent être refoulés dans le domaine des pures fictions.

C'est, en effet, ce que d'autres penseurs, qui pensaient qu'ils ne pensaient pas, ont répondu à la célèbre formule de l'auteur du *discours sur la méthode*, et un penseur, encore pensant, qui pense que la pensée n'est qu'un mouvement mécanique d'atomes, démontre à qui veut l'entendre que le *moi* dont nous croyons avoir conscience est *une substance vide créée par une illusion d'optique, entité verbale et fantôme métaphysique,* dans laquelle il n'y a de réel que *la file des événements,* tous ramenés à la sensation, réduite elle-même, comme chacun sait, à un groupe de mouvements moléculaires. On se demande avec une certaine inquiétude de quoi peuvent être composées les molécules qui se groupent et se meuvent pour produire la sensation productrice des événements, si, comme l'affirme ce système, il n'y a pas plus de substance matérielle que de substance spirituelle, celle-ci étant *un fantôme créé par la conscience, et l'autre un fantôme créé par les sens.*

— « *Une infinité de fusées toutes de même espèce, qui, à divers degrés de complication et de hauteur, s'élancent et redescendent incessamment dans les noirceurs du vide, voilà,* selon M. Taine, *les êtres physiques et moraux.* »

Notez que ces fusées elles-mêmes, et la pensée qui les pense ne peuvent être également que des illusions d'optique, puisque toute substance est un fantôme aussi bien physique que psychique, et que les atômes, dont le mouvement mécanique fait naître la pensée, n'ont pas plus d'existence réelle que les facultés, capacités, raison, jugement, intelligence, forces, pouvoirs, etc… attribués à l'être pensant.

On comprendra, dans ce vide absolu, aussi vide

qu'il est noir et aussi noir qu'il est vide, combien il est difficile, pour conclure, de s'appuyer sur quoi que ce soit. Par bonheur, la philosophie positive vient nous tirer d'embarras, en déclarant que ce *moi* sur lequel on s'escrime à tort, est une chose qu'on ne peut nullement connaître, attendu que « *la connaissance de la personnalité qui pense est interdite par la nature même de la pensée.* »

O Socrate, que penses-tu de cela?

Il est permis de se demander si cette personnalité, que sa pensée ne peut connaître, est bien sûre de connaître la nature de sa pensée, étant donné surtout que la science positive lui refuse absolument la faculté de connaître la nature de quoi que ce soit. Mais toute cette gymnastique ne vaut pas le gros bon sens de Jean-Pierre qui, longtemps avant Descartes, disait à sa manière : — « Je pense, je sens, je jouis, je souffre, je ris, je pleure, donc je suis. » — Premier pas de la conscience raisonnée et de la raison consciente ; aurore de la philosophie.

Le second pas, c'est l'idée de cause qui se présente à tout effet doué de la faculté de réfléchir. Là encore, le gros bon sens de Jean-Pierre tombe, du premier coup, sur la voie de la solution. — « Pas d'effet sans cause. » — C'est le deuxième axiome que la nature de sa pensée lui révèle. Et ce même bon sens, aidé de l'expérience et procédant par analogie, comme feront plus tard de grands philosophes, lui certifie bientôt qu'il est totalement impossible qu'une cause communique à ses effets des qualités qu'elle ne possède pas en elle-même, et que lui, Jean-Pierre, ses parents, ses amis et ses voisins, étant doués d'une certaine intelligence et d'une certaine raison qui ne demandent qu'à grandir, le mouvement dont ils dérivent, moléculaire ou tout autre, doit forcément être approvisionné, n'importe de quelle manière, d'intelligence et de raison. — B. A. Ba de la logique.

Eh bien, non. Jean-Pierre se trompe et sa logique a tort. Quelque profond raisonneur lui démontrera bientôt qu'il n'y a aucun rapport possible entre la cause et l'effet. Au besoin même, on lui fera voir que c'est l'effet qui a produit la cause; et, si son gros bon sens n'est pas suffisamment ahuri, on finira par lui prouver qu'il n'y a ni cause, ni effet.

Sur quoi, le positivisme français lui recommandera plus que jamais de planter ses choux, au lieu de s'occuper de ces chimères, quoique le positivisme anglais déclare la recommandation parfaitement inutile, attendu que le premier besoin de la pensée humaine est de se repaître d'illusions.

— « *Construire sans fin des idées qui exigent les efforts de nos plus énergiques facultés, et découvrir perpétuellement que ces efforts ne sont que de futiles imaginations,* » tels sont, selon M. Spencer, non seulement notre destinée, mais « *notre devoir et notre tâche* ». L'objet de ce devoir, le but de cette tâche, c'est « *de nous faire comprendre la grandeur de ce que nous nous efforçons en vain de saisir* ».

On entrevoit, dans les profondeurs de ce positivisme, un mysticisme confus que les positivistes français doivent considérer comme un cas pathologique transmis par l'atavisme aux cellules nerveuses de l'éminent auteur des *premiers principes;* mais ce n'est pas moi qui le chicanerai sur ce point.

Toutefois, la tâche et le devoir qu'il nous assigne vis-à-vis de l'incognoscible, ne satisfont pas complètement ma raison. La tâche d'élever à perpétuité des constructions qui ne tiennent pas debout; le devoir impérieux de chercher continuellement à connaître, afin d'être continuellement repoussé, pour l'unique résultat « *de maintenir dans notre esprit le sentiment juste de la distance incommensurable qui sépare le conditionné de l'inconditionné* », me semble une condition un peu excessive infligée à notre pensée par sa nature. Quelqu'inabordables que puissent être les mystères de l'inintelligible, cette déception perpétuelle, offerte aux efforts de nos plus énergiques facultés, est encore pour moi le plus inconcevable de tous.

On comprend, à la rigueur, la condamnation, jadis prononcée contre Sisyphe par les juges de l'enfer. Sisyphe, si l'on en croit l'histoire, était un affreux gredin qui avait abusé du pouvoir royal pour désoler sa contrée, sans parler des circonvoisines. Si les monarques, ses collègues, coupables du même méfait, l'expient de la même façon, on doit rouler bien des rochers dans le Tartare. Mais M. Spencer ne nous dit pas ce qu'a pu faire la pauvre humanité, pour mériter ce supplice renouvelé des Grecs. Et puis, en vérité, Sisyphe serait absolument trop bête si, reconnaissant enfin, après quelques milliers de siècles, la vanité de ses pénibles escalades, il ne se décidait à écouter Auguste Comte, et à s'asseoir pour toujours, les bras croisés, sur son bloc de pierre, tournant le dos à la cîme infernale qu'il lui est ordonné et défendu de gravir.

C'est ce que Gœthe appréhendait, quand il écrivit ces paroles :

— « L'homme doit croire avec fermeté que l'incompréhensible deviendra compréhensible, sans cela il cesserait de scruter. »

Gœthe avait tort de craindre. Quoi que disent et fassent les intransigeants du positivisme, l'homme a scruté et scrutera toujours, et, plus sa puissance s'accroît, plus il fait d'efforts pour atteindre les sommets qui l'attirent... Témoin M. Spencer, un des puissants parmi les puissants d'aujourd'hui, qui s'élance, d'une magnifique envolée, jusqu'au seuil de la force suprême dont toutes les forces dérivent.

Mais la puissance a ses faiblesses, et la logique ses défaillances, puisque ce grand raisonneur, après avoir signalé l'analogie de mouvement et l'économie de ressorts à tous les degrés de la vie, assigne à la plus haute énergie de notre être l'étrange fonction de s'agiter dans le vide, inutilement dépensée et définitivement perdue. L'intellect humain méritait d'être mieux traité par l'un de ses plus illustres représentants.

Constatons un fait : C'est que tout cela est de la pure dialectique. Le positivisme français promulguant par décret les limites de la pensée, le positivisme anglais la condamnant à manœuvrer perpétuellement dans une cage à écureuil, partent d'une affirmation étayée sur des arguments, comme la plus vulgaire philosophie, et font tout simplement de la métaphysique à rebours. La science qu'ils invoquent ne peut juger au fond dans cette affaire. Elle n'a qu'un droit de contrôle sur les doctrines qui se présentent, et ne peut refuser l'estampille qu'à celles qui contredisent ce qu'elle affirme sûrement. Permis aux chimistes, aux physiciens, aux biologistes, aux mécaniciens, comme au premier philosophe venu, de construire des théories; mais ils tombent alors sous la loi commune aux inventeurs d'idées, et doivent prendre leur brevet, sans garantie du gouvernement.

Du reste, ce que la science affirme en toute sûreté ne dépasse guère la constatation et quelquefois l'enchaînement des phénomènes. Les lois qu'elle en déduit sont sujettes à caution. Des faits, jusqu'alors inobservés ou mal observés, peuvent les modifier et parfois les détruire. C'est l'histoire de l'investigation humaine à tous les degrés et dans tous les ordres où elle s'est exercée. L'expérience du passé devrait nous rendre prudents, sinon modestes. Mais la présomption n'est pas notre moindre défaut. Chaque fabricant de système déclare inaccessible à tous ce qu'il ne peut s'expliquer à lui-même. Les disciples renchérissent sur les ostracismes du maître, et nous assistons, dans nos temps prétendus avancés, à cette inconséquence bizarre de gens qui proclament la loi irrésistible du progrès, tout en élevant un mur d'airain devant les recherches de la pensée. L'homme a un tel besoin de croire et d'affirmer quelque chose, qu'à défaut de mieux, il croit qu'il ne doit pas croire, et affirme qu'il ne peut rien affirmer. Ce doute, qui ne doute plus, n'est pas le commencement, mais la fin de la sagesse.

En bonne conscience, avant de déterminer ce qu'il nous est interdit de connaître, il faudrait s'assurer que nos facultés de perception ont accompli leur dernier progrès, et qu'en surplus de celles-là, il n'y a pas en nous d'autres puissances de compréhension qui sommeillent encore. Puisqu'on déclare que notre personnalité nous est inconnue, comment découvre-t-on ce que peut ou ne peut pas atteindre une personnalité qu'on n'atteint pas?

Je sais bien qu'on se rabat sur cette maxime plus creuse que profonde, qui prétend couper court à toute discussion : — le fini ne peut comprendre l'infini.

Mais d'abord qu'est-ce qui est fini? l'esprit, la raison, la conscience? Tout ce qui se loge dans la substance grise de nos cerveaux? Tout ce qui constitue la personnalité qui pense et que la pensée ne peut connaître? Comment savoir si c'est fini, indéfini ou infini, étant admis que, là encore, on se heurte à l'incognoscible, et ne serait-on pas fondé, en bonne logique, à pencher pour la troisième solution, c'est-à-dire que la personnalité qui pense participe de l'infini dans une mesure quelconque, puisque, assure-t-on, elle échappe à la connaissance, ni plus ni moins que tous les mystères dont nous entoure l'absolu?

Cette hypothèse jetterait peut-être une lueur sur la nature de la pensée, et même, — que les élèves de M. Büchner me pardonnent cette insinuation, — sur la pensée de la nature. Tout bien considéré, on trouve en sa faveur des présomptions que n'offre pas l'affirmation contraire. Jusqu'à ce que les disciples d'Auguste Comte aient trouvé le moyen de clore ce qu'ils appellent la phase métaphysique de notre espèce, en restreignant nos préoccupations au pot-au-feu du ménage terrestre, nous sommes tenté de croire qu'on ne peut pas assigner de bornes aux aspirations de l'esprit humain. Ce grand désir, dût-il être éternellement déçu, comme le prédit M. Spencer, nous aurions toujours, au fond de notre être, quelque chose d'infini, la soif de connaître ; et la conviction que ces énergiques efforts imposés à notre nature sont condamnés d'avance à ne jamais aboutir, nous donnerait même, quoiqu'on dise des deux côtés de la Manche, une certaine notion de l'inconnaissable et de nos rapports avec lui, à savoir que l'absolu, dont le positivisme anglais affirme l'existence, se manifeste au relatif par une absurdité sans limite ou une mystification sans fin.

On assure, il est vrai, qu'il est inconditionné, ce qui est peut-être une excuse.

— Mais alors, dit Jean-Pierre, on le connaît donc ?

Même inconséquence que pour la personnalité qui pense, qu'on déclare insaisissable, et sur laquelle on légifère, comme si on la saisissait.

Puisque, décidément, même dans le camp des incognoscibilistes, on ne peut s'empêcher de qualifier l'incognoscible, mieux vaut croire fermement, avec Gœthe, que nous finirons par comprendre tout au moins ce qui concerne nos destinées, premier mystère qu'il nous importe de découvrir.

Helmholtz, qu'on ne s'attendait peut-être pas à voir opiner comme le grand allemand en cette matière, exprime ainsi sa façon de voir :

— *« De même que nos yeux ne peuvent concevoir l'étendue que comme colorée, notre intelligence ne peut concevoir les faits que comme explicables. L'existence elle-même est explicable, car puisqu'elle est un caractère, elle a sa condition, et aussi sa raison explicative, sa nécessité interne. »*

Donc, à l'instar de ce brave chauvin qui prétendait, un peu témérairement peut-être, qu'impossible n'est pas français, soutenons, jusqu'à nouvel ordre, que, dans la mesure de nos curiosités légitimes, — et je crois bien qu'elles le sont toutes, — inconnaissable n'est pas humain.

III

La Nature.

Nous voici devant l'inconnu, avec deux routes pour l'aborder : la science qui cherche le comment, la raison qui se demande le pourquoi, supposant qu'il doit y en avoir un à toute chose, même à la vie.

Les métaphysiciens de la science, dans les vues qu'ils attribuent à la Nature, ne vont guère plus loin, jusqu'à ce jour, que la conservation des espèces, l'individu, dont elle n'a cure, se tirant d'affaire comme il peut.

Cette théorie, peu obligeante pour les intérêts physiques, moraux et intellectuels des êtres particuliers, ne satisfait pas la raison habituée à exiger avant tout des finalités qui aboutissent. — Car enfin, si l'individu n'existe que pour cette entité abstraite qu'on appelle l'espèce, en vue de quoi vit cette entité?

— En vue de vivre, répond la métaphysique scientifique. La Nature fait la vie pour la vie. Si vous lui demandez son principe, elle vous répond : — « la vie. » Si vous l'interrogez sur sa fin : — « la vie, répond-elle encore. » La vie toujours et partout, voilà l'ultime secret de la force primordiale et de la matière incréée. La grande pondeuse sème à profusion ses œufs dans tous les coins de son domaine, pondant pour pondre, comme tout ce qu'elle crée vit pour vivre, et laissant à la sélection le soin d'améliorer ses produits.

Quelques biologistes, plus hardis, se risquent à admettre une sorte de plan dans ce qu'ils appellent le *processus* de la vie, mot latin tiré de l'allemand. Plan n'est pas tout à fait le mot propre, car un plan supposerait une idée dans les profondeurs de la Nature, et la Nature n'a pas d'idée. Mais on est forcé de convenir que cela y ressemble beaucoup.

Ce processus est la marche ascendante des organismes qui se perfectionnent de degré en degré, du protozoaire jusqu'à l'homme, compliquant leur mécanisme, multipliant leurs engrenages, leurs pistons et leurs ressorts, procédant du simple au composé par adjonctions, par groupements, par associations successives, et développant mécaniquement la sensibilité, les instincts, les facultés, la pensée, la conscience, le génie; car il n'y a dans tout cela qu'une simple et pure mécanique. Quand les rouages sont usés, ou cassés, bonsoir! La mécanique disparaît.

— Et tout ce travail de la vie, de la cellule primitive à la cervelle humaine, aboutit à cette fin : bonsoir! demande la raison peu convaincue?

— Fin de l'individu, mais non de la race. Peu importe à la Nature que les éprouves soient brisées, pourvu que le moule subsiste toujours.

— La Nature fait là un singulier commerce, objecte le bon sens qui comprend de moins en moins. Aussi aboutit-elle à une faillite universelle, quand, à la fin du monde sur lequel elle exerce, le moule va rejoindre les éprouves dans la grande liquidation. S'il n'y a pas autre chose au bout de son processus, votre pondeuse ferait mieux de se tenir tranquille, car elle doit voir, en fin de compte, qu'au lieu de pondre pour la vie, elle ne pond que pour la mort.

— C'est pourtant ainsi et pas autrement, déclare le dogme physiologiste. La logique et la raison, simples produits de nos cerveaux, n'ont rien à voir dans cette affaire. Il faut en prendre son parti.

Voilà le dernier mot de la philosophie naturaliste, mécaniciste, matérialiste et quelque peu... fantaisiste, qui est une des modes d'aujourd'hui. Des poètes chevelus s'en servent pour épater le bourgeois, en blasphèmant la vie entre deux verres d'absinthe; le loustic d'amphithéâtre en use pour annoncer aux badauds qu'il découpe l'âme en tranches avec son scalpel, et le pessimisme allemand demande la fin du monde, en faisant des enfants à Gretchen.

Les Allemands, depuis Leibnitz, ont fait de grands progrès en métaphysique. Ce sont eux qui ont découvert que le génie n'est qu'une névrose, que le cerveau secrète l'urine..., non, je me trompe, la pensée, à l'instar de toutes les autres sécrétions, et que le désir de vivre, placé au fond de l'être humain, n'est que l'effet d'un immonde égoïsme, triste cadeau de la Nature qui ne pouvait faire autrement, quoique dépourvue de toute logique, que de donner aux individus, pour sauvegarder l'espèce, ce déplorable instinct de conservation.

On pourrait lui reprocher d'avoir forcé la dose. La seule volonté de maintenir et de propager *per fas* et *nefas* l'existence qu'ils ont reçue, inculquée aux membres de notre branche, comme à ceux de toutes les autres, suffisait largement pour assurer la persistance du genre humain. Le besoin fallacieux qui nous possède presque tous de vivre encore au delà de cette vie, est une superfétation complètement inutile aux fins de la Nature qui, ne pouvant contenter ce caprice, avait un parti bien simple à prendre : c'était de ne pas nous le donner, ce qu'elle a fait du reste, en dehors de nous, pour ses diverses créatures qui ne s'en portent pas plus mal, et s'en portent même beaucoup mieux. Sans compter que cette chimère d'une vie future et tout ce qui s'y rattache était bien plus propre à faciliter la destruction que la conservation de notre espèce, en enfantant des religions qui promettaient aux célibataires les premières places de l'autre monde, et suscitaient de pieux fanatiques qui, pour mieux sauver les âmes, s'acharnaient à tuer les corps.

Enfin nous savons maintenant, et ce n'est pas trop tôt, grâce à la philosophie naturaliste et à la religion positive, que ce désir de survivre, particulier à l'homme, provient de deux vices fondamentaux déposés, on ne sait trop pourquoi, dans nos instincts, par la mère commune : en premier lieu, l'amour-propre ridicule qui incite les membres de la race humaine à se considérer comme supérieurs aux autres castes animales ; secondement l'égoïsme de ce *moi* qui ne peut se résoudre à cesser d'être, colorant de toutes sortes de prétextes ses fastidieuses réclamations, déclarant qu'il se refuse à concevoir les affections brisées sans retour, les efforts sans résultat, les souffrances sans compensation, les labeurs sans salaire, et qu'il ne veut absolument pas admettre que ce qu'il nomme les injustices de la vie soient confirmées par l'implacabilité de la mort.

Mais la philosophie nouvelle fait justice de ces doléances. Elle démontre péremptoirement que cette prétendue sympathie qui plaint les malheurs immérités, les existences perdues, les générations sacrifiées, et demande à l'équité d'être universelle et aux consolations de s'étendre sur tous, n'est pas autre chose qu'un raffinement de l'égoïsme qui ne souffre des douleurs d'autrui que parce qu'il les réfléchit en soi, et les ressent dans sa propre personnalité par excès d'imagination, d'où il suit qu'en réalité, nous ne pleurons que sur nous-mêmes.

Donc nous devons étouffer ce moi bestial qui définitivement ne s'occupe que de lui, tout en croyant songer aux autres, et ne considérer que l'espèce dont nous préparons l'avenir.

Telle est la conclusion d'Auguste Comte, promoteur de l'Altruisme et fondateur du culte de l'humanité.

A vrai dire, et Dieu merci, l'Altruisme n'avait pas besoin des exhortations positivistes, pour se manifester sur la terre. Il est au fond de toutes nos religions et de tous nos livres de morale. Il est l'âme de toutes ces œuvres, de plus en plus intelligentes, qui s'échelonnent et se multiplient pour soulager les misères et redresser les torts sociaux. Nos académies lui décernent des médailles et, dans la personne des grands savants, des grands penseurs, des grands martyrs, les peuples acclament ses statues. Le détachement de soi pour autrui est la seule chose qu'on vénère encore dans ce monde que le positivisme a rendu si positif, et la doctrine de l'Altruisme n'a inventé qu'un mot nouveau et enfoncé qu'une porte ouverte.

Reste à trouver le moyen d'infiltrer l'idéal dans la pratique journalière, chose difficile pour une société basée sur la lutte pour l'existence, selon les lois de l'économisme calqué sur le code naturel. Auguste Comte et ses disciples ne s'inquiètent pas de ce problème. L'instinct du moi étant détruit par l'éducation positiviste, l'individu, complétement désindividualisé, ne s'occupera que de l'intérêt des autres, et recherchera avec empressement les situations les plus humbles, pour laisser à ses voisins les richesses et les honneurs. M. Spencer, qui partage cette idée, assure qu'au bout de quelques générations, l'Altruisme aura pris un tel essor qu'on sera forcé de le réprimer dans l'intérêt général même. Il est certain que toute société deviendrait impossible dans un monde où chacun veut obéir, et refuse de commander.

Mais, en admettant que les enseignements de M. Comte, corroborés par l'hérédité qui les enfoncera de plus en plus dans nos cellules grises, amènent pour l'espèce humaine cet âge si différent du nôtre, nous nous demandons toujours à quoi aura servi ce processus, quand l'altruisme, l'égoïsme, l'idéalisme, le positivisme et tous les …ïsmes, éclos dans nos cervelles, auront disparu du Cosmos, sans qu'il en reste aucun vestige sur la croûte glacée de la terre ou dans ses atômes épars. Vivre pour vivre, quoique dise la science, n'est pas une solution suffisamment scientifique. Il doit y avoir à tout ce mécanisme physique et psychique une cause, une fin que le mécanicisme n'a pas trouvées encore.

Le pessimisme allemand prétend avoir fait cette découverte, et en entreprend l'exportation. Quelque inquiétante que soit l'étiquette qui couvre son bagage, on ne peut se dispenser d'en faire l'inventaire, et d'examiner ses offres avec attention.

IV

La philosophie de l'Inconscient.

Une preuve évidente du désarroi des esprits et de l'affolement de la boussole humaine dans notre époque de dissolution, ou de transition, comme on voudra, c'est l'invasion du pessimisme qui vient achever la débâcle. Après avoir germé et fermenté dans les brouillards de l'Allemagne, cette lamentation philosophique, renouvelée de Job avec de nombreux perfectionnements, a fait irruption en France, où le positivisme et le matérialisme avaient préparé son logement, la conséquence logique de la mort sans appel, après les tribulations de la vie, ne pouvant être, sauf pour les stoïciens, toujours en petit nombre, qu'un profond dégoût de l'existence, mêlé d'imprécations contre sa cause, quelle qu'elle soit.

Schopenhauer a donné le branle à cette danse d'idées macabres à laquelle se livre avec transport toute une école de littérateurs.

Mais, tandis que l'Allemand, entraîné de naissance vers les mystères de l'absolu, s'élançait à la recherche de l'origine du mal dans les régions de l'invisible, le pessimisme français, attaché à la surface, ne songeait qu'à déblatérer contre le processus des choses, mettant tout sur le compte des combinaisons aveugles de la matière, opérées par la Nature, qui n'en peut mais, et que l'on n'en maudit pas moins.

Schopenhauer a trouvé, et M. de Hartmann a complété sa découverte. Le mal vient de la vie, ou plutôt c'est la vie même. Si rien n'était, tout serait pour le mieux. Contre les maux sans nombre et sans fin infligés par l'existence aux créatures de tous genres et de tous degrés qui pullulent et pâtissent sur cette terre et sur les autres, bêtes et gens n'ont qu'un refuge : le non-être d'où ils sont sortis. Il s'agit d'y rentrer, et ce n'est pas facile, car la mort n'est pas un moyen. La disparition de votre conscience individuelle n'atténue en rien les souffrances du tout dont vous faites partie. C'est la vie de ce Tout, le processus universel, le temps, l'espace, le monde, qu'il faut anéantir. Comment s'y prendre ?

Le pessimisme allemand ne s'est pas contenté de poser le problème ; il l'a résolu. Pour supprimer la vie, il s'agissait d'abord d'en connaître la provenance. Le Dieu personnel tirant le monde du néant et se complaisant dans son œuvre, pour la damner quelques jours plus tard, n'offrait pas à la certitude des points d'appui suffisants. Leibnitz, pour justifier sa grande Monade, était forcé de tomber dans l'optimisme, déclarant que le mal, essentiellement négatif, n'est pas autre chose que la privation du bien. L'Idée absolue d'Hégel, petite-nièce de Platon et fille de la nature-naturante de Spinosa, pouvait, avec toute apparence de raison, être l'objet des récriminations de la nature-naturée ; car enfin, si le monde est une idée de l'Idée, c'est à celle-là seule que peuvent s'en prendre tous ceux qui ne sont pas contents.

Aussi le panthéisme pessimiste, ou moniste, comme M. de Hartmann appelle le sien, — j'ai oublié de dire que Schopenhauer et M. de Hartmann sont panthéistes, comme tous les grands penseurs de l'Allemagne moderne, — déclare-t-il que l'Idée est complètement étrangère à toute ingérence dans l'éclosion de la Vie, contre laquelle même, paraît-il, elle n'eût pas mieux demandé que de protester à l'origine. C'est la Volonté qui a tout fait.

Examinons ce mystère :

Pour dégager la cause suprême de toute participation aux souffrances des créatures, le pessimisme panthéiste a décrété l'inconscience de l'Absolu. Étant donné que le pessimisme trouve que ce monde est absolument mauvais, c'était le seul moyen d'innocenter la Toute-Puissance.

— « *Il faut*, dit M. de Hartmann, *que l'existence du Monde ait été décidée par l'acte d'une volonté aveugle que n'éclairait aucun rayon de l'intelligence raisonnable, pour que cette existence devienne compréhensible, et que Dieu, comme tel, n'en soit pas rendu responsable.* »

Voilà Dieu sauvé. C'est déjà une consolation.

Cette conception de l'*Inconscient*, qui remonte au Nirvâna hindou pris dans son acception vulgaire, n'était pas du reste une nouveauté pour l'Allemagne. Hégel, Shelling, Fichte et leurs disciples l'ont indiquée plus ou moins clairement. Mais la démonstration complète de l'inconscience du Tout était réservée au pessimisme, qui a pénétré dans les plus intimes profondeurs de la source des choses.

Nous voilà loin du fameux axiome : « Le fini ne peut comprendre l'Infini. » C'est que, selon M. de

Hartmann, nous avons en nous de l'infini, c'est-à-dire de l'inconscient, puisque c'est identiquement la même chose. C'est par ce côté inconscient de notre nature, instinct, intuition, génie, que nous pénétrons dans l'inconscience de l'Absolu, et que nous pouvons découvrir sa manière d'être, ou plutôt de ne pas être, car l'Un qui est tout n'est absolument rien, si l'on en croit la définition donnée par la *philosophie de l'inconscient* : — « *Il n'est ni grand ni petit, ni dans un lieu ni dans un autre, ni fini ni infini, ni présent sous une forme, ni en un point, ni quelque part, ni nulle part.* »

On comprend que ce néant soit inconscient de lui-même ; mais ce que l'on comprend moins, c'est qu'une conscience puisse le concevoir.

Et pourtant, dans ce rien qui va produire le tout, une chose, et même deux choses sommeillent. Schopenhauer n'en a vu qu'une ; M. de Hartmann en a vu deux. Schopenhauer a vu la Volonté ; à côté d'elle, ou plutôt au-dessous d'elle, M. de Hartmann a vu de plus l'Idée, chacune inconsciente, bien entendu. Il n'y a que de l'inconscient dans l'inconscience universelle.

Et c'est, avons-nous dit, la Volonté qui a fait tout le mal, en s'éveillant un beau matin, si l'on peut se servir de cette expression dans l'état du non-être où il n'y a ni jour ni nuit, en s'éveillant enfin dans un moment donné, quoiqu'il n'y ait pas de moment, quand le temps n'existe pas encore, en s'éveillant n'importe où et n'importe comment, pour vouloir vivre.

Si cette velléité ne lui était pas venue, et elle pouvait ne pas lui venir, rien de ce qui fut, est et sera n'aurait connu l'existence, et nous serions tous encore plongés dans l'on ne sait quoi, inerte et sans forme, ni finis ni infinis, ni quelque part, ni nulle part. — « *La Volonté en soi,* enseigne la métaphysique pessimiste, *pourrait vouloir et, par suite aussi, ne pas vouloir. Le vouloir vivre est la Volonté qui s'est déterminée à vouloir.* »

Pourquoi la Volonté a-t-elle voulu vouloir? Ceci, nous ne pouvons le dissimuler, est le côté faible de la doctrine. Une volonté qui veut, sans qu'une idée quelconque l'ait induite à vouloir, — car, dans l'acte de la Volonté, l'Idée, dont la présence dans l'Absolu niée par Schopenhauer est affirmée par M. de Hartmann, n'intervient pas encore; la Volonté va l'éveiller tout à l'heure pour la forcer de lui prêter son concours, — la Volonté, disons-nous, toute inconsciente qu'elle soit, n'a aucun motif pour se permettre de vouloir vivre, ignorant complètement, puisqu'elle ignore tout, ce que peut bien être la vie. Du reste, elle serait impardonnable si, le sachant, elle s'obstinait à la vouloir.

De motif, elle n'en a pas, le pessimisme en convient; c'est le hasard qui la décide. Shelling, qui n'est pas pessimiste, a exprimé la même opinion : — « Le Vouloir, a-t-il dit, qui est pour nous le commencement d'un Monde, est le hasard en soi. »

Voilà encore une chose qui sommeillait dans l'Inconscient, et la plus importante de toutes, puisque c'est elle qui fait que la Volonté veut. Mais alors ce n'est pas à la Volonté, c'est au Hasard en soi que nous devons le triste cadeau de la Vie, et cette fois, nous avons bien affaire à l'inconscience absolue. Qu'y a-t-il de plus inconscient que le hasard?

Enfin, d'où qu'il vienne, le mal est fait : la Volonté a voulu. Mais, si l'on peut vouloir sans le secours de l'idée, ce qui est déjà bien difficile, il est complètement impossible de réaliser son désir, sans avoir l'idée de ce que l'on veut. La Volonté appelle donc l'Idée qui sommeille à côté d'elle ; et, comme celle-ci, qui n'a pourtant pas de volonté, pas plus que la Volonté n'a d'idée, ne veut pas entendre parler de vivre, la Volonté lui fait violence, « *l'attire et la saisit.* »

— « *On voit clairement ici,* dit M. de Hartmann, *que la Volonté et l'Idée sont dans le rapport du principe masculin et du principe féminin.* »

Si cela se voit ! Pauvre féminin ! déjà victime, même dans le sein de l'absolu ! Et nous prétendons qu'elles ont tort de se plaindre ! Elle cède donc. Mais qu'on ne lui jette pas la pierre ; c'est pour un motif si louable, que son péché lui sera remis.

— « *L'idée,* ajoute M. de Hartmann, *qui, avant l'existence réelle, est dans un état d'innocence bienheureuse, sacrifie cette innocence virginale, pour sauver à la fin la Volonté, qui ne peut se sauver elle-même.* »

Nous connaissons maintenant l'origine des tendres dévouements et des touchants sacrifices qui sont l'apanage du féminin, dans notre monde manifesté. Ajoutons-y un peu de ruse, ce qui rendra l'analogie encore plus frappante, car c'est à l'insu du principe masculin, et en dépit de ses efforts, que l'Idée se propose de le sauver.

Sa tactique est bien simple. C'est la Volonté qui veut la vie ; il faut arriver à ce que la Volonté ne la veuille plus. La cause supprimée, l'effet disparaîtra de lui-même. Or c'est l'Idée qui dirige le processus de la vie. C'est à l'aide de ce processus qu'elle en viendra à ses fins, et elle organise l'évolution de manière à former l'intellect et la conscience. On comprend que, une fois disséminée dans les cerveaux humains et devenue intelligente et consciente, la Volonté, qui voulait vivre, finira par reconnaître que la vie n'est qu'une amère dérision, et n'aura plus d'autre vouloir que celui de rentrer dans le néant, d'où elle est si sottement sortie.

— « *Pour échapper*, dit M. de Hartmann, *à la calamité du vouloir, que l'Idée inconsciente, malgré sa logique et son omniscience, ne peut prévenir, parce qu'elle n'a aucune initiative en face de la Volonté, l'Inconscient a recours à la conscience qui doit émanciper l'Idée en divisant la Volonté par l'individuation, et en l'entraînant ainsi dans des directions opposées qui se neutralisent. Le principe logique conduit de la façon la plus sage le processus du monde jusqu'au développement de la conscience, de telle sorte que la Volonté actuelle soit réduite à néant. Le processus du monde finit alors, et sans laisser après lui les éléments d'un nouveau processus.* »

La philosophie de l'Inconscient semble avoir oublié une chose : c'est qu'autour de notre soleil, il y a d'autres terres que la nôtre, et d'autres terres probables encore autour des autres soleils, sur lesquelles doit s'exercer également la déplorable volonté de vivre. Quelque haute considération que nous ayons pour notre globe et pour nous-mêmes, nous ne pouvons pas décemment supposer qu'il nous suffira de voter la suppression de la vie, pour faire disparaître, avec notre grain de sable, tous ces millions d'étoiles et de planètes. Ou bien il faut admettre que, sur la totalité des mondes habités, se déroulent des processus parallèles au nôtre, amenant au même point, dans le même moment, toutes les consciences de l'Univers, chose peu acceptable pour la majorité des astronomes qui assurent, à tort ou à raison, que les Mondes n'ont pas le même âge, et prétendent même trouver, au bout de leurs lunettes, des nébuleuses à peine écloses, encore en voie de formation.

Il y a là une difficulté que, à ma connaissance du moins, le Panthéisme moniste n'a pas, jusqu'à ce jour, résolue. Mais je crois qu'il suffit de la lui signaler, pour qu'il en vienne aisément à bout. Admettons donc que, d'une façon ou d'une autre, le processus universel prenne fin sans laisser de trace après lui, et que l'Un-Tout rentre, à la chute des temps, dans son état de félicité suprême, « *qui n'est pas autre chose que l'absence de toute douleur* ». On croit que c'est fini. Pas du tout! Cela peut recommencer absolument de la même manière. Le Pessimisme nous en prévient :

— « *Il n'y a pour l'Inconscient ni expérience, ni souvenir. L'expérience du processus passé ne saurait l'empêcher de courir la même aventure. Nous sommes obligés d'abandonner, comme une pieuse illusion, l'espoir flatteur qu'après la conclusion du processus universel, l'Inconscient se renfermera dans une paix définitive, et saura jouir de ce repos définitif. Il est incontestablement possible que la puissance de la Volonté se décide encore une fois à vouloir. Le hasard seul, dans toute la rigueur mathématique du terme, décidera si la Volonté voudra ou ne voudra pas. La vraisemblance d'une résolution nouvelle est donc égale à demi.* »

On ne peut rien objecter à ce calcul. Il n'y a pas en effet de raison pour que cela finisse, la raison n'ayant absolument rien à voir dans cette affaire. Donc, au petit bonheur ! puisque le Hasard est maître de tout.

Reste la question du processus du monde. Là, le Panthéisme moniste sort de l'invention pure, et appelle la science à son aide. Il s'agit de prouver que toutes les forces, toutes les lois, tous les mouvements, toutes les évolutions géologiques, biologiques, sociologiques, ne tendent qu'au but poursuivi par l'Inconscient. M. de Hartmann prend en croupe la physiologie et la psychologie, et les fait galoper avec lui sur le dada de son système, s'assimilant ce qu'elles démontrent, et expliquant ce qu'elles n'expliquent pas. Tout s'élucide, en effet, par l'intervention permanente de la puissance qui est au fond de la vie, et s'ingénie à la perfectionner pour la détruire, s'efforçant en chemin, puisqu'elle est forcée d'exploiter ce triste domaine, d'en tirer tout le bien qu'elle peut, et de faire ce monde le moins laid possible.

Ainsi s'explique le côté esthétique des choses, ces merveilles de formes et de couleurs que l'on trouve jusque dans les organismes rudimentaires cachés au fond des océans, luxe de la nature pour la nature, qui nous semble une folle dépense. C'est l'Inconscient qui dore ses chaînes, et, dans les premières associations de cellules vivantes, fait naître ce besoin de produire la beauté qui se développera avec la vie et se fixera dans les espèces, jusqu'à la pleine conscience de l'homme, où le goût du beau se connait, s'affirme, et, s'aidant des leçons de la nature, devient créateur à son tour. L'art est né, bien longtemps avant nous, avec la première fleur marine conçue, avant d'éclore, dans la pensée préexistante. Et ce culte des harmonies esthétiques, instinctif ou raisonné, joignant l'utile à l'agréable, va présider, par la sélection sexuelle, à la reproduction des êtres et à leur progression nécessaire, tant il est vrai que l'économie divine sait tirer parti de tout, et ne perd jamais de vue son but et ses fins.

Car enfin, il faut bien le dire, ce Un-Tout qui vit dans la Vie, cet inconscient qui est en nous, dirigeant le travail secret de nos organes et venant, jusque dans le siège de nos consciences, susciter les pressentiments et les intuitions de la pensée, ce n'est pas seulement le Dieu du Panthéisme, le Parabhram de l'Inde Ésotérique, la Nature de Spinosa, l'Idée pure d'Hégel; c'est le Dieu du théisme, le Dieu des chrétiens, le Tout-Puissant, l'Omniscient, l'Intelligence, la Raison, la Providence qui conduit et gouverne tout par sa sagesse impeccable, aussi bien le processus de l'humanité que celui de la nature, intervenant de son initiative personnelle à toutes les phases de notre histoire, faisant naître, au moment voulu, les conquérants, les législateurs, les révélateurs, Moïse, Alexandre, Jésus, Attila, Pierre l'Ermite, tous les remueurs d'hommes par l'action ou par la pensée, tous les brasseurs de la fournaise humaine, le Dieu du miracle enfin, sans cesse actif, et mû par cette volonté suprême : anéantir la vie.

Il est vrai que nous avons déjà sa volonté occupée à vouloir vivre. Mais, j'en demande bien pardon à M. de Hartmann, il est impossible de ne pas voir aussi une volonté dans cette résolution opiniâtre de supprimer le monde, et, malgré l'ingéniosité de sa logique, trop ingénieuse peut-être, il lui sera difficile de nous ôter de l'esprit que ce Dieu, tel qu'il nous le montre, peu conséquent avec lui-même, veut ce qu'il ne veut pas, et ne veut pas ce qu'il veut.

Schopenhauer évite cette contradiction au sein de l'Absolu, en lui refusant l'intelligence. Le Vouloir qui ne veut plus vivre est un produit de la vie même, dû, comme elle, au pur hasard, car le père du pessimisme germain ne s'est pas contenté de mettre à la base ce facteur étrange et commode : il l'a introduit partout. Pour lui, la Volonté seule constituant l'être du monde, l'idée, la logique, n'est qu'un produit accidentel du cerveau. S'il se rencontre, ici-bas et ailleurs, un peu de raison, d'ordre, de bon sens, le hasard seul en est l'auteur, puisque le principe est inintelligent, dénué de tout sens et aveugle. L'intellect conscient n'est qu'un parasite apporté on ne sait d'où, par le hasard, au sein de l'absolue inintelligence.

Voilà où mène l'esprit de système, quand un hasard, venu on ne sait d'où, l'a fait entrer dans la cervelle d'un métaphysicien allemand.

A plus forte raison ici que dans les autres branches du Panthéisme moderne, on comprend que l'Individu n'existe pas pour lui-même, et n'est qu'une passagère manifestation de l'Un-Tout qui a besoin de s'émietter, pour la fin que nous savons. L'être particulier n'est qu'un phénomène, non une substance; la conscience, qu'une fonction du cerveau. Nous passons comme l'arc-en-ciel et le mirage. Cela nous contrarie presque tous; mais Auguste Comte a tort de nous reprocher ce désir égoïste de persévérer dans l'existence. Ce n'est pas notre faute : nous cédons à la pression de la Volonté aveugle qui est en nous et continue de vouloir vivre. Cela ne durera pas. Le processus commence à entrer dans une bonne voie, grâce au pessimisme scientifique, qui démontre par $A+B$ que la vie n'est qu'une déception. Encore quelques générations de phénomènes, après quoi le positivisme lui-même, cessant de considérer l'humanité comme une substance, renoncera à l'idéal du bonheur futur de l'espèce, dernier refuge de l'illusion, et ne s'occupera de nos petits neveux que pour leur épargner la contrariété d'être, en écrivant le plus tôt possible sur la dernière page de l'histoire du monde : — *Requiescat in pace!*

V

L'Inde antique.

La philosophie de l'Inconscient nous conduit naturellement à la grande métaphysique Indoue, dont elle est la fille dégénérée. Là, du moins, quelle que soit la hardiesse des conceptions, nous ne nous trouvons pas devant l'impossible. Le monde n'est plus le produit d'une volonté stupide, triste jouet du hasard. Les jours et les nuits de Brahma, sauf une réserve que nous ferons plus tard, n'offensent ni la raison, ni la logique, et la science même, la pure science d'observation, tout en refusant à la pensée le droit de porter son vol dans ces hauteurs inaccessibles, est forcée de convenir que l'étrange assertion de nos pères Aryens semble avoir deviné les constatations de la physique, de la chimie et de l'astronomie de nos jours.

Une chose, en effet, dont nos savants ne paraissent pas se douter, c'est qu'ils nous ramènent au credo des anciens sanctuaires, les physiciens par l'unité de force, les chimistes par l'unité de substance, le naturalisme et la biologie par l'unité d'origine des trois règnes et la loi, une aussi, de leur évolution. Quant aux astronomes, depuis sir John Herschel, tous les faits observés dans les mouvements de l'univers les contraignent d'admettre comme probable le retour de l'hétérogène à l'homogène, de la matière différenciée à une nébuleuse unique, par le rapprochement progressif de tous les corps stellaires et leur réunion finale en une seule masse, conformément à la loi d'attraction. M. Spencer va plus loin encore. Tout en maintenant inabordable la question de Cause, il proclame la permanence de la force et conséquemment de la vie, et, après la destruction des choses, prédit leur reconstruction.

Voici la conclusion de ce livre monumental, *Les premiers principes,* qui résume toutes nos connaissances d'aujourd'hui :

— « Les forces universellement existantes d'at-
« traction et de répulsion qui impriment un
« rythme à tous les changements mineurs de l'uni-
« vers, impriment aussi un rythme à la totalité de
« ces changements, c'est-à-dire produisent tantôt
« une période immense durant laquelle les forces
« attractives prédominent et causent une concen-
« tration universelle, tantôt une période immense
« durant laquelle les forces répulsives prédominent
« et causent une diffusion universelle, des ères
« alternantes d'évolution et de dissolution. » —
Jour et nuit de Brahma, *manvantara* et *pralaya*
des Indous. — « Alors on se forme l'idée d'un passé
« durant lequel il y a eu des évolution successives,
« analogues à celle qui s'accomplit actuellement, et
« d'un avenir durant lequel il se peut que des
« évolutions pareilles s'accomplissent successive-
« ment, toujours les mêmes en principe, mais
« jamais les mêmes par le résultat concret. »

Il manquait aux surprises de ce siècle de voir le

positivisme moderne entrer dans le giron de l'intuition antique, et les hypothèses de la science occidentale expliquer le dogme des Védas. Aussi les derniers initiés des vieux temples orientaux, les Brahmes qui ont gardé le dépôt de la parole secrète, le Pape de Ceylan, les adeptes du Thibet, plus familiers que nous ne pensons avec nos hommes et nos idées, invoquent-ils, vis-à-vis de nous, Newton, Laplace, Darwin, Hœckel et Cie, à l'appui de leurs doctrines.

Avant d'examiner les idées de notre mère et nourrice, la vieille Asie, un mot sur cette terre si pleine de mystères, auxquels viennent s'ajouter aujourd'hui deux nouvelles énigmes : l'histoire du Cycle de Ram, et les Mahatmas de l'Hymalaya.

Je n'ai pas compétence pour me prononcer sur la légende du héros celtique qui, selon Fabre d'Olivet, réédité par M. de Saint-Yves, aurait été conquérir l'Inde à une époque qui nous échappe, pas plus que sur la réalité des civilisations noire et rouge qui auraient précédé la blanche qu'en dépit des chemins de fer, des télégraphes et des téléphones, nous voyons s'épanouir en ce moment d'une assez triste façon. Je souhaite que l'auteur de la *Mission des Juifs* nous ramène le règne de l'agneau, en prenant le taureau par les cornes ; mais je voudrais être convaincu que tout cela est autre chose qu'une poétique fantaisie issue du Ramayana. Quant à l'existence des maîtres de l'occultisme Bouddhiste qui, si l'on en croit les Théosophes de Madras, manipulent la matière astrale sur les montagnes du Thibet, il m'est aussi difficile de la nier que de l'affirmer, faute de preuves suffisamment évidentes, et je suis contraint de rester également dans le doute, sur cet article de foi.

La terre des Brahmes, des Richis, des Joguis et des Fakirs nous fournit bien d'autres points d'interrogation, dans le fond comme à la surface. Nous ne savons pas même l'âge des Védas. Ceux-ci les refoulent dans la nuit des temps inconnus. Ceux-là démontrent qu'ils ne peuvent être que le produit d'une civilisation avancée. Civilisation, soit! Mais à quelle date remonte-t-elle? La chronologie, l'archéologie, la philologie, embrouillées par l'astronomie, flottent encore entre au moins vingt mille et tout au plus cinq mille ans. Attendons qu'un hasard vienne trancher la question, comme c'est arrivé, paraît-il, pour la chronologie égyptienne de Manéthon, si longtemps reléguée au rang des fables par les soixante siècles de la Bible. Tant de choses ont fait pousser les hauts cris a des générations d'académiciens, qui sont aujourd'hui le B. A. ba des écoles, sans compter celles qui le deviendront plus tard, qu'on doit se garder d'être impoli vis-à-vis des nouveautés qui se présentent.

Même dispute sur la façon dont l'idée de l'unité du Tout est entrée dans les têtes humaines. Ici le Positivisme et le Mysticisme sont aux prises, le premier faisant procéder la pensée religieuse de bas en haut, le second, de haut en bas. Pour les positivistes, l'odieuse métaphysique a commencé par un fétichisme encore plus grossier que celui qui nous apparaît chez les plus infimes sauvages. C'est la peur qui fit éclore le sentiment du divin dans notre espèce. Les premiers dieux de l'humanité furent les bêtes qui la mangeaient. Par un sentiment d'équité, mais beaucoup plus tard, il est vrai, — la justice est toujours tardive, — l'homme finit par adorer les bêtes qu'il mangeait lui-même ; et, une fois lancé sur la route du sentiment par la reconnaissance de l'estomac, étendit son culte aux plantes et aux fruits dont il se régalait, témoin l'oignon, dieu en Égypte. Le phénicien Sanchoniaton, plus compétent, s'il exista jamais, pour parler des premiers âges de l'homme, est tout à fait de cet avis. — « Les premiers hommes, dit-il, consacrèrent des plantes et des productions terrestres. Ils leur attribuèrent la divinité, révérant les choses qui les nourrissaient. »

Puis le fétichisme, montant en grade, cessa de diviniser les choses, pour porter ses hommages sur les forces qui les produisaient, et le polythéisme naquit, personnifiant dans des divinités très peu différentes de nous, tous les agents de la nature. L'école d'Auguste Comte et les naturalistes à la suite démontrent mathématiquement la marche de cette production du divin dans les compartiments de la cervelle humaine arrivant enfin à la conception de l'unité suprême, dans le monothéisme sémitique et le panthéisme indou.

Pour les mystiques, au contraire, l'émotion religieuse a commencé par la perception de l'infini, perception vague et confuse, sentiment ou plutôt pressentiment du formidable inconnu qui nous entoure et qui se révèle à nos sens, avant d'éveiller notre raison. Cette épouvantable et insaisissable grandeur a été la première voix qui ait parlé à l'âme humaine. La personnification des forces n'est venue qu'après l'intuition du divin. — « Nos ancêtres, dit Max Muller, se sont agenouillés, avant de pouvoir concevoir celui devant lequel ils s'agenouillaient ». — C'est en cherchant à définir cette grande idée naturelle de l'infini, spontanément éclose, que l'esprit humain a enfanté le polythéisme. — « L'homme, affirme M. de Hartmann, cherche la divinité et trouve les Dieux. » — Enfin les superstitions inférieures et le fétichisme lui-même ne sont que des dégénérescences du polythéisme primitif.

A l'appui de cette phase décroissante née de la création préméditée ou involontaire des mythes, on cite certaines choses de la nature, le soleil, le feu, la lune, qui, d'abord adorés impersonnellement, auraient été personnifiés plus tard, parce qu'on prit à la lettre les expressions figurées qui les désignaient, comme le brillant, le soleil lumineux, Zeus, en sanscrit *Dyans*. Zeus, Jupiter, épouse Léda, la Nuit, et de leur union naît la lune, ΣΕΛΗΝΗ, fille de la lumière et de l'ombre ; ΣΕΛΗΝΗ, ΕΛΗΝΗ, Hélène, fille de Jupiter et de Léda, cause de la guerre de Troie. La poésie aidant, voilà comment les mythes s'établissent, et les légendes deviennent l'histoire.

Sur la question du processus religieux, je suis tenté de donner tort et raison à l'un et à l'autre système. Tous deux spéculent absolument comme s'il n'y avait eu qu'une seule race humaine provenant de la même souche, pourvue des mêmes facultés et douée du même genre d'esprit. Il est certain que, dans cette condition, la pensée a procédé de l'une ou de l'autre manière. Mais, si l'on admet la diversité des races, on peut bien admettre aussi la différence des impressions. Or, sur ce point, comme sur quelques autres, la théorie de Darwin, qui tranche aujourd'hui toutes ces questions, ne nous donne pas, ce me semble, des explications suffisantes. L'adataption au milieu, la sélection et l'atavisme ne rendent pas assez compte des prodigieuses dissemblances que constatent les voyageurs dans la descendance de l'anthropoïde inconnu qui fut le père de l'homme et du singe. Jusqu'à ce que la genèse humaine soit duement établie, et cela me paraît difficile, j'incline à supposer que, n'importe où, n'importe comment, et probablement à diverses époques, des races très différentes les unes des autres, ont pris naissance sur plusieurs points de la planète. Abstraction faite des nuances qui sont nombreuses, on pourrait classer ces espèces d'hommes en deux branches parfaitement distinctes : les positivistes et les métaphysiciens.

Les positivistes, uniquement préoccupés des propriétés utiles ou nuisibles des choses immédiatement à leur portée, auraient, dès l'origine, adressé leurs hommages au tigre, au lion, au serpent, au crocodile, au mouton, à la gazelle, aux poissons, aux coquillages, au fruit de l'arbre à pain et à la noix de coco. Ignorant que tout cela provenait du même protoplasma, selon la loi d'évolution de la nature, ils ne voyaient que le fait acquis dans le temps présent, les effets bienfaisants ou meurtriers produits sur eux par ces entités palpables, et ils suppliaient la bête féroce de ne pas les égorger, le gibier de se laisser prendre, et l'arbre nourricier de produire ses fruits. Si l'ignorance les aveuglait au point de leur faire croire que leurs prières et leurs génuflexions pussent amener l'effet désirable, du moins ils ne sortaient pas du champ de l'observation, du domaine de l'expérience, et n'allaient pas chercher des puissances chimériques en dehors de celles qui fonctionnaient sous leurs yeux et à la portée de leurs bras. On les accuse, il est vrai, d'avoir eu peur des morts. Mais ils voyaient les morts vivants dans leurs rêves très peu distincts pour eux de la réalité, et même, si l'on en croit l'auteur de la *vie posthume*, M. Adolphe d'Assier, disciple d'Auguste Comte, qui admet et prouve la réalité des revenants, ils pouvaient très bien les voir, étant éveillés. Cette crainte des trépassés rôdant autour des huttes, en quête de mauvais tours à jouer aux vivants, ne les sortait donc pas, dans leur pensée du moins, du domaine permis des phénomènes concrets.

Ces positivistes de la première heure comptent encore de nos jours plusieurs variétés existantes qui sont restées et resteront jusqu'à la fin, grâce à la conformation de leur cerveau, à l'abri des invasions du mysticisme. Ceux-là, selon quelques savants, sont cousins-germains des gorilles. Quant à nous, race blanche, venus au monde avec l'infirmité de l'idéal, issus, paraît-il, des Malais, nous sommes les petits-neveux de l'orang.

Orangs ou non, à l'inverse des fétichistes primitifs, les métaphysiciens de naissance, frappés par les grands aspects de la nature, la voix solennelle des orages, l'immensité de la voûte céleste fuyant sans cesse devant leurs pas, l'éclat éblouissant de ce magnifique soleil, mystérieux distributeur de la chaleur et de la lumière, auraient été tout d'abord attirés par l'ensemble des choses. Prédisposés à la contemplation par un état morbide de leur organisme, et favorisés dans cet exercice par les loisirs que leur faisaient un sol plus hospitalier et un climat plus doux, ces mystiques de l'âge de pierre auraient bientôt « cherché la divinité », selon l'expression de M. de Hartmann, et n'auraient pas tardé à « trouver les Dieux ».

Le premier de tous, dans cet ordre d'idées, s'imposait sans contexte : le père des êtres et des choses, le résurrecteur du jour, le brillant, l'éblouissant, le soleil, Dyans, Zeus, Théos, Deus...

Et ceci nous ramène dans l'Inde, ou, si l'on aime mieux, en Sogdiane et en Bactriane, qui furent, au dire des anciens Perses, le berceau de la race des blancs.

Grands-pères Aryens, je vous salue. Dans quelque tourbillon de chimères que vous ayez entraîné vos descendants, je ne puis que féliciter celui d'entre vous qui a découvert avant tous que le feu est le grand agent de la vie, et a décidé ses compagnons à lui dresser des autels. Agent de la vie, et même de la pensée, disiez-vous, puisque avec la chaleur, la pensée se dérobe.

Sauf les autels qui étaient de trop, vous ne sortiez pas de la science pure qui nous démontre aujourd'hui qu'en effet, la chaleur est le principe de tout. On n'aurait pu vous en vouloir de ne pas avoir deviné, avant l'invention du prisme, que le lumineux, le brillant, le *Dyans* étincelant des cieux, n'est autre chose qu'un amalgame de métaux en ébullition qui n'a droit à aucun hommage, et il eut suffi d'un cours de physique et d'un traité de chimie pour réduire votre divinité à ses justes proportions. Mais vous ne vous êtes pas contentés de constater le moteur de la vie dans le cercle de l'observable; vous avez cherché le principe de ce principe dans les régions où l'on n'observe plus. De là ces cyclones de divagation qui ont perturbé la boussole du genre humain, depuis les Védas jusqu'à l'Évangile. Il est vrai que M. Spencer affirme que vous ne pouviez pas y échapper, pas plus que nous ne le pouvons nous-mêmes. Mais, d'un autre côté, Auguste Comte assure que cette crise va bientôt finir. Cela semble, en effet, presque terminé. Toutefois, qu'on ne s'y fie pas! N'avons-nous pas vu, dans l'histoire du passé, que, quand c'est fini, ça recommence?

Quoiqu'il en soit, au-dessus du brillant et de l'obscur, dans le pays de l'invisible, nos vieux parents découvrirent Brahma, de qui sort l'œuf du monde, lequel monde, paraît-il, est bien décidément un œuf. Ne nous étonnons pas trop du savoir de nos pères, déjà renseignés, en Bactriane, sur la conformation de l'Univers que devaient nous révéler, trois ou quatre cents siècles plus tard, les conférences de M. Wolf. Leur professeur de cosmographie fut Brahma lui-même qui leur apprit cette chose et beaucoup d'autres, dans les Védas écrits de sa main. C'est du moins ce qu'assurent les Brahmes, ses fils aînés, héritiers du nom, sortis de sa bouche, illustre origine qui, par parenthèse, se concilie mal avec la grande doctrine védique où n'est pas admise la bouche de Brahma. Aussi la lecture des Védas est-elle interdite aux Çoudras, sortis du pied divin, les plus maltraités de la famille, qui ne se doutent pas qu'en adorant Brahma le créateur, Wishnou le conservateur et Siva le destructeur, ils adressent simplement leurs hommages aux trois grandes fonctions de la Nature.

Ainsi feront les prêtres égyptiens vénérant, au fond de leurs temples, la mystérieuse unité voilée aux yeux des masses sous la multiplicité des idoles. Mais les masses comprendraient-elles autre chose que ces dieux en bois, en briques ou en pierres, créés, dit le *Wichnou-Purana*, « dans l'intérêt des esprits simples qui aiment l'adoration »? Rappelons-nous l'histoire des Hébreux, si prompts à retomber dans les cultes défendus. Moïse a beau abaisser à leur niveau l'entité suprême extraite des sanctuaires de Memphis, en lui donnant les pires passions de l'homme. L'invisible Javeh est encore trop loin de la foule. L'idolâtrie que le législateur juif croit éviter, s'éveillera maintes fois par les précautions mêmes qu'il a prises pour la combattre; et, à défaut de l'image de ce Dieu qu'il n'a pas voulu leur donner, les fils d'Israël retourneront au veau d'or.

Et puis le vulgaire, laïque ou prêtre, aime à changer de Dieu, témoin la quantité de sectes qui se sont succédées dans l'Inde, abandonnant Brahma pour Wishnou, Wishnou pour Siva, et déifiant, pour des cultes divers, les attributs mâles et femelles de ces emblèmes de l'unité primitive. De même, le christianisme, moitié aryen, moitié sémite, oubliera le père pour le fils, et, plus tard, le fils pour la mère, sans compter la myriade de saints devant lesquels il brûle des cierges, et, perdant le sens de ses symboles, le prêtre en étole blanche, dans le sacrifice de la messe, imité du rite Indou, ne saura plus ce qu'il fait.

Le christianisme n'a pas seulement emprunté à l'Inde l'incarnation, purement aryenne, dont les

Sémites, Juifs et Arabes, ne veulent absolument pas ; il lui a pris ses légendes. L'histoire de Jésus est une reproduction fidèle des aventures de jeunesse de Christna et de Bouddha. Christna est né d'une vierge, dans une grotte où il y a un âne. Il est soustrait par ses parents aux recherches du roi qui voulait le faire périr. Bouddha, également fils d'une vierge, voit accourir autour de son berceau des sages et des rois miraculeusement instruits de sa naissance miraculeuse, et, dès sa plus tendre jeunesse, discute avec les docteurs de la loi Brahmanique qu'il stupéfie par la profondeur de ses réflexions. Les cérémonies symboliques pratiquées dans le catholicisme viennent également des traditions védiques. Le feu qui brûle sur nos autels et se renouvelle, chaque année, au jour de Pâques, le cierge, le vin, l'huile, sont des symboles profonds que nos conciles ne connaissent plus.

La plupart de ces symboles dérivent du culte du feu, la plus ancienne et la plus ingénieuse des allégories de l'Inde. Le feu s'obtient par le frottement de deux pièces de bois. La faible étincelle vivante, nous dit M. Burnouf, est appelée, dans le Véda, le petit enfant. On l'entretient avec le beurre et le soma alcoolique. Le beurre représente l'animalité, fruit de la vache, l'animal par excellence ; l'alcool, le végétal, dont il est l'expression suprême. Et le feu sacré a pour père Twastri, le charpentier divin, et pour mère la divine Maya, emblème de la puissance productrice, incarnée dans le féminin. — Est-ce que ce mystère de la nativité ne fait pas songer au charpentier de Nazareth et à la vierge

Marie? La mère de Bouddha, dans sa légende, s'appelle également Maya.

L'œuvre de Jésus est la même que celle de Bouddha, morale, sociale, et non dogmatique. Tous deux déclarent qu'ils viennent accomplir la loi, et non la détruire. Leur mission est de préparer l'égalité humaine, l'Indou en détruisant le régime des castes par l'accès ouvert à tous aux fonctions sacerdotales, le juif en appelant les gentils au rang de fils de Dieu que s'attribuaient exclusivement les enfants d'Israël.

Ni l'un ni l'autre n'ont rien écrit. Après la mort du maître, les disciples de Bouddha, comme plus tard ceux du Christ, se réunissent en Concile pour rédiger leurs articles de foi. Et, dans le *Credo* de l'Occident moderne, c'est l'Inde qui se reflète encore, à travers le *Zend-Avesta*, né des Védas. Les Hébreux se sont imprégnés de la pensée aryenne, pendant leur captivité à Babylone. Esdras introduit les légendes persanes dans le livre de Moïse, et la secte des Esséniens, initiée aux mystères des temples de Zoroastre, rapporte, sur les bords du Jourdain, la savante parole des mages qu'elle transmet à ses adeptes dans ses collèges secrets. Jésus, dit sa chronique, est Essénien. Il prêche à ses disciples la doctrine qu'il enveloppe pour le peuple. Saint Paul, à demi-panthéiste, adorateur du Dieu en qui nous vivons et nous sommes, la répand dans le monde payen, déjà préparé par un autre courant venu de l'Inde et transmis par Pythagore à Platon. Enfin l'Évangile de saint Jean, encore plus imbu de l'idée antique, identifie le Dieu fait homme avec la vie, la lumière et la raison. Et tout cela vient se fondre à Alexandrie, ville neutre de la pensée, foyer convergent des intuitions de toutes les races, où s'élaboreront les dogmes de la grande religion occidentale et les cérémonies de son culte, empruntées à sa sœur d'Orient.

En Europe comme en Asie, le fond et la forme, l'idée et le mythe, le *Credo* caché et la loi écrite, l'ésotérisme et l'exotérisme, tout part de la pensée védique, science ou rêverie. Si c'est la science, d'où vient-elle? Si c'est le rêve, quel rêve étrange que cette conception qui prétend tout expliquer, la vie du Cosmos comme la vie humaine, tout, sauf la seule chose qu'elle déclare insaisissable : l'essence mystérieuse de l'incréé qui nous émet et nous reprend.

— « *Celui-là*, dit le *Rig-Véda*, *ce Brahma suprême, en qui les dieux atteignent l'immortalité, est notre vénérable auteur. Il est la Providence qui gouverne les mondes.* »

Sauf les divinités en sous-ordre qu'il contient en lui, proches parentes peut-être des Elohim de la Bible, ce Dieu-Providence, auteur du monde, rapetissé dans Jéhovah, et reconstitué dans le théisme philosophique moderne, indique que l'idée aryenne admettait dans l'unité suprême une personnalité transcendante que repoussent aujourd'hui certaines écoles du Brahmanisme et la doctrine Bouddhiste du Sud, entraînées dans le matérialisme absolu.

Ni dans les Védas, ni dans les livres qui les commentent, ne se trouve exprimée la pensée que la cause incréée soit inconsciente d'elle-même.

— « *Il est un esprit suprême que rien ne peut*

ébranler, dit l'*Iadjour-Véda, et qui est plus rapide que la pensée de l'homme. Ce moteur primitif, une intelligence divine même ne le pourrait atteindre. Il est éloigné de nous, quoique très près de nous. Il pénètre tout ce système de mondes visibles, quoiqu'il soit bien au-dessus de ce système. Cet esprit infini connaît tout, l'avenir et le passé.* »

Il y a loin de là, on le voit, à l'inconscient du Bouddhisme cyngalais, emprunté et exploité à sa façon par M. de Hartmann.

Mais ce grand Esprit qui pénètre tout, existe sans autre cause que lui-même, et a créé toutes les choses comme elles sont, contient en lui toutes ces créations sorties de son être. — *In Deo vivimus.* — C'est du Panthéisme, si l'on veut, l'*Un-Tout* du pessimisme allemand, mais l'Un-Tout ayant connaissance à la fois de la vie créée et de sa propre existence indéfinissable.

— « *Selon ma nature inférieure*, lit-on dans le *Baghavat-Gîta, on distingue en moi huit objets : la terre, l'eau, le feu, le soleil, l'air, l'éther, l'esprit, l'entendement et la conscience de soi-même. Mais il faut connaître de plus ma nature supérieure. De cette nature supérieure provient tout ce qui existe. Je suis la semence éternelle de tout ce qui est, l'intelligence de ceux qui comprennent, la splendeur de ceux qui brillent. De moi procèdent tous les êtres qui obéissent à la vérité, à la passion ou à l'ignorance. Je ne suis pas en eux, mais ils sont en moi. Je les soutiens, et je ne suis pas en eux; voilà mon auguste mystère. Embrassant ma propre nature visible, la matière première, je crée et je fais émaner de moi-même, à des reprises di-*

verses, tout cet assemblage d'êtres, selon le désir de cette nature. »

La *Volonté* du Panthéisme moniste a de grands airs de famille avec *le désir de cette nature*. Moins le *hasard* qui dépare le système, Schopenhauer et son disciple ont dû passer par là.

Enfin une dernière phrase de cette révélation divine faite par la seconde personne de la trinité incarnée dans Christna, nous amène à la doctrine de la fin et du recommencement du monde, retrouvée par M. Spencer :

— « *A la fin de chaque période, toutes choses viennent en moi, et je les émets de nouveau à chaque période suivante.* »

Brahmanes et Bouddhistes, théistes et athées, toutes les sectes, toutes les philosophies de l'Inde enseignent cette doctrine de l'alternance de la vie manifestée, diffusion et concentration, jours et nuits de Brahma, analogie enfantine, dit la sévère critique, avec les jours et les nuits que nous fait la Nature.

— Analogie, certes ; mais enfantine, peut-être. La coïncidence de cet enfantillage avec l'hypothèse scientifique moderne est, en tous cas, une chose assez étrange, et, soit dit sans offenser M. Spencer, il a rendu un fier service aux partisans des Védas.

Écoutons le *Rig-Véda* nous décrivant la nuit des mondes :

— « *Alors il n'y avait ni entité, ni non entité, ni ciel, ni rien au-dessus, ni rien au-dessous. Rien nulle part, pour le bonheur de personne ; rien qui enveloppât, rien qui fût enveloppé. La mort n'était point. N'était pas non plus l'immortalité, ni la distinction du jour et de la nuit. Mais le père des choses respirait, sans produire un souffle. Il était seul avec* Souadha, — *le monde des idées,* — *qu'il portait en lui. Autre que lui rien n'existait, rien de ce qui a été depuis. Les ténèbres étaient semblables à des fluides dissous dans les eaux, et cette masse voilée d'ombres fut enfin produite au grand jour, par le pouvoir de la contemplation. Le désir fut le premier produit de cette âme créatrice, et le désir fut la première semence productrice des êtres.* »

— « *Le Monde,* répète le livre de Manou, *était plongé dans l'obscurité, imperceptible, dépourvu de tout attribut distinct. Il ne pouvait être découvert par le raisonnement, ni être révélé. Il semblait entièrement livré au sommeil. Quand la durée de cette dissolution fut à son terme, alors le Seigneur existant par lui-même, rendant le monde visible avec les cinq éléments et les autres principes, parut et dissipa l'obscurité, c'est-à-dire développa* Pracriti, *la Nature.*

Celui-là que l'esprit seul peut percevoir, qui échappe aux organes des sens, qui est sans parties visibles, l'âme de tous les êtres, que nul ne peut comprendre, déploya sa propre splendeur...

Lorsque ce Dieu s'éveille, aussitôt cet univers accomplit ses actes. Lorsque, l'esprit plongé dans un profond repos, il s'endort, alors le monde s'arrête et s'endort aussi... C'est ainsi que, par un réveil et un repos alternatifs, l'être immuable fait revivre et mourir tout cet assemblage de créatures mobiles et immobiles. »

N'en déplaise à la métaphysique pessimiste, je trouve cette philosophie plus nette que la sienne, qui semble encore plongée dans les ténèbres du Pralaya. Mais il y a des accessoires fâcheux autour de la grande doctrine aryenne. Les hymnes védiques et celles qui en dérivent sont en même temps une fabrique indescriptible de dieux, de déesses, de rites, de superstitions et de pratiques à l'usage de ceux qui aiment l'adoration. Il y en a pour tous les goûts, même pour les vilains et les barbares, et c'est un singulier contraste que l'amalgame de ce symbolisme à outrance et de cette théogonie transcendante, arrivant à la fois aux plus hautes conceptions et aux plus bizarres aberrations de la pensée.

— « Un Brahmane, dit Colebrooke, savant indianiste anglais, est tenu, en sortant du sommeil, de
« se frotter les dents avec un brin de saule ou
« d'osier. Après avoir jeté avec soin le rameau
« dont il s'est servi, dans un lieu pur d'immondices,
« il lie ses cheveux sur le sommet de sa tête. Puis,
« tenant un paquet de couza dans sa main gauche
« et trois brins de la même herbe dans sa main
« droite, il récite la prière sacrée, la *Gayatri*, qu'il
« est interdit, sous peine de l'enfer, de communi-
« quer au vil Çoudra. Trois fois il aspire un peu
« d'eau du bout des lèvres, en récitant la même
« prière et en frottant chaque fois ses mains,
« comme s'il les lavait; puis il se mouille les mains
« et touche sa poitrine, son nombril et ses deux
« épaules, » — Notre signe de la croix, où le nombril est remplacé par le front. — « L'eau humée
« du bout des lèvres est un préliminaire obligé
« de tous les rites. Sans elle, dit le *Samba-Pu-*
« *runa,* tous les actes de la religion sont vains. De
« même, au commencement et à la fin de chaque

« prière, il doit toujours prononcer en lui-même
« la syllabe *aum*. » — L'*amen* hébreu vient-il de là?
— « Car, enseigne Manou, à moins que la syllabe
« *aum* ne précède, toute sa science lui échappera;
« et à moins que la même syllabe ne suive, il ne
« pourra rien retenir de sa lecture. S'il lui arrive
« d'éternuer ou de cracher, il doit, avant de boire
« de l'eau, toucher son oreille droite; et, à l'instant
« où cette oreille est touchée, l'impureté dispa-
« raît. Enfin, fermant les yeux, il médite en silence
« et se figure que Brahma est dans son nombril. »

Ainsi s'explique cette contemplation du nombril, si chère aux ascètes. Ils y voient Brahma, dans lequel ils s'absorbent au point de se figurer qu'ils sont eux-mêmes Brahma.

Ce tour de force mental fait même partie des exercices du matin prescrits aux Brahmes. — « Le
« Brahmane, écrit un autre indianiste, Jésuite
« missionnaire, qui a peut-être tort de se moquer
« des Indous, doit se complaire pendant quelque
« temps dans l'idée qu'il est l'être suprême, et dire :
« — Je suis Dieu, et il n'en est pas d'autre que
« moi. Je suis Brahma; je jouis d'un bonheur par-
« fait, et je ne suis point sujet au changement. »

Voilà pour le prêtre. On doit juger, par ces pratiques intimes de la caste sacerdotale, du genre d'adoration qu'elle maintient dans son troupeau.

Tout cela est insensé, mais méthodique. Il y a une logique dans ces folies. Chacun de ces actes bizarres représente une idée, et les idées se coordonnent. — « Les Brahmanes, dit le missionnaire cité, l'abbé Dubois, assurent que ces choses ne sont que des allégories dont le sens est plus raisonnable.

Mais il m'est prouvé que la tradition de ce sens est presque entièrement perdue. »

A la longue, en effet, par l'usage répété de ces abrutissantes mémories, beaucoup ont dû perdre la tradition de tous les sens, et même celle du sens commun. Cela n'arrive pas qu'en Asie.

En réalité, la véritable religion de l'Inde, ou, si l'on aime mieux, des Indous, est une vaste idolâtrie polythéiste. Mais les Brahmanes lettrés prouvent, textes en main, que c'est Brahma qui l'a voulu. Il a prévu que les hommes auraient besoin de Dieux, et il a créé les Dieux avec les hommes, ces Dieux qui, selon le *Rig-Véda*, « atteignent en lui l'immortalité ».

— « *Le Dieu unique*, dit le *Purana*, *songeant à devenir multiple, se leva du lit de la méditation, et créa, au moyen de Maya, une semence d'or divisée en trois portions : la Divinité, la Spiritualité et la Matérialité. Voilà l'être suprême.* »

Donc les Dieux sont une création émanée, comme toutes les autres, de la substance unique. Chacun d'eux est un attribut de sa pensée. Tous se fondent dans la trinité première dont ils expriment les puissances diverses, et cette trinité elle-même se confond dans l'entité suprême, ramenant tout à l'unité originelle dont elle représente les trois grandes forces, création, conservation, destruction, qui régissent la vie.

Et nous retrouvons ainsi le Mono-Panthéisme qui s'est bien égaré en chemin. Mais le Dieu incréé ne s'inquiète pas de cela, et déclare expressément qu'il prend pour son compte les hommages qu'on adresse à ses subalternes, ce qui met les Brahmanes à leur aise avec toutes les idolâtries, celles de leurs ouailles et les leurs.

Un seul, jusqu'à ce jour, Rammohun Roy, a tenté le relèvement de son pays et de sa caste, en dégageant de ce fatras de superstitions malsaines le pur théisme des Védas. Après la publication d'un livre intitulé *Contre l'idolâtrie de toutes les religions*, écrit en persan, avec une préface arabe, il fut forcé de se soustraire à l'animosité des Indous et des Musulmans ameutés contre ce livre, et vint se réfugier chez les Anglais, à Calcutta. Là, il s'appliqua à l'étude du latin, du grec et de l'hébreu, et publia en sanscrit, en bengali et en anglais, les *Préceptes de Jésus,* dont il proclame la morale indépendante du dogme. Ce grand penseur érudit fit peu de prosélytes parmi ses congénères, en voulant les ramener à la compréhension du Brahma suprême. Peut-être aurait-il mieux réussi, s'il leur eût apporté la statue fantastique de quelque Dieu nouveau.

L'Inde antique, qui réclame à bon droit l'invention première de nos religions, peut aussi accuser de contrefaçon la plupart de nos philosophies. Il n'est pas de système éclos dans nos cervelles occidentales, qui ne soit susceptible d'être attaqué en dommages-intérêts par quelque métaphysicien Indou, devant le tribunal du commerce de la pensée. Les philosophes modernes pourraient, il est vrai, appeler en garantie les diverses écoles d'autrefois, depuis Anaxagore, Démocrite, Aristote et Platon, jusqu'à Zénon et à Épicure. La plaidoirie des défenseurs consisterait sans doute à soutenir que les cerveaux humains étant construits à peu près de la même façon, il est absolument compréhensible que les idées qui en émanent aient des points de ressemblance. Mais l'avocat de Gotama pourrait répondre qu'il était parfaitement connu que Callysthène, qui accompagnait Alexandre dans l'Inde, envoya à Aristote le *Nyaya*, traité de logique de son client, dont ledit Aristote usa et abusa dans son traité sur la Dialectique; de même que Kanada, inventeur de la théorie des Atômes transmise par Démocrite à Leibnitz en passant par Épicure, et par Leibnitz à M. Spencer, pourrait faire constater que le philosophe Grec, qui voyagea dans les pays de l'Inde, a simplement démarqué son système. La philosophie de Kapîla, comme l'école d'Ionie et les naturalistes de nos jours, déclare que la cause des phénomènes n'est pas autre chose qu'une force inhérente à la matière, et M. Vogt va se pendre en apprenant que, bien des siècles avant lui, et avec une comparaison beaucoup plus suave, la secte des *Tcharvakas* a découvert que la sensibilité et la pensée résultent des combinaisons chimiques du cerveau, *comme la propriété enivrante sort du ferment de certains corps de la nature.*

Rien de nouveau sous le soleil. Pas même le positivisme qui peut aller fraterniser à Ceylan avec les bouddhistes du Sud; pas même le scepticisme absolu vers lequel a penché un peu M. Stuard-Mill, et qu'on trouve développé, avec les raisonnements à l'appui, par l'école Indoue *Purantka-Canskhya* qui prouve, clair comme le jour, qu'il n'y a ni jour ni nuit, et que la nature n'est qu'une fantasmagorie.

— Pas même, hélas! la découverte de Newton,

formulée en ces termes par le nommé Baskara Atcharya, cinq cents ans avant que l'astronome anglais vint au monde :

— « La terre a un pouvoir attractif par lequel elle
« attire à elle un corps pesant quelconque existant
« dans l'air, lequel alors paraît tomber. Ce pouvoir
« attractif de la terre montre comment les choses,
« placées à la partie la plus extérieure ou sur ses
« côtés, ne se détachent pas et ne tombent pas de
« la surface. »

Cela, il est vrai, ne vient pas de l'Inde antique, mais, vers l'an 1100 de notre ère, quel Européen, même voyant tomber une pomme, eût si nettement compris la loi d'attraction ?

Du reste, les premiers Aryens avaient deviné cette grande loi générale de la matière.

— « Les Védas, écrivait, au siècle dernier, Wil-
« liams Jones, fondateur de la Société asiatique de
« Calcutta, qui, le premier, nous a révélé l'Inde,
« abondent d'allusions à une force d'attraction
« universelle qu'ils attribuent particulièrement au
« soleil, que, de là, ils appellent *aditya*, — l'at-
« tracteur. — Le très subtil esprit que Newton
« soupçonnait pénétrer les corps de la nature et
« se tenir caché en eux pour opérer leur attrac-
« tion et leur répulsion réciproques, l'émission, la
« réflexion et la raréfaction de la lumière, l'élec-
« tricité, le calorique, la sensation et le mouve-
« ment musculaire, sont décrits et représentés par
« les Indous comme un cinquième élément doué
« de tous ces pouvoirs. »

Le savant Anglais cite, à ce propos, le passage suivant d'un poème allégorique, *Sherin* et *Ferhad*:

« — Il y a une certaine tendance qui s'agite dans cha-
« que atome, et qui en attire les plus petites parties
« vers un objet particulier, fouille l'univers depuis
« son sommet jusqu'à sa base, depuis le feu jusqu'à
« l'air, depuis l'eau jusqu'à la terre, et on ne trou-
« vera pas un seul corpuscule dépourvu de cette
« faculté d'attraction naturelle. Le bout du premier
« fil de cet écheveau universel si embrouillé en ap-
« parence, n'est point autre que le principe d'at-
« traction, et tous les principes, sans celui-ci, man-
« quent d'une base réelle. C'est de cette tendance
« que viennent tous les mouvements qu'on voit dans
« les corps célestes et dans les corps terrestres.
« C'est cette disposition qui apprend au dur acier à
« se précipiter de sa place sur l'aimant et à s'y atta-
« cher avec force. C'est la même disposition qui
« pousse la paille légère à s'attacher si fortement à
« l'ambre. C'est cette qualité qui donne à chaque
« substance de la nature une tendance vers une
« autre, et une inclinaison forcément dirigée sur
« un point déterminé. »

Je réclame l'indulgence des poëtes de notre école
moderne pour leurs confrères des bords du Gange,
qui gâtaient la musique des mots en mettant des
idées dessous. Mais la doctrine de l'art pour l'art
ne se révèle qu'aux civilisations avancées, et même
plus qu'avancées.

Telle est, à peu près esquissée, l'Inde des Védas
et des Brahmanes, encore sous la loi de Manou,
quels que soient les Tchatryas, Anglais ou Indous,
qui la dominent. Les livres défendus sont maintenant publics. Le vieux sanscrit ne les protège
plus. Traduits en anglais, et de l'anglais en langue

vulgaire, Védas, Puranas, Oupanichads sont à la portée des Çoudras et des Parias. Mais combien de temps faudra-t-il pour dénouer les langes de l'idolâtrie et rompre cette cristallisation des castes contre laquelle s'est brisé le Bouddhisme, et qu'a écornée à peine, sur quelques points, l'invasion musulmane qui venait, elle aussi, rendre leur légitime aux deshérités et leur rang d'hommes aux impurs. Ce ne sont pas les méthodistes anglais compassés et glacés qui viendront à bout de cette besogne. L'Angleterre, du reste, songe plus à exploiter l'Inde qu'à la régénérer. Elle se contente d'y planter ses comptoirs et ses cadets de famille gardés par les régiments de cipayes à deux tranchants, qu'un Nana-Sahib peut à chaque instant retourner.

Une tentative, qui sera un des étonnements de ce temps-ci, se fait en ce moment pour accomplir cette œuvre difficile. Un petit groupe d'Anglais et d'Américains entraînés par une dame russe, entreprend à la fois le relèvement de la vieille race orientale, et la transfiguration des idées de l'Occident opérée par un mariage de raison entre la Métaphysique des Védas et nos sciences expérimentales.

Un peu de merveilleux se mêle à cela, ce qui ne nuit pas, bien au contraire. A en croire les théosophes, c'est le nom que se donnent ces réformateurs, une confrérie occulte de bouddhistes thibétains, qu'ils désignent sous le nom de *mahatmas* ou maîtres, possédant un savoir et un pouvoir qui dépassent l'horizon de nos connaissances et la portée de nos puissances actuelles, inspire et surveille ce mouvement auquel se sont joints quelques brahmes de la classe savante, adeptes ou élèves de l'Isis voilée qui ne découvre ses derniers mystères qu'après de longues épreuves, aux élus de l'initiation.

C'est dans les montagnes du Thibet que résident ces dépositaires de la science cachée qui ont développé en eux des sens nouveaux en germe chez tous les hommes, et manient à leur gré des forces naturelles complètement inconnues de nous. Les initiateurs du mouvement théosophique, dont le centre établi à Madras rayonne déjà sur l'Europe et l'Amérique, prétendent avoir vu ces maîtres et avoir reçu leurs leçons; mais ils reconnaissent que le doute est possible sur ce côté un peu fantastique, au moins en apparence, des nouveautés qu'ils nous apportent, et ne font appel qu'à l'attention, et à l'impartialité des chercheurs d'idées pour leur doctrine, qu'elle vienne des mahatmas ou d'ailleurs.

Avant d'examiner la solution métaphysique que présentent au scepticisme de notre époque les écrivains philosophes du *théosophist* de Madras, du *Lucifer* de Londres, du *lotus* de Paris et du *sphynx* de Leipzig, disons un mot de la religion officielle, à l'usage des simples croyants, que l'orthodoxie bouddhiste fait enseigner aujourd'hui par ses prêtres.

VI

Le bouddhisme exotérique moderne.

— *Bouddha, était-ce son nom?*
— Non, c'est le nom d'une condition ou d'un état de l'intelligence.
— *Quelle est sa signification?*
— Illuminé, ou celui qui possède la sagesse parfaite.
— *Quel était donc le vrai nom de Bouddha?*
— Siddharta était son nom royal, et Gautama son nom de famille. Il était fils du roi de Saddhadana et de la reine Maya qui régnaient à Kapilawastu sur les Sakyas, tribu aryenne, à cent milles au nord-est de Bénarès, et à environ quarante milles des montagnes de l'Himalaya.
— *Quand le prince Siddharta est-il né?*
— 623 ans avant l'ère chrétienne.

Voilà, extrait du catéchisme bouddhiste du sud, l'acte civil de Gautama Bouddha, aussi nommé Sakya-Mouni, ou le Saint des Sakyas, qui compte pour adorateurs officiels le tiers de la population du globe.

Reste à savoir si cet acte de naissance est duement consigné et paraphé sur les registres de l'histoire. Mais qu'importe l'origine de ces types divins dans lesquels s'incarne l'idéal des races humaines? Créateurs ou créations de l'idée qu'ils manifestent, Gautama et Jésus, n'en déplaise aux dénicheurs de mythes et aux éplucheurs d'annales, trônent sur de légitimes autels. A plus forte raison que les hommages adressés aux forces de la nature et aux fonctions de la vie, le Brahm suprême peut revendiquer pour lui l'encens qui fume aux pieds de ces dernières idoles élevées pour les âmes simples qui aiment l'adoration. C'est toujours l'anthropomorphisme, et le merveilleux brode encore la légende; mais le symbolisme a franchi les étapes des puissances matérielles et des passions grossières, et ce que personnifient les divinités nouvelles est emprunté, dans les régions supérieures de l'être, aux éléments de la conscience et aux nobles attributs de l'esprit.

Les deux grandes religions modernes, quelles qu'aient été leurs défaillances, ne sortent plus seulement de l'imagination, mais du cœur de l'humanité. Dans le pays des Çoudras et des Parias, Bouddha incarne la justice. Sur le monde payen sensualiste et brutal, du fond de cette Judée où règne un dieu implacable, le crucifié fait planer l'amour. Qu'on le veuille ou non, la passe est franchie. L'âme animale, égoïsme, convoitise, orgueil, même au sein des sacerdoces, se replie vainement sur elle-même, pour maintenir, sous un nom nouveau, les abus de la vieille barbarie ; l'âme humaine est éclose, et son règne arrive. Ceux mêmes qui ne voient en elle qu'un procédé mécanique de la nature allié à un peu de chimie, cèdent à la pression des sentiments altruistes imprégnés dans les substances de leurs cellules nerveuses par leurs ascendants chrétiens, et proclament la supériorité de ces impulsions machinales sur les impulsions contraires, forcés d'admettre, par une inconséquence qui les honore, une sorte de tendance morale dans l'évolution aveugle de cette graisse et de cette albumine qui, conformément au système de la vie vivant uniquement pour vivre, n'évoluent que pour évoluer.

L'orthodoxie bouddhiste, quoique teintée à sa façon de matérialisme et d'athéisme, ne tombe pas complètement dans cette contradiction de son cousin germain, le positivisme occidental, près duquel elle réclame des liens de parenté. L'évolution évolue en connaissance de cause. La loi de développement a sa raison d'être, et le progrès monte vers un but. Il est vrai que ce but ressemble à s'y méprendre à l'anéantissement si ardemment convoité par Schopenhauer et M. de Hartmann. Les cellules nerveuses ne se raffinent que pour s'éteindre, et la perte absolue de toute individualité est la suprême récompense promise à ses fidèles par le grand-prêtre de Ceylan.

Hâtons-nous d'ajouter qu'il y a dissidence sur ce point entre les deux grandes écoles bouddhistes, et que les théologiens du Thibet accordent à la monade spirituelle qui constitue l'essence humaine, la survivance dans le Nirvana.

C'est du moins ce qu'affirme l'honorable colonel Olcott, président de la Société théosophique de Madras, qui a rédigé pour les bouddhistes cyngalais, avec approbation de leur pape, le catéchisme de leur église, bientôt traduit dans les dialectes annamite, siamois, cambodgien et japonais. Car les adorateurs de Gautama ne possédaient pas jusqu'à nos jours un résumé de leur doctrine, et il a fallu l'intervention de l'activité occidentale, pour donner à des millions d'âmes ignorantes, enfants et adultes, une connaissance rationnelle et précise des principes fondamentaux de leur religion. Il paraît que les prêtres thibétains se sont piqués d'émulation, et préparent en ce moment, pour l'église du nord, un résumé de sa croyance. Le colonel Olcott, qui a embrassé la foi orientale, paraît s'étonner de cette apathie si peu américaine, et ne voit pas qu'elle est l'avant-goût du Nirvana que la doctrine préconise. Inutile de chercher à l'inertie asiatique une autre cause que sa croyance. Quelle initiative attendre de gens qui ont pour idéal suprême l'extinction des facultés de l'être, au sein du neutre absolu ?

— « Le bouddhisme du sud, déclare le catéchisme, est surtout une pure philosophie morale. Il affirme l'opération universelle de la loi du mouvement et du changement par laquelle tout est régi, les mondes et les formes animées ou inanimées. Il est inutile, ajoute-t-il, de perdre son temps à spéculer sur l'origine des choses. Le bouddhisme prend les choses comme elles sont et montre comment le mal et la misère peuvent être surmontés. » Le cousin germain d'Europe, qui prend aussi les choses comme elles sont, — difficile, du reste, de les prendre autrement, — ne peut qu'applaudir à cette déclaration si bien faite pour captiver ses suffrages. Mais il s'agit de s'entendre sur les choses qui sont, et c'est là, je le crains, qu'entre les deux cousins va éclater la zizanie. Le positivisme bouddhiste, bien que répudiant l'ancienne légende et repoussant toute intervention miraculeuse dans la naissance du fils de roi, auquel le besoin d'adoration a fait dresser des autels, enseigne qu'un Déva apparut trois fois au futur Bouddha pour lui révéler sa mission. Je voudrais savoir ce que pense de ce Déva M. Hœckel qui, paraît-il, a visité le pape de Ceylan et lui a fait des compliments sur sa doctrine. Le mécanicisme allemand, pas plus que le rationalisme français, ne me semblent disposés à accepter les Dévas. Le microscope n'en montre pas la moindre trace dans la monère; et, si la physiologie médicale qui fleurit à notre époque en constate parfois l'existence, elle attribue leur éclosion à un mouvement exceptionnel de nos cellules cérébrales, que quelques douches d'eau glacée remettent dans leur état naturel. Le positivisme asiatique, avant d'entendre prononcer le *dignus intrare* par son confrère d'Occident, devra donc préalablement se soumettre à ce régime, sinon je crois pouvoir lui prédire que ses avances seront en pure perte, et qu'il sera consigné, comme un simple spirite, à la porte de nos académies savantes, qui ont rompu depuis longtemps toute espèce de relations avec le monde spirituel. Ce n'était vraiment pas la peine d'affubler sa doctrine de ces oripeaux européens qui commencent à se démoder chez nous, pour aboutir à une consultation de nos médecins aliénés et aliénistes.

Nous retrouverons les Dévas dans l'Ésotérisme qui a le secret des choses cachées, comme celui des choses visibles. La religion vulgaire, qui en dérive, se contente de donner, comme articles de foi, les conclusions de la science secrète réservée à l'initiation. Ces points de croyance sont conformes à ceux qui se dégagent des Védas émanés de la même source : réincarnations successives jusqu'à ce que l'individualité arrive à l'état de détachement absolu qui l'amène au Nirvana; chaque état d'existence, conséquence de la vie précédente, toute personnalité fille de ses œuvres, d'où liberté et responsabilité, seul point d'appui de la morale, qui n'est qu'un pur sophisme sans cela.

Le chemin tracé par Bouddha pour conduire ses disciples à la perfection ne diffère pas sensiblement des sentiers indiqués et si peu suivis de la morale ordinaire : — « S'abstenir de tout péché, acquérir la vertu, purifier son cœur. — Les péchés dont on doit s'abstenir sont au nombre de cinq : — 1° détruire la vie des êtres, 2° voler le bien d'autrui, 3° entretenir tout commerce sexuel illégitime, 4° tromper, 5° user de boissons énivrantes ou de drogues soporifiques; — plus trois délits additionnels : Manger en temps inopportun; danser et chanter d'une manière inconvenante; user d'odeurs, de parfums, de cosmétiques et autres futilités. »

Je crains que ce dernier article ne détourne de la foi bouddhiste une bonne partie du beau sexe occidental. Mais il eût été bon que nos commandements de l'Église missent au nombre des choses défendues le massacre inutile des êtres inoffensifs. *Homicide point ne seras* ne suffit pas. La peine du talion, dans les sociétés barbares, et le bourreau, dans les civilisations avancées, sont là, du reste, pour réfréner un peu les velléités de meurtre qui peuvent survenir à l'endroit du prochain ; mais aucune vindicte individuelle ou sociale ne peut s'exercer contre le meurtrier des pauvres bêtes dénuées de moyens d'attaque ou de défense, et, dans le cas de ces assassinats, à la barbarie se joint la lâcheté. Le respect de la vie à tous les degrés, soigneusement prescrit par toutes les religions de l'Asie, indique, dans ces races, un sentiment supérieur au nôtre, et nos vivisections positivistes, que nulle prescription chrétienne ne réprouve, démontrent que, sur ce point comme sur quelques autres, la religion européo-américaine aurait pu emprunter, en plus de sa forme, quelques bonnes choses puisées dans le fond même de sa sœur d'Orient.

S'abstenir du péché est un mérite passif ; acquérir la vertu et purifier son cœur sont les qualités actives. — « Bouddha, dit le catéchisme, nous enseigne non seulement de n'être pas mauvais, mais d'être *positivement* bons. » Et cette bonté positive ne réside pas dans les actes extérieurs, quels qu'ils puissent être. — « Le salut dépend des motifs qui ont provoqué le fait. Tout gît dans l'intention. Un homme riche peut dépenser des laks de roupies en bonnes œuvres de toute sorte, et n'en retirer que peu de mérite, s'il a été mû par la vanité ou quelque autre motif personnel. Mais celui qui, riche ou pauvre, donne la moindre de ces choses dans une bonne intention ou par un ardent amour pour ses semblables, acquiert de grands mérites. Notre Seigneur Bouddha, que tout croyant doit regarder comme son maître et son modèle, est arrivé à son état divin, parce qu'il a ressenti pour tous les êtres une pitié et un amour immenses ».

Tout cela ressemble fort à la charité de saint Paul, prêchée à notre monde payen sept cents ans plus tard, sauf que la grande réforme indoue ne commet pas l'inconséquence de proclamer une liberté humaine fonctionnant sous un bon plaisir divin.

Voici, en quelques mots, le résumé de la doctrine bouddhiste, donnée par le catéchisme lui-même :

« *Le Bouddhisme du Sud enseigne la plus haute bonté sans un Dieu; la continuité de l'existence sans ce qui porte le nom d'âme; le bonheur sans un ciel objectif; une méthode de salut sans un sauveur délégué; la rédemption par soi seul sans rites, prières, pénitences, prêtres ou saints intercesseurs; enfin le* SUMMUM BONUM *à atteindre dans cette vie et dans ce monde.* »

Ces pierres jetées dans le jardin du pape de Rome par le pape de Ceylan ont déjà fait quelque dégât dans le parterre. Les jardiniers du Vatican commencent à s'en apercevoir, et l'orthodoxie délègue ses plus habiles opérateurs pour réparer le désastre. Un évêque *in partibus* est venu au secours des plates-bandes françaises, plus spécialement attaquées, et a entrepris la réfutation de l'abomination bouddhiste dans la cathédrale de Paris. Mais, indépendamment du catéchisme cyngalais édité par le colonel américain, le nouveau schisme a un saint Paul dans une chaire de la Sorbonne. M. de Rosny a mis Bouddha à la mode dans l'élite de notre jeunesse, celle qui cherche à penser, et, quoique teintée de positivisme, ne se contente pas de pain sec.

Donnons quelques friandises de plus aux nouveaux disciples de Bouddha, qui ne seront peut-être pas fâchés de pénétrer plus avant dans la philosophie du maître. Abordons la science occulte des adeptes Thibétains qui se sont décidés à lever pour nous un coin du voile, et prétendent que la lueur qui s'échappe par cette ouverture suffit, pour le moment, à nos besoins intellectuels.

VII

La doctrine secrète.

Histoire ou roman, révélation ou chimère, chiffres fabuleux, affirmations prodigieuses s'exposant et s'imposant avec un aplomb qui renverse et une logique presque toujours incontestable, voilà ce que nous présente le livre de M. Sinnet, *the esoteric Buddhism*, écrit, assure-t-il, sous l'inspiration et parfois sous la dictée des Mahatmas.

Ce n'est là qu'un abrégé de la science ésotérique, car les maîtres nous mesurent la dose. Si les secrets qu'ils gardent par devers eux concernent les pouvoirs formidables que la théosophie leur attribue, ils font bien de les tenir cachés. A voir l'usage que nous faisons des forces mises en circulation par notre physique et notre chimie, il est grandement désirable que nos puissances pour mal faire ne s'enrichissent pas de procédés nouveaux.

Ce qui nous importe dans le désarroi où nous sommes, c'est de trouver une lueur qui nous aide, si la chose est possible, à débrouiller le chaos de nos idées. Les détenteurs des traditions antiques prétendent qu'ils possèdent cette lumière, et que le temps est arrivé où nous pouvons et devons la recevoir. Accueillons-la avec les égards qui lui sont dûs, mais sous bénéfice d'inventaire.

Elle date de loin, cette science cachée, si l'on en

croit ses disciples. Elle ne serait même pas le fruit de la race aryenne. Les Aryens l'auraient reçue de races antérieures qui développèrent jadis des civilisations évanouies, sur des continents disparus.

Voilà, diront nos professeurs d'histoire, la fantaisie qui commence, et l'archéologie, la géologie, toutes nos sciences en gie vont faire chorus. Nous ne voyons pas dans l'antiquité plus loin que le bout du nez d'Hérodote. Encore accusons-nous le vieux chroniqueur de s'être laissé mettre sur cette excroissance des bésicles grossissantes par les occultistes de son temps. Manéthon, qui s'est permis de rédiger une chronologie égyptienne, reculant de quelques misérables siècles l'époque où Caïn, sans autre aide possible que les bras de son fils Hénoch, bâtissait une ville entière pour y loger sa famille, Manéthon, disons-nous, a été mis par ses collègues au ban de l'histoire et des historiens. Ceux d'aujourd'hui, même parmi les mécréants qui se moquent de Moïse et de sa bible, n'osent pas encore relever leur malheureux confrère de l'anathème prononcé contre lui par les annalistes chrétiens. On comprend l'accueil que vont recevoir dans nos régions savantes ces civilisations rouge et noire, séparées l'une de l'autre, disent leurs révélateurs, par un intervalle de sept cent mille ans. Mais, avant d'aborder cette question délicate de la chronologie occulte, prenons une vue générale de la doctrine qui permet à ses adeptes de se livrer, sans s'émouvoir, à de pareilles conceptions.

Tout part, comme dans les védas, des jours et des nuits de Brahma, *Manvanturas* et *Pralayas*, dans la langue sanscrite,

Écoutons les maîtres de la philosophie préhistorique :

— « *La chose éternelle, impérissable de l'Univers, que le Pralaya universel même traverse sans la détruire, est ce qui peut être appelé indifféremment espace, durée, matière ou mouvement, non une chose ayant ces quatre attributs, mais une chose qui est ces quatre attributs à la fois, et toujours. Et l'évolution prend sa source dans la polarité atomique que le mouvement engendre. En cosmogonie, les forces positive et négative, ou active et passive, correspondent aux principes mâle et femelle. L'influ spirituel entre dans le voile de la matière cosmique. Le principe actif est attiré par le principe passif, et, si nous pouvons ici aider à l'imagination en ayant recours à un ancien symbole occulte, le grand Nag, le serpent, emblème de l'éternité, attire sa queue dans sa bouche, formant ainsi le cycle de l'éternité, ou plutôt les cycles dans l'éternité.*

« *Le principal attribut du principe spirituel universel qui domine la vie inconsciente mais toujours active, est de répandre et de donner; celui du principe matériel universel est de recueillir et de féconder. Inconscients et non existants quand ils sont séparés, ils deviennent conscients et vivants, quand ils sont ensemble.* »

Qu'elle vienne des noirs, des rouges ou des blancs, voilà une métaphysique d'une belle envolée et tracée magistralement, réserve faite toutefois sur cette conception, un peu trop idéale peut-être, des deux principes non existants quand ils sont séparés. Et d'abord sont-ils jamais séparés autrement que dans l'abstraction de la pensée indoue, reprise et embrouillée par la nébulosité germaine?

« Nous pouvons voir maintenant, ajoute M. Sinnet, que tout est voulu par un seul et unique élément dans l'Univers et par l'action de cet élément comme Androgyne. »

Ne remontons pas plus haut que cet Androgyne dans la sphère des causes. C'est déjà une belle hauteur. A s'aventurer plus loin, s'il y a un plus loin, dans les dissertations sur l'inconscience ou l'hyperconscience du Tout qui n'est rien, ou du Rien qui est tout, on risque de se perdre dans les profondeurs de sa propre pensée.

Cette loi d'alternance, activité et repos, régit tous les degrés du Cosmos et des êtres. Comme la plante, comme l'animal, comme l'homme, chaque échelon de la hiérarchie des Mondes a ses phases périodiques de veille et de sommeil. Les Planètes, les soleils, les univers, les systèmes d'univers, avant la concentration générale que suivra une nouvelle expansion de la Nature naturante, traversent successivement ces périodes d'obscuration et de lumière, dont la durée se chiffre par des nombres de plus en plus prodigieux, à mesure que l'on atteint par la pensée les grands fonctionnements de l'évolution universelle qui nous ramène, enrichis de la conscience, dans la sphère mystérieuse d'où nous sommes descendus à l'état neutre et inconscient.

Car voici en deux mots le secret de la vie voulue par l'élément éternel et impérissable : descente de l'esprit dans la matière, le *subjectif s'objectivant* ; retour, à travers la matière, des monades spirituelles, conscientes et individualisées, au principe dont elles émanent. Nous sommes des atomes de l'unité divine. Chacun des atomes de cette unité, consubstantiel à elle, contient en germe toutes les puissances de l'être, et le long parcours de l'existence a pour cause et pour but de développer ces puissances et de nous faire remonter, devenus Dieux nous-mêmes, au sein du Dieu universel.

*
* *

Sachant enfin, par la science antique, qui nous sommes, d'où nous venons et où nous allons, examinons l'état des lieux qui nous servent d'habitation provisoire.

Nous, croyons que le tourbillon solaire, dont la terre fait partie, se compose uniquement des planètes visibles à nos yeux, découvertes par nos télescopes ou soupçonnées par nos calculs. L'ésotérisme prétend que, là comme ailleurs, nos sens et nos sciences nous renseignent insuffisamment, et qu'il y a autour de nous des Mondes réels dont l'existence nous échappe. Selon la doctrine, notre Soleil régit sept systèmes ou chaînes planétaires. Chaque chaîne se compose de sept planètes, visibles ou invisibles pour l'observateur humain.

J'ignore comment la cosmologie occulte concilie ces quarante-neuf planètes avec les lois connues de l'astronomie officielle. Elle répondrait sans doute que des états de matière différents ont des propriétés différentes, et que ces mondes invisibles, placés dans d'autres conditions de vie, entretiennent avec les globes ambiants des rapports qui sortent du domaine des lois étudiées par nous.

Jusqu'à ces dernières années, notre physique ne connaissait que trois états de la matière : solide, liquide, gazeux. Un quatrième, l'état radiant, vient d'être introduit par Crookes dans le giron de la science orthodoxe. Les maîtres orientaux affirment qu'il y en a trois autres que nos laboratoires exotériques ne découvriront pas de longtemps.

Plan astral, plans spirituels sont les noms attribués par l'ésotérisme à ces conditions de la matière subtile sur lesquelles, jusqu'à ce jour, il a donné peu de détails. Il n'en a même pas donné du tout, alléguant, chose que je crois parfaitement juste, qu'il nous serait impossible de les comprendre. Il faut s'y transporter de sa personne, comme font, paraît-il, les Mahatmas, et comme feront, affirment ceux-ci, les hommes de la race qui succédera à la nôtre, pour se rendre compte de ce que peuvent être ces régions éthérées qui précèdent ou suivent le compartiment de l'Infini que nous habitons.

Mais déclarons une fois pour toutes qu'à quelque degré d'immatérialité qu'on suppose ces états de la vie si différents du nôtre, c'est toujours de la matière, puisque la vie, perceptible ou non pour nos sens, provient de l'élément androgyne de l'univers, principes spirituel et matériel, essence et substance fondues en un. Il n'y a donc partout, sous quelque nom qu'on les désigne, que des plans de matière, dans lesquels les mondes et les êtres évoluent.

Et ces plans descendent et remontent sur une échelle fantastique dont j'ai peine à concevoir, je l'avoue, que des habitants de notre sphère, si haut qu'ils puissent atteindre, aient pu compter les degrés.

C'est encore et toujours le nombre sept, union du trinaire et du quaternaire, si cher à la nature et à la Kabbale ; sept principes constitutifs de l'univers, dont nous retrouvons l'analogie dans la constitution de l'homme.

De ces sept principes généraux de la Grande Vie, nous ne connaissons qu'une partie du septième, celui que nous traversons. Tout ce que nous comprenons sous le nom de matière, en y ajoutant les forces physiques, chaleur, lumière, électricité, vitalité, ne sont que des divisions de ce dernier principe, le plus grossier de tous.

Chacun des six autres se divise, comme celui-là, en sept sous-principes, comportant eux-mêmes sept subdivisions qui en comportent d'autres... On ne nous dit pas où cela s'arrête. Cela doit s'arrêter pourtant, puisqu'il y a un point où l'esprit remonte, traversant de nouveau, dans son ascension de plus en plus lumineuse, les innombrables sphères qu'il a successivement descendues, pour entrer enfin dans le voile de la matière cosmique. L'imagination est confondue devant cette perspective d'états passés et futurs dans lesquels, inconscients ou conscients, nous avons vécu, ou nous devons vivre. Nous tombons tout à fait dans l'insondable. Rentrons dans notre chaîne planétaire déjà si peu abordable pour notre pauvre intellect réduit à la portion congrue de cinq mauvais serviteurs. Il est vrai qu'on nous promet, pour l'avenir, deux sens nouveaux qui serviront à redresser les mensonges des autres.

C'est sur cette chaîne de sept planètes de conditions si différentes, mais reliées, pour la même œuvre, par une étroite solidarité, que les règnes, les espèces et les races, — nous compris, — se mettent en route pour le grand voyage dont nous allons indiquer les premières étapes.

Nous sommes à l'aurore du *manvantara* planétaire. L'activité commence ou recommence. L'élément androgyne a développé dans les sept mondes les forces par lesquelles vont s'accomplir les premières opérations de la vie, condensation de la matière, préparation des formes dans lesquelles s'individualisera l'esprit.

— « Dans son procédé pour développer les mondes, disent les maîtres, la nature commence avec quelque chose qui a précédé le minéral. Elle commence avec les forces élémentales qui contiennent en elles tous les phénomènes qui peuvent tomber sous les sens de l'homme. Les formes minérales sont, elles aussi, le résultat de l'évolution d'un quelque chose qui était lui-même un produit naturel évolué. »

Cette phase mystérieuse de la vie comprend trois règnes, non moins mystérieux qu'elle. Le minéral n'arrive qu'en quatrième ligne, inaugurant le plan matériel considéré par nous comme l'unique domaine de la nature.

C'est sur ce plan qu'évoluent les trois règnes connus dont l'homme est le couronnement, en même temps que la synthèse. Le travail des races humaines préparera à son tour un état supérieur de vie établi sur des hauteurs qui nous sont inaccessibles, comme les bas fonds des trois premiers.

*
* *

Abordons enfin le secret de cette évolution ascendante dont la science moderne a découvert quelques procédés secondaires qui ont suffi pour bouleverser les sacristies religieuses, philosophiques et académiques de l'Occident.

C'est le passage de la doctrine le plus difficile à comprendre, et surtout à bien expliquer. Quelques efforts que je me propose de faire pour rendre cette humble esquisse aussi claire et en même temps aussi courte que possible, je préviens le lecteur déjà un peu étourdi peut-être par l'exhibition de ces choses nouvelles si proches parentes du rêve, qu'il aura besoin de se frotter les yeux et de faire appel à toute sa lucidité, pour continuer cette excursion dans l'inconnu.

Cela ne va pas aussi droit que les Darwinistes se l'imaginent. L'esprit remonte les degrés de la vie, comme il les a descendus, par un escalier en colimaçon.

Chaque règne vient s'établir et s'épanouir tour à tour sur chacun des sept mondes qui composent la chaîne. Cette chaîne forme un cercle, et non une ligne droite. Toujours l'analogie du serpent qui se mord la queue. L'évolution se fait en spirale, et chacun des sept anneaux de la chaîne, successivement abordé par le règne en voyage, lui fournit les conditions d'un développement nouveau.

N'oublions pas que ces sept planètes sont de qualité différente, et doivent par conséquent différemment affecter les êtres auxquels elles servent tour à tour de support. A la fin de chaque ronde, — c'est le nom donné par l'occultisme à ce trajet circulaire, — la vie revient à son point de départ, et l'évolution recommence, mais sur un plan supérieur. Le minéral, par exemple, a développé toutes les puissances que comporte sa nature. Ce qui repart au n° 1, ce n'est plus la substance minérale parvenue sur la septième planète à son apogée; c'est la quintessence de cette substance, rudiment du végétal dont les premiers germes vont éclore; et le végétal quintessencié à son tour par son évolution à travers les sept sphères, donnera naissance à l'animalité dont le raffinement produira l'homme, comme la quintessence de l'homme enfantera le règne supérieur, auquel nous ne toucherons pas encore.

— « Les sphères qui constituent le chemin qui mène d'une éternité à une autre, écrit M. Sinnet, sont disposées en couches, et le minéral, végétal, etc., doivent les parcourir toutes, ces couches, avant de pouvoir avancer d'un règne dans un autre. Les monades spirituelles, atomes individuels de cette gigantesque impulsion de vie, ne peuvent compléter leur existence minérale sur le premier globe. Sur le second, elles avancent; mais elles ne sont mûres pour la formation végétale qu'après avoir fait le tour de la chaîne, enfouies dans les profondeurs du minéral. Ce n'est donc qu'après des tours et retours dans tous les règnes et sous toutes les formes, qu'enfin elles peuvent arriver, ces monades, à animer l'homme rudimentaire. »

Ce rudiment d'homme, une fois éclos, procède de la même manière. Après avoir accompli sur un globe, dans un nombre prodigieux d'existences, son cercle d'évolution, il passe, poussé par la vague de la vie, sur la planète voisine, préparée pour le recevoir. Celle-ci déverse à son tour, sur le monde limitrophe, l'humanité qu'elle a reçue.

— « Chaque ronde, professe la doctrine, est consacrée à perfectionner dans l'homme un principe correspondant à son ordre numérique et à préparer les voies et moyens propres à faciliter, pour la ronde suivante, l'assimilation au principe supérieur qui vient après... Après un stage accompli sur cette terre, l'individualité passe outre, et, lorsqu'elle a complété son voyage circulaire, dans la série des sept mondes, elle revient ici-bas où elle commence à accomplir la deuxième ronde, et ainsi de suite, toujours traversant une série de races et de sous-races, sur la même planète. »

Et chaque nouvelle évolution, répétons-le, a lieu sur un plan supérieur, car les mondes aussi évoluent et progressent. « Quand le flot de vie s'échappe d'une planète pour passer dans une autre, la nature se repose sur la première dans une sorte de léthargie temporaire. » C'est la période d'obscuration; mais « l'action vitale se continue dans ce monde qui se repose, comme celle du cœur et du poumon dans l'homme pendant son sommeil », et le sommeil de la planète, est, comme le nôtre, une réparation et un accroissement de forces. Cette phase de léthargie prépare les conditions nouvelles que le globe va offrir au nouveau parcours de l'humanité. « La planète se réveille avec la fraîcheur du matin, offrant un plus haut degré de perfection pour recevoir le retour de la vague humaine, que lorsque celle-ci a abandonné momentanément son rivage. »

L'homme actuel, nous annonce M. Sinnet, n'est encore qu'à moitié chemin de son évolution planétaire. « Sa différence avec l'homme futur sera aussi grande que celle qui existe entre lui et l'*anneau manquant* de Darwin, — l'anthropoïde introuvé et introuvable qui fut la transition du singe à l'homme. — Cette transformation s'accomplira même sur cette terre, pendant que, dans les autres mondes, des séries ascendantes de pics beaucoup plus hauts de perfection seront escaladées par les humanités qui les habitent... » et que nous remplacerons.

L'explication de l'évolution humaine à travers les cycles et les rondes demanderait peut-être quelques suppléments que je ne trouve pas dans le livre anglais. Contentons-nous de ce qu'il donne, et poursuivons notre analyse.

*
* *

Voici les sept principes constitutifs de l'homme que chaque individualité doit successivement développer, pour atteindre à la perfection que comporte la nature humaine, et passer à l'état supérieur :

1° Le CORPS PHYSIQUE, *dit matériel, composé de la matière sous la forme sa plus grossière.* — En sanscrit : RUPA.

Inutile de s'étendre sur ce principe, suffisamment exploré par l'anatomie, la physiologie et la pathologie qui s'en donnent à cœur joie, depuis des siècles, sur le mort et sur le vivant.

2° Le PRINCIPE VITAL, *une forme de la force universelle, indestructible, matière subtile et su-*

persensuelle disséminée dans toute la nature physique de l'être vivant. — Jiva

Rappelons-nous bien que tout est matière, y compris les forces. Le principe vital est donc une propriété de la matière à un état particulier correspondant à ce que nous appelons chaleur, électricité, quoique différant d'elles. Le vitalisme, l'animisme, le dynamisme se sont longuement disputé la découverte de ce principe de vie que, de guerre lasse, le matérialisme moderne a placé dans la gélatine du protoplasma, tous n'ayant pas absolument tort, et nul n'ayant tout à fait raison, comme cela arrive dans presque toutes les disputes humaines.

— « La vitalité, écrit M. Sinnet, consiste en matière sous l'aspect de force, et son affinité pour l'état plus grossier de la matière est telle, qu'elle ne peut être séparée d'une partie donnée de celle-ci, sans se transférer immédiatement à une autre partie. Quand un homme meurt, son second principe reste avec les molécules du corps qui se décompose, et s'attache aux nouveaux organismes qui naissent de cette décomposition. Si l'on brûle le corps, l'indestructible *Jiva* se réfugie instantanément dans le corps de la planète même, son réservoir primitif, et entre dans quelque nouvelle combinaison déterminée par ses affinités. »

C'est ce second principe qui produit les modifications des cellules et les incessantes transformations des formes vivantes.

3° Le corps astral, *composé de substance hautement éthérée, double et plan original du corps physique.* — Linga Sharira.

Le corps astral est formé, dans les états subtils

de la matière, avant le corps physique que moulera sur lui le travail de *Jiva*. C'est le corps astral, ce plan d'ensemble de l'être vivant, qui dirige la force vitale dans l'élaboration continuelle du changement des molécules, et empêche cette force d'éparpiller la structure animale en plusieurs organismes distincts. Cette ombre du corps, qui est un corps elle-même, en est le double parfait. A la mort, elle reste désincarnée pendant une courte période, et peut même, dans des conditions anormales, être temporairement visible. L'occultisme explique ainsi certains phénomènes spirites, et les revenants, les apparitions, les fantômes, attribués de nos jours à la crédulité des bonnes femmes, et sur lesquels une société de savants anglais, qui ont fini par vaincre le scepticisme des nôtres, font une enquête depuis longtemps.

L'homme ne possède pas seul cette forme subtile cachée en lui et sur laquelle, à partir de la conception utérine, le corps physique s'établit. Tout ce qui est doué de vie sur la terre contient ce double éthéré, canevas de la structure plastique.

4° L'AME ANIMALE, *appelée aussi le corps du désir, la volonté brutale, siège des instincts égoïstes et des appétits grossiers.* — KAMA RUPA.

C'est le principe le plus élevé de l'animalité dans laquelle nous immergeons encore. Nous en sommes restés à la lutte pour l'existence, stimulant du monde des bêtes. C'est à l'accord dans la vie et pour la vie qu'il faut arriver.

Cette étape, assure l'occultisme, est la plus importante de toutes pour l'individualité humaine. Il faut la franchir, ou tomber.

5° L'AME HUMAINE, *véritable personnalité de l'homme, entrée dans la sphère psychique.* — MANAS.

L'âme humaine, que notre race est en train de former, n'est qu'à l'état de germe chez la plupart des hommes, et même beaucoup de ceux que nous appelons grands, ont un défaut de taille sous ce rapport.

C'est la volonté ébauchée dans le quatrième principe, qui est le véhicule du cinquième. Cette force animale doit s'élever en puissance, en s'exerçant sur nous-mêmes. L'homme n'est vraiment homme que quand il est libre, et ses pires tyrans sont les convoitises de son sensualisme et de ses vanités. «La liberté est en raison inverse de la matérialité. L'esprit seul est libre. »

6° L'AME SPIRITUELLE. — BUDDHI.

Etat supérieur de sagesse et d'intelligence, si fort au-dessus de notre être actuel, que nous ne pouvons nous en faire une idée avant d'avoir développé en nous, dans toute sa plénitude, le cinquième principe dont nous ne touchons que le seuil.

7° L'ESPRIT UNIVERSEL, *la substance une, non manifestée, foyer divin d'où a irradié la monade spirituelle qui nous anime, étincelle de la divinité dans l'être.* — ATMA.

Sur les conditions de vie de ce septième principe, encore moins que sur le précédent, la science ésotérique, pour cause, je pense, déclare ne pouvoir donner aucun détail qui nous soit accessible.

Cette division septennaire de la constitution de l'homme, sauf quelques modifications de termes, existe dans l'ésotérisme de toutes les religions de l'Asie. On la trouve dans le Zend-Avesta, comme dans les vieux livres de la Chine, et la Kabbale judéo-égyptienne a aussi son septennaire constitué par deux ternaires, au milieu desquels se tient l'Unité.

Rien d'étonnant du reste dans ces coïncidences. Tout cet occultisme doit avoir la même origine, qu'il ait été révélé à la race noire, comme l'affirment les Mahatmas, ou créé de toutes pièces par le cerveau aryen, selon l'opinion commune.

Les sept principes de l'homme, microcosme, monde en petit, *fait à l'image de Dieu*, correspondent, nous l'avons dit, aux sept grandes divisions fondamentales du macrocosme, proclamées par la science secrète, de par la loi d'analogie. Chaque état de la vie humaine, de degré en degré, à mesure qu'elle monte, puise ses éléments dans la région de la substance unique qu'elle est parvenue à atteindre, et dans laquelle elle évolue jusqu'à ce qu'elle l'ait dépassée, à moins qu'elle ne manque de force et retombe. Il n'y a pas de stage intermédiaire dans lequel on puisse se fixer. Il faut monter ou redescendre, monter jusqu'au sommet de l'esprit, ou redescendre dans la grosse matière d'où l'on part pour recommencer. Mais hâtons-nous de dire que, même pour ces germes avortés, jusque dans la sphère qu'ils n'ont pu franchir, chaque effort a reçu sa récompense.

Donc, corps physique, principe vital, corps astral, — corps aromal de Fourier, périsprit des spirites, — voilà, selon la science occulte, et dans la forme du langage ordinaire, le côté matériel de l'homme ; âme animale, âme humaine, âme spirituelle, voilà la gradation morale, l'état divin au sommet.

Les occultistes, conséquents avec l'idée que tout est matière, font, comme nous l'avons vu, des entités séparées de ces diverses conditions de l'âme, dans lesquelles la philosophie occidentale ne voit que des différences de qualité. Ces délimitations si nettement tranchées par la science secrète nous mettront bientôt en face d'une conclusion rigoureusement logique, mais qui n'est pas le point le moins étrange de la doctrine.

Revenons à l'évolution humaine, « dont nous sommes à moitié chemin ».

* *

N'ayant pas la clé des calculs ésotériques, il m'est impossible de vérifier l'authenticité des zéros qu'ils alignent pour énumérer l'âge du genre humain. Notre race blanche à elle seule, s'il faut en croire la chronologie des Mahatmas, compte déjà, sur cette planète, un million d'années d'existence. Or notre race est la cinquième. On peut juger de la quantité de siècles qui ont passé sur le monde, depuis que la première forme humaine y a été constituée.

On sait du reste d'où et comment procèdent ces chiffres orientaux. Les quatres âges védiques, le *Néros* chaldéen, les six jours de Moïse ont la même origine. Tout part de la période de six cents ans pendant laquelle le soleil et la lune accomplissent la révolution qui les fait se retrouver au même point du ciel. L'ésotérisme thibétain semble aussi appuyer ses multiplications sur cette base astronomique de la grande année lunaire. Peu importe. Prenons leurs nombres d'où qu'ils viennent et, cette fois, sans bénéfice d'inventaire, car ce serait difficile à inventorier.

Quatre races ont donc précédé la nôtre. Les deux premières n'ont point d'histoire. Leur évolution a eu pour tâche de former le corps, les sens, les facultés physiques et quelques-unes des intellectuelles que nous possédons. La troisième, elle non plus, n'a pas laissé de trace authentique de son passage sur la terre; mais les Mahatmas, pour qui le passé n'a pas de voiles, nous apprennent qu'elle développa une civilisation florissante dont il nous est bien permis d'ignorer l'existence, puisque cette civilisation s'étalait longtemps avant l'époque tertiaire, sur une terre qui n'existe plus.

Laissons la parole au maître de la science secrète qui fut le professeur de M. Sinnet. Les citations qui vont suivre sont extraites d'une lettre écrite par l'adepte thibétain à son disciple anglais, en réponse à plusieurs questions adressées par celui-ci sur ces points scabreux de l'histoire antédiluvienne.

— « *L'ancien continent de Lemuria s'étendant vers le sud de l'Inde, à travers ce qui est maintenant l'océan Indien, et se reliant à l'Atlantide, car l'Afrique n'existait pas encore, ne doit pas plus être confondu avec le continent des Atlantes que l'Europe avec l'Amérique. Tous deux disparurent avec leurs civilisations et leurs dieux. Une période de sept cent mille ans s'écoula entre ces deux catastrophes. Lemuria florissant et terminant sa carrière, avant le commencement de l'âge éocène. On trouve des restes de cette grande race dans quelques aborigènes à tête plate de l'Australie.*

« *L'habitation de la quatrième race qui a précédé directement la vôtre, fut le continent de l'Atlantide dont quelque souvenir est resté dans la littérature exotérique. La grande île dont la destruction est relatée par Platon, était le dernier reste de ce continent. Dans l'âge éocène, le cycle de la quatrième race humaine avait atteint son apogée, et ce grand continent, père de presque tous les continents actuels, montrait les premiers symptômes de son affaissement qui fut consommé, il y a 11,446 ans, quand la dernière île que, changeant son nom national, vous avez le droit d'appeler Poseidonis, fut engloutie.*

« *Pourquoi vos géologues ne se mettent-ils pas dans l'esprit que, sous les continents explorés et sondés par eux, dans les entrailles desquels ils ont trouvé l'âge éocène qu'ils ont forcé de leur livrer ses secrets, il peut y avoir des abîmes mystérieux, sans fond, ou plutôt des lits d'océans non sondés, d'anciens continents dont les couches n'ont pu être explorées par les géologues, et qui peuvent, un jour, entièrement renverser leurs théories présentes? Pourquoi ne pas admettre que nos continent actuels, comme le Lemuria et l'Atlantide, ont été submergés plusieurs fois déjà et ont pu reparaître encore et porter leurs nouveaux groupes de races humaines et de civilisations, et qu'au premier soulèvement géographique, au prochain cataclysme, dans les séries de cataclysmes périodiques qui ont lieu au commencement et à la fin de chaque cercle, nos continents déjà explorés seront engloutis, et que le Lemuria et l'Atlantide surgiront de nouveau?* »

Les géologues de nos jours, partisans de l'évolution et ennemis des révolutions, répondront à cela qu'ils n'admettent pas les cataclysmes. Mais, comme rien ne prouve que les savants de demain seront d'accord avec ceux d'aujourd'hui, l'expérience du passé démontrant tout le contraire, cette question, jusqu'à preuve suffisante, reste accrochée, comme tant d'autres, à un point d'interrogation.

« *Les civilisations grecque, romaine, égyptienne*, continue cet étrange professeur d'histoire, *n'ont rien de comparable avec les civilisations qui commencèrent avec la troisième race. Les Grecs et les Romains étaient de petites sous-races, et les Égyptiens une partie de votre branche caucasique, car c'est par erreur que des auteurs modernes qui ont écrit sur l'Atlantide peuplent l'Égypte d'une partie de ce continent. Ce n'est donc pas assez de dire, comme quelques-uns de vos écrivains, qu'une civilisation éteinte existait avant qu'Athènes et Rome fussent fondées. Nous affirmons que des séries de civilisations existèrent avant comme après la période glacière, qu'elles existèrent sur divers points du globe, atteignirent l'apogée de leur gloire, et disparurent.....*

« *La Chaldée était à l'apogée de sa gloire, à l'époque que vous appelez l'âge de bronze, et la Chine, — je parle de la vraie Chine, non de cette mixture hybride entre la quatrième et la cinquième race qui occupe le trône en ce moment, — les aborigènes qui appartenaient dans leur nationalité sans mélange à la plus haute et dernière branche de la quatrième race, touchaient à leur plus haut point de civilisation, quand la cinquième commença à paraître en Asie... La majorité de l'espèce humaine appartient à la septième sous-race de la quatrième race, les Chinois déjà mentionnés, et leurs rejetons ou sous-branches, Malais, Mongols, Thibétains, Javanais, etc., avec les restes d'autres sous-races, et les quatrième et septième sous-races de la troisième race.* »

On s'embrouille un peu dans ces races, sous-races, branches et sous branches de sous-races. La science ésotérique aiderait beaucoup à l'intelligence de ces choses en nous communiquant un arbre généalogique du genre humain.

— « Tous ces types humains dégradés, poursuit le Maître, sont les descendants directs d'anciennes civilisations dont ni le nom ni le souvenir n'ont survécu, excepté dans les livres sacrés de Guatémala, et quelques autres, inconnus de la science. »

Quelques extraits de ces livres sacrés seraient bien utiles à connaître. Mais les maîtres Indous se défient probablement de nos experts-jurés en chronologie qui poussèrent de si formidables éclats de rire, quand ce pauvre Rodier, sur la foi des observations astronomiques relatées dans les vieilles chroniques de l'Inde et de l'Égypte, essaya timidement d'établir que des civilisations existaient depuis au moins dix-neuf mille ans sur les bords du Nil et du Gange. A quelles extrémités se seraient-ils livrés, si le malheureux auteur de l'*Antiquité des races humaines* eût poussé ses investigations sur le fleuve Jaune et le fleuve Bleu!

Le Maître ne dit rien de la grande floraison

aryenne. Notre race mère a dû avoir pourtant des jours de splendeur dépassant les progrès réalisés par ses deux devancières, peut-être ce cycle de Ram qui, selon Fabre d'Olivet et M. de Saint-Yves, a perpétué dans la mémoire des peuples la tradition d'un âge d'or. Mais la cinquième race ayant pour tâche le développement des facultés morales qui constituent le cinquième principe, l'âme humaine, elle dut trouver son outillage matériel préparé par les races antérieures chargées de l'éclosion et du perfectionnement des aptitudes physiques. C'est du moins ce qui ressort de la logique de la doctrine, et ainsi s'expliquent ces paroles de l'adepte qui déroutent notre conception sur la marche des choses humaines : — « Les civilisations égyptienne, grecque et romaine n'étaient pas comparables à celles des races antérieures. »

Toutes ont fini, petites ou grandes, floraisons de sous-races ou de races mères, matérielles ou spirituelles, conformément à la loi de développement de tous les cycles : croissance, maturité, déclin. Mais, à chaque nuit, une aurore succède. De nouveaux rejetons remplacent la branche fatiguée et, quand une race a épuisé sa sève, surgit la race qui devait suivre, sur une terre retrempée, héritant des progrès acquis, et, avec des forces nouvelles, préparant le progrès nouveau.

En ce qui regarde l'évolution de la collectivité humaine, la doctrine secrète est, on le voit, fataliste. Chaque grande famille a pour mission de développer une faculté de l'espèce, jusqu'à un point qu'elle ne peut dépasser.

— « La loi des cycles est immuable, déclare le

Maître. Ce que sont les restes dégénérés des peuples éclipsés qui eurent leurs jours de gloire et de grandeur, vous le serez un jour. Quand votre race aura atteint son zénith d'intelligence physique et développé sa plus haute civilisation, ne pouvant plus monter dans son propre cycle, ses progrès *tournant vers le mal* seront arrêtés, comme ses prédécesseurs les Lémuriens et les Atlantes furent arrêtés dans leurs progrès tournant de même, par un de ces cataclysmes transformateurs. Ni à une race mère, ni à plus forte raison à ses sous-races ou branches, il n'est accordé par une loi d'empiéter sur les prérogatives de la race ou de la sous-race qui doit suivre, et d'acquérir même la plus petite partie des pouvoirs ou des connaissances réservés à ses successeurs. »

Il est donc inévitable et nécessaire que les progrès physiques *tournent à mal*, quand ils sont arrivés au point qu'ils devaient atteindre, et qu'il leur est interdit de dépasser. Voilà une excuse à laquelle ne s'attendaient pas les méfaits de notre chimie, les massacres de nos engins explosibles et tous les abus, toutes les barbaries de notre industrialisme à outrance. Il n'est que trop prouvé d'ailleurs que nos forces morales ne sont pas au niveau de nos puissances intellectuelles. Mais ne nous appuyons pas trop sur cette fatalité de la loi des cycles. L'individu a une somme de liberté dans la nécessité qui régit l'espèce, et c'est lui-même qui fait sa destinée. Ce qui est fatal pour lui, c'est la conséquence de ses actes.

Pour rabattre un peu l'orgueil de nos princes de la science et de l'industrie, il est bon peut-être de leur faire savoir comment nos gloires sont envisagées sur les hauts plateaux du Thibet.

— « Le peuple le plus élevé maintenant sur terre, spirituellement, écrit le Mahatma, appartient à la première sous-race, et ce sont les Aryens asiatiques. La plus haute race pour l'intelligence physique est la dernière sous-race de la cinquième, la vôtre, les conquérants blancs. Votre petit cycle court vers son apogée; mais, malgré vos efforts, ce que vous appelez civilisation reste confiné seulement dans votre occident et ses rejetons en Amérique. Sa lueur mensongère, éclairant à la ronde, peut sembler projeter ses rayons plus loin qu'elle ne le fait en réalité. Elle ne pénètre pas en Chine, et du Japon vous ne faites qu'une caricature. »

Les répugnances de la Chine ne sont que trop justifiées, et je crois bien que le Japon ferait mieux de rester Japonais. Mais la spiritualité des masses de l'Inde me semble, comme notre intelligence physique, engagée dans une mauvaise voie, et le fatalisme transcendant de la loi des cycles n'explique peut-être pas suffisamment, pour nos intelligences occidentales, la savante indifférence avec laquelle les maîtres de la science secrète regardent ces pauvres idolâtres se faisant écraser sous le char de Jaggernauh.

Les disciples répondent à cela que ces grands détachés s'occupent plus que nous ne le pensons des misères de ce bas monde, et que, ne connaissant ni leur point de vue, ni leurs modes d'action, nous sommes incompétents pour les critiquer.

Abstenons-nous donc de tout jugement téméraire,

et abordons enfin le point de la grande doctrine qui nous intéresse le plus. Dans ces cercles et dans ces rondes, dans ces marches et contre-marches de l'évolution des races humaines, voyons ce que devient la personnalité.

— « L'homme, dit la science ésotérique, peut être sûr que, pendant des millions et des millions d'années, jamais il ne se trouvera en face d'un autre juge que lui-même. »

Voilà le dogme intelligent de l'humanité majeure, mise en possession de ses destinées. Ni Dieu jaloux, ni Dieu vengeur. La loi, pas de maître. Nul ne récompense, nul ne punit. Dans le moral, comme dans le matériel, il n'y a que des effets et des causes. L'homme n'est soumis qu'à la vie. Comme ce monde et comme les mondes, comme l'essence universelle dont il fait partie, il est, parce qu'il est. Ce n'est pas une volonté, c'est une loi qui l'a fait naître, la loi souveraine et immuable qui régit toutes les causes et tous les effets. Et il doit savoir, et il saura que la vie est impeccable, et que ses injustices apparentes dont nous ignorons les ressorts, si elles ne sont pas des réparations que nous nous devons à nous-mêmes, sont une dette qu'elle paie toujours.

La loi des réincarnations est en effet la justification de l'existence. Sans elle, l'absurde ou l'inique gouvernent tout. Quant à l'explication du *comment*, elle est encore enfouie, avec le secret de la génération, dans les profondeurs de l'être. Des procédés de la formation physique, la science ne connaît que le groupement des cellules. De la force ou des forces qui résident dans le germe, du germe lui-même, elle ne sait rien. Dans l'état actuel de nos connaissances, il est aussi impossible d'expliquer l'être moral qui éclôt, que celui qui se réincarne.

Toute hypothèse sur ce point échappe aux vérifications de l'expérience et ne procède que de la raison. Prenons donc comme établie sur ce terrain l'antique conception de nos pères, rebelles aux stupidités du hasard comme aux cruautés du destin, et voyons comment, par induction tirée de l'ordre matériel que leur révélaient la série des créations et l'harmonie des sphères, ils ont placé dans la destinée humaine la justice absolue qui est l'ordre du monde moral.

La mort est la condition du progrès. Siva est le grand régénérateur. Il ne détruit que pour refaire. Chaque renaissance est un rajeunissement. La mort est le bain de Jouvence dépouillant le vieil homme de ses rides et de ses scories. Les rides sont les préjugés, les superstitions, les erreurs, les idées de son temps, dont chaque génération s'imprègne et qui se referment sur elle. Les scories sont les troubles de notre conscience, les regrets de nos passions satisfaites ou déçues, tout le triste bilan de nos égoïsmes et de nos faiblesses, de nos hontes et de nos remords. De tout cela l'oubli fait table rase, ouvrant à des horizons nouveaux nos sentiments et nos pensées, et, pour nous permettre d'avancer, nous allégeant du poids de nos fautes. Mais, le sommet atteint, tout s'éclaire. Les échecs partiels ne comptent plus, quand la bataille est gagnée, et la lumière qu'on a conquise illumine le chemin parcouru.

— « Dans l'état de conscience supérieure, déclare

la doctrine, on peut contempler toutes ses vies passées, comme un immense panorama. Tout est tracé sur les pages lumineuses de *l'akasa* — lumière astrale. — Arrivé à la vue complète, on lit tout. »

Avant de parvenir à ce degré de spiritualité où se déroule sous ses yeux le chapelet de ses existences passées, chaque entité humaine, soumise aux renaissances, vit alternativement dans le monde des causes et dans le monde des effets. Le monde des causes est la terre où nous sommes. Le monde des effets est ce que, dans la langue des religions, on nomme la vie future ou l'autre vie.

Pas de juge, avons-nous dit. Récompense et punition, si l'on veut se servir de ces mots, sont les conséquences naturelles de nos actes ou des désirs qu'a nourris notre pensée. Chacun se fait son ciel, son purgatoire, ou son enfer. Mais le purgatoire et l'enfer du Bouddhisme ésotérique sont bien différents du nôtre. Nous reviendrons sur ces deux points, les plus obscurs de la doctrine. Parlons du paradis, ou plutôt des paradis, puisque, selon le degré d'élévation morale qu'il a atteint dans sa vie terrestre, chaque homme construit le sien.

Le paradis des adeptes Indous se nomme le Dévakhane. La vie dévakhanique n'est pas seulement la récompense de tout le bien que nous avons semé dans notre vie, mais encore la réalisation de celui que nous avons rêvé pour les autres et pour nous-mêmes.

— « Le Dévakhane, disent les maîtres, est formé

de la quintessence de nos pensées, de nos désirs, de nos affections terrestres, dégagement du meilleur et du plus élevé de nos aspirations psychiques d'ici-bas, qui s'épand pour créer l'atmosphère pure et saine dans laquelle notre *moi* doit se réconforter. La vie dévakhanique n'est qu'une jouissance, le temps de la récolte de ces semailles psychiques tombées de l'arbre de l'existence physique, dans nos moments de rêve et d'espérance, rêves de bonheur, étouffés dans une société mauvaise, épanouis à la lumière rose du Dévakhane, et mûrissant sous un ciel toujours fécondant. Là, tous les espoirs déçus, toutes les aspirations qui semblaient irréalisables se réalisent pleinement, et les idéalités de l'existence objective deviennent les réalités de l'existence subjective. »

Le Dévakhane n'est donc pas une localité, mais un État.

— « Vie-rêve, disent les occultistes. Les activités morales et spirituelles y trouvent seules leur sphère d'action dans la pensée et l'imagination sans limites. » Mais cette fiction est pour l'être une réalité absolue. Tous ceux qu'il aime sont là. Tous ceux qu'il appelle arrivent, les élus de ses tendresses, les collaborateurs de ses recherches, et, dans les grandes sphères altruistes, là aussi sont vivants et réalisés pour lui le monde de justice et de bonté, les harmonies sociales rêvées par son cœur ou conçues par son génie.

— « Si l'on nous objecte, ajoutent les maîtres, qu'il n'y a là qu'une tromperie de la nature, nous répondrons qu'alors il ne sera jamais permis d'appeler réalité aucun de ces sentiments purement abstraits qui nous appartiennent exclusivement et sont réfléchis et assimilés par la partie la plus élevée de notre âme, tels, par exemple, que la perception idéale de la beauté, de l'amour, de la profonde philanthropie, aussi bien qu'aucune autre sensation purement spirituelle qui, pendant la vie, remplit notre être de joies si vives, et de si cuisantes douleurs. »

L'objection sera faite sûrement. Reste à savoir si la réponse semblera satisfaisante. J'avoue, pour ma part, que cet état purement subjectif, sans mouvement réel, sans action efficace, sans utilité d'aucune sorte pour le progrès de la personne ni pour celui de l'espèce, ne satisfait pas complètement mon idéal. Il m'est difficile d'admettre que cette vie de l'autre monde, astral ou spirituel, n'ait, comme la doctrine semble l'indiquer, aucune influence sur l'existence matérielle qui va suivre, et que l'être qui se réincarne après avoir touché et savouré son salaire, dans un rêve oublié, revienne sur la terre tel qu'il en était parti, avec les mêmes aspirations, les mêmes forces, les mêmes faiblesses. Les phases ultra-terrestres ainsi comprises ne sont en somme que des lacunes dans l'activité libre de l'individu. Je ne reconnais pas là les procédés habituels de la nature qui joint toujours l'utile à l'agréable, et je trouverais le salaire beaucoup plus précieux, s'il servait à constituer un capital pour l'avenir.

L'objection n'est pas moins forte, quand il s'agit des états de souffrance que nos religions occidentales ont appelés purgatoire et enfer. Toujours l'inexorable équité de la semence et de la récolte. L'entité humaine qui n'a pas dépassé la sphère des désirs brutaux et des passions grossières, reste la proie de ces passions et de ces désirs. Son supplice est de se sentir dévorée par ses appétits violents, sans pouvoir les satisfaire. Le livre de M. Sinnet donne peu de détails sur ces tristesses de l'autre monde. Mais pas un mot ne fait supposer que leur séjour dans le *Kama-Loca*, c'est le nom sanscrit de ce lieu de douleur, soit, en aucune façon, profitable à ces malheureux. L'expiation des uns est aussi stérile que le salaire des autres. La peine n'est pas plus une leçon, que la récompense n'est un encouragement. Tous boivent également le léthé et reviennent tels qu'ils étaient partis, avec le bagage d'attractions bonnes ou mauvaises, le *Karma,* qu'ils avaient emporté dans la mort. Le monde des effets ne produit pas de causes.

Est-ce bien sûr? Il doit y avoir une lacune dans l'exposition des disciples, ou il y a une exagération dans la logique des maîtres. La solidarité doit exister dans les deux modes de vie, et la tutelle providentielle des sympathies et des consciences doit s'exercer sur tous les plans de l'existence, sans distinction de vivants et de morts. Les aperçus du sentiment, tout aussi humains et divins que ceux de la raison, sont le côté faible des conceptions Indoues. Plus de lumière que de chaleur. Mais chaque race apporte son contingent dans le travail de la pensée humaine, et celui des Aryas d'Asie est assez riche et assez beau, pour qu'on l'accepte sans marchander, et avec empressement.

La doctrine secrète a aussi son enfer, *Avitchi*, séjour ou état d'énergies farouches, indomptables, génies du mal qui franchissent toutes les étapes de la vie, projetés en avant par leur formidable volonté. Ce point ténébreux de la science occulte est à peine indiqué dans le *Bouddhisme ésotérique* qui n'explique pas le rôle joué par ces êtres exceptionnels dans l'évolution générale des choses. Plus intraitables qu'Arihmane, ces satans de l'Occultisme ne se convertissent que dans la mort finale, noyés comme tout ce qui est, dans le Pralaya universel.

La Kabbale affirme aussi l'existence de ces puissances terribles qui ont conquis l'immortalité dans le mal. Mais le mal, pour la Kabbale, est aussi nécessaire que le bien. Ce sont les deux principes de l'équilibre universel, opposés, mais non contraires.

— « Être immortel dans le bien, écrit Eliphas Lévi, c'est s'identifier avec Dieu ; être immortel dans le mal, c'est s'identifier avec Satan. Voilà les deux pôles du monde des âmes. Entre ces deux pôles, végète et meurt la partie inutile de l'espèce humaine.

— « Sois froid ou chaud, dit l'Apocalypse, car si tu n'es ni froid ni chaud, je vomirai les tièdes de ma bouche. »

On voit, une fois de plus, que l'ésotérisme de tous les peuples se ressemble. Mais l'occultisme Indou, moins radical que la Kabbale juive, n'admet pas l'égalité entre les deux principes d'équilibre, et déclare que l'Avitchi est beaucoup moins peuplé que le Dévakhane.

— « Il y a bien peu d'hommes, dit M. Sinnet, dont la vie ait été si complètement privée de sentiments d'amour, de tendances plus ou moins intenses vers un certain ordre de pensée, qu'elle soit impropre à une période proportionnelle d'existence Dévakhanique. »

Ici se trouve le point de doctrine bizarre que nous avons signalé dans notre analyse des principes constitutifs de l'homme.

Pendant que les tendances affectives et les aspirations intellectuelles de l'être, la quantité d'âme humaine, de substance relativement raffinée, *Manas*, qu'il est parvenu à développer en lui, savoure les joies de l'état dévakhanique, les éléments du quatrième principe, *Kama-rupa*, qui ont constitué une partie de cette personnalité mi-animale, mi-humaine, moins humaine souvent qu'animale, suivent une autre destinée. Ces forces brutales du moi désincarné, séparées des affinités supérieures qui vivent dans le Dévakhane, flottent dans le *Kama-Loca*, — que nous avons improprement appelé le purgatoire, puisqu'on ne s'y purge de rien, — non complètement séparées pourtant, car un lien fluidique rattache l'une à l'autre ces deux portions de la personnalité disparue. Elles attendent que la partie spirituelle de l'entité qui va renaître, après avoir consommé son salaire, vienne rejoindre l'animal qui la tire en bas, et la force de se réintégrer dans la chair. Jusque-là, mi-instinctives, mi-conscientes, ces forces, plus ou moins bestiales, vagabondent dans notre atmosphère, soumises, comme nous le verrons quand nous parlerons du spiritisme, aux évocations des médiums et aux conjurations des adeptes de la magie noire. Cette conception de la personnalité qui se sépare en deux dans le monde des effets, pour se refondre dans le monde des causes, demanderait peut-être quelques explications complémentaires que je n'ai pas trouvées dans le livre de M. Sinnet. Je signale cette insuffisance aux expositions futures.

Sur la durée de ces existences subjectives comparée au temps que nous passons sur la terre, le *Bbudhisme ésotérique* est beaucoup plus explicite. Selon le degré d'élévation de l'être, la vie Dévakhanique peut durer de quinze cents à huit mille ans. En admettant, au bas mot, qu'un million d'années constitue la vie complète d'une race, chaque entité humaine doit y renaître environ huit cents fois, et la proportion des deux modes de vie est ce que neuf cent quatre-vingt-huit est à douze. Le salaire est élevé, on le voit, et la récompense l'emporte de beaucoup sur la peine. Multiplions ces chiffres par les cycles déjà franchis, et nous verrons que ceux qui ne pourront doubler le cap des tempêtes, ont déjà vécu, de cette double vie où les phases sont si longues en comparaison des jours d'épreuves, ce que les plus ambitieux appelleraient une éternité.

Nous touchons ici à la question capitale de l'individualité conservée ou perdue.

— « Pendant les premiers essais du voyage de l'homme sur cette terre, dit la doctrine, la responsabilité est presque nulle. Mais, dans la seconde moitié de l'évolution, l'homme doit nager et non se laisser emporter par le courant du progrès, sinon il se noie. »

Rassurons-nous pour le moment. Nous sommes encore les enfants de la bête, à peu près irresponsables. Bien peu d'entre nous arrivent à faire dominer en eux l'intelligence et la raison, apanages de l'âme humaine. Les désirs indisciplinés, les volontés de l'instinct conduisent toujours la machine. La quatrième phase n'est pas finie, et ce n'est que dans la cinquième, que l'avenir se décidera.

— « Dans la cinquième ronde, est-il dit, la raison, l'intelligence, l'âme dans laquelle le moi réside, étant à son summum de développement, doit pouvoir s'assimiler au sixième principe, le principe spirituel, ou abandonner la course de la vie comme individualité. »

C'est un peu dur pour les mous et les tièdes vomis par la bouche de l'Apocalypse. Car enfin, toute part faite à la liberté et à la volonté, reste toujours cette question peu commode à résoudre : Pourquoi ceux-ci ont-ils plus de liberté et de volonté que ceux-là? N'est pas chaud ou froid qui veut, quoiqu'en dise l'occultisme des deux hémisphères. Le Christianisme des églises occidentales s'est tiré d'affaire par l'intervention de la grâce, qui n'est pas à la louange de son Dieu. Le Brahmanisme s'en remet également au bon plaisir de Brahma faisant sortir, sans qu'on sache pourquoi, ni lui non plus, les uns de son pied, les autres de sa bouche. Gautama Bouddha a combattu ce système de sélection préétablie, en remplaçant la grâce de Dieu par la grâce de la nature qui ne révèle pas davantage aux mortels la raison de ses faveurs. Elle doit pourtant en avoir une. La science secrète a-t-elle le mot de ce problème qui date des origines de la pensée? D'accord sur ce point avec le positivisme occidental, elle paraît dire que la nature sème comme les autres graines, les germes humains à la merci des vents. Beaucoup avortent; quelques-uns fructifient. Ainsi les glands tombés du chêne. La doctrine du

Thibet concède, il est vrai, que les naufrages ne sont pas irréparables, et que les noyés reviennent à la vie pour recommencer le voyage.

— « Les rejetés, dit-elle, attendent dans l'état spirituel négatif un nouveau manvantara dont ils seront les éléments. »

Et M. Sinnet rappelle que, jusqu'au jour où ils ont sombré dans le passage suprême, « des siècles de siècles d'existences spirituelles ont payé leurs premiers efforts, et cela, ajoute-t-il, en dehors de la question de savoir si l'entité qui recevait ainsi son salaire, avait en elle l'étoffe qui lui permettrait d'atteindre à l'état divin de la septième ronde ».

Mais, sur la qualité originelle de l'étoffe et des forces qui la tissent, la question se pose toujours.

Le hasard est-il à la base des différentiations premières, et la principale fonction de la vie est-elle de réparer les dommages qu'elle cause? La doctrine Indoue, à ma connaissance du moins, ne donne pas l'explication de ce mystère. Mais, proclamant, comme elle le fait, la providence active et consciente à tous les échelons de l'évolution ascendante, elle ne peut logiquement admettre que la première distribution des choses ne soit pas régie également par la loi tutélaire de l'amour.

Voyons fonctionner, au dessus de nous et pour nous, à tous les degrés de la vie voulue, ces délégués de l'élément androgyne, père-mère de tout ce qui est.

∴

Nous continuons de citer la parole des maîtres :

— « *Quand la monade humaine a enfin accompli ce voyage étonnant dont le point de départ fut la première planète et le point d'arrivée la septième, voyage si long qu'il semble éternel, quand elle en a fini avec les milliers et les milliers de vies, et les milliers et les milliers d'existences dévakhaniques, le moi, avant de recommencer un nouveau tour de sphère, passe dans une condition spirituelle, mais différente de l'état du Dévakhane, et là il se repose pendant une période de temps d'une longueur inconcevable. Cet état peut être regardé comme le Dévakhane des états Dévakhaniques, une sorte de revue générale de cette condition pleine de félicité par laquelle on a passé et repassé si souvent.* »

Là est le couronnement du règne humain. Dans le nouveau tour de spire que va recommencer la monade individuelle, c'est le règne divin qui se déroule.

Au premier degré de cet état supérieur sont les esprits planétaires, appelés Dhyan-Chohans dans le langage ésotérique.

L'évolution des races humaines a pour but l'éclosion de ces êtres spirituels, tuteurs et guides de l'humanité qui leur succède dans le prochain manvatara planétaire.

— « *A peine un nouveau système de mondes a-t-il commencé à évoluer quelque part dans l'espace infini, que les efforts de la nature ne tendent qu'à un seul but : de tous ces matériaux grossiers, de toutes ces énergies furieuses, terribles, et qui nous semblent indomptables d'un monde à son aurore, produire une nouvelle moisson de Dhyan-Chohans.* »

Et ceux-ci, à leur tour, aident à faire mûrir la récolte future.

— « *Comme l'enfant de chaque génération humaine est dirigé par ses parents, et grandit pour diriger à son tour une nouvelle génération, ainsi chaque humanité des grandes périodes manvantariennes, les hommes d'une génération, grandissent pour être les Dhyan-Chohans de l'humanité prochaine, cèdent ensuite la place à leurs descendants, quand les temps sont accomplis, et passent à de plus hautes conditions d'existence.* »

Mais cette providence active est enfermée, elle aussi, dans la loi universelle des cycles.

— « Même ces grands Êtres, explique M. Sinnet, efflorescence parfaite de l'ancienne humanité, qui, quoique loin de constituer une divinité suprême, exercent néanmoins une souveraineté divine sur les destinées de notre monde, ne sont pas omnipotents, et, tout grands qu'ils soient, voient leur action restreinte dans des limites comparativement étroites. Il semblerait que, sur le théâtre fraîchement préparé pour un nouveau drame de la vie, ils devraient pouvoir introduire quelques changements dans l'action dérivant de leur expérience acquise dans le drame qu'il viennent de traverser; mais il ne peuvent, en ce qui regarde la grande charpente de la pièce, que répéter ce qui a été représenté auparavant. Ils peuvent, sur une grande échelle, faire ce que fait, sur une petite, un jardinier avec les dahlias. Il peut produire de considérables modifications de formes et de couleurs, mais ses fleurs, avec quelque soin qu'il les travaille, seront toujours des dahlias. »

Les fonctions attribuées par l'ésotérisme à ces élus, ou, pour mieux dire, à ces arrivés de chaque famille humaine, sont donc bien la négation absolue de ce que l'on appelle l'inconscience de la nature, puisque, dès la première phase de l'évolution non seulement des êtres, mais des mondes, tout est dirigé par eux.

— « *C'est sous l'impulsion donnée par les humains glorifiés du dernier manvantara, nouveaux Dhyan-Chohans, remplaçant les anciens qui vont agir sur un plan plus élevé, que se reconstituent les planètes dissoutes, réduites en poussière cosmique.* »

Après avoir présidé à la construction du berceau des races futures, ces collaborateurs de la mère commune dirigent le travail inconscient des forces élémentaires qui préparent, l'un après l'autre, les premiers règnes dont la progression croissante constitue la vie fœtale de l'humanité. Et, quand cette humanité est éclose, et que la vie morale commence, leur intervention, plus directe, guide les premiers pas du nouveau genre humain montant à son tour vers la spiritualité.

— « *Dans la première ronde, lorsque le courant de la vie traversant pour la première fois l'anneau manquant, provoque l'évolution de l'espèce qui doit former la première race de la première série, apparaît l'être qui peut être considéré comme le Bouddha de cette première race. Les hommes, non encore bien formés, complètement inintelligents, voient tout à coup surgir au milieu d'eux des êtres qui ne leur ressemblent pas. Innocents, dévoués, bons, esprits allant toujours de l'avant, ils ouvrent la marche et éclairent la voie ténébreuse où la nouvelle humanité essaie ses pas chancelants, en jetant au fond de son cœur les grands principes du bien et du mal, du droit et de la justice, et en imprégnant surtout dans un nombre suffisant d'esprits réceptifs, les premières vérités de la doctrine ésotérique.*

« *C'est cette arrivée d'un être supérieur divin, durant la première période des rondes, qui a donné naissance à la conception du Dieu anthropomorphique des religions exotériques. L'Esprit planétaire qui s'incarne réellement au milieu des hommes, au moment de la première ronde, fut le prototype de la Déité personnelle. Les religions ne portent que sur un cas de degré, les peuples faisant, sans penser plus loin, du Dieu de leur vie, le Dieu de toutes les vies, du Dieu de leur monde et de leur période de mondes, le Dieu de tous les mondes et de toutes les périodes.* »

De la base au sommet, cette hiérarchie de puissances et de fonctions s'échelonne et se pénètre. Les esprits planétaires, expression de l'humanité qui nous précéda sur la terre, ne sont pas seulement en communion avec l'humanité qui les suit, et qu'ils aident à gravir à son tour l'étage supérieur qu'ils sont parvenus à atteindre. Ils sont reliés à ce qui est au-dessus d'eux par une chaîne ininterrompue, et reçoivent d'en haut l'équivalent de ce qu'ils donnent en bas.

— « Les Dhyan-Choans, enseigne la doctrine, communient à leur tour avec les esprits supérieurs, et plongent ainsi dans des systèmes plus élevés. »

Donc, à mesure que l'esprit monte, à l'état de plus

en plus divin, à travers la matière de plus en plus affinée, il illumine le chemin parcouru et protège l'ascension de ceux qui viennent après lui. La série des êtres est une série de providences ; l'unité du tout implique la solidarité des parties, et il n'y a pas de place dans l'Infini pour le salut individuel.

Quelques mots du livre de M. Sinnet semblent indiquer que ces grands êtres tutélaires, quintessence des spiritualités humaines, sont plutôt des personnalités collectives que des entités séparées. Nous retrouverons ailleurs cette conception exprimée, sous une autre forme, dans une œuvre curieuse et toute nouvelle, qui paraît répondre aux points d'interrogation que nous avons posés sur les rares obscurités de l'occultisme Indou. Parlons de la finalité suprême, du retour à l'ineffable et insondable foyer d'où tout émane et où tout revient.

*
* *

Le Nirvana du Bouddhisme ésotérique n'est pas celui du Bouddhisme vulgaire. Les adeptes du Thibet ne commettent pas l'inconséquence de couronner leur grande synthèse par l'anéantissement stupide, si cher au pape de Ceylan. Le retour à l'unité n'est pas un plongeon dans le vide. Cette récolte de la nature, autrement dit de la vie divine, moisson de conscience, de savoir et d'amour, amassée par des milliards de siècles dans ces individualités transcendantes qui ont été ce que nous sommes, n'aboutit pas à la banqueroute. Ces hautes individualités, qui ont passé de sphère en sphère, parvenues à s'assimiler toutes les puissances de l'être, n'arrivent pas au sommet pour tomber dans l'abîme, et n'ont pas conquis la plénitude de la vie, à seule fin de l'immerger dans la mort.

Cette fausse notion du Nirvana-Néant, puisée par nos indianistes occidentaux dans les traditions du Bouddhisme des églises, reprise, exploitée et brodée d'ornements fantasques dans les aberrations du pessimisme allemand, ne supporte l'examen ni de la raison, ni de la conscience. Quoiqu'on pense de la doctrine dont nous esquissons les contours, et dont nous traçons les grandes lignes, qu'elle soit comme le prétendent ses propagateurs, le produit de révélations et de perceptions dont le procédé nous échappe, ou, comme le pensera notre positivisme occidental, un grand roman cosmogonique élaboré et coordonné par des générations de rêveurs, on ne peut lui refuser cette justice qu'étant donné son point de départ, elle est rigoureusement logique, et le lecteur, simple curieux, qui a suivi notre exposition sommaire, doit supposer que la conclusion de cet étrange système, si étrange qu'elle semble encore, ne sera pas une absurdité.

Ce n'en est pas une en effet. Cette monstruosité de l'Inconscience de l'Un-tout noyant dans son vide intellectuel et moral toutes ces consciences éclairées, parties intégrantes de son être, n'est pas admise dans l'enseignement secret que le progrès de nos sciences, répètent les Maîtres, leur permet de divulguer aujourd'hui. Loin de nier la conscience dans l'absolu, ils l'affirment expressément, en l'élevant à une hauteur que notre conception ne peut atteindre.

« Ce que peut être ce tout formé de toutes les

individualités, dit M. Sinnet, ce que peut être ce genre d'existence entièrement différent et nouveau, traversé par ces mille myriades d'individualités fondues en *un*, voilà la question sur laquelle les plus grands penseurs, non initiés, ne peuvent jeter la moindre lueur. »

Les mystères de l'initiation sont hors de notre portée. Restons dans le domaine de la vulgaire raison; n'examinons que la logique de la doctrine, et insistons, avec le Bouddhisme du Thibet, sur ce point capital qui le sépare de son frère du Sud:

— « Lorsque nous parlons, ajoute le livre, de la fin ultime de l'*homme-Dieu*, venant se fondre dans l'état de *conscience absolue* du Para-Nirvana, nous ne faisons allusion qu'à la perte de la personnalité physique, l'individualité étant, dans ce cas, entièrement conservée. »

Donc, conscience absolue de l'Un-tout, conservation de l'individualité dans la communion finale des âmes, voilà le couronnement de l'édifice ésotérique.

— « Soyez tous frères pour être tous un, dit le verbe chrétien, parlant au cœur des masses. » Peut-être l'axiome évangélique, venu de Nazareth ou d'Alexandrie, voilait-il sciemment, sous son enveloppe sentimentale, la conception logique de l'intuition indoue. Les religions se rejoignent au sommet, comme elles se fondent à la base. Tout part de l'unité, et y retourne.

⁂

Précisons, pour finir cette étude, la loi d'ordre universel qui régit les réincarnations. En parlant du Dévakhane, et du Kama-Loca, nous avons déjà effleuré ce sujet qui ne nous semble pas suffisamment expliqué par M. Sinnet. Voici ce qu'il dit sur le *Karma :*

— « Pendant le cours de la vie, tout ce qu'elle produit de bon ou de mauvais laisse après soi des puissances indestructibles, des énergies qui doivent s'unir d'elles-mêmes, mais qui se fixent, en attendant, dans un organe particulier qui résiste à la mort simple de l'homme. Ces affinités, *arrêtées par le cinquième principe,* aussitôt qu'elles se produisent, deviennent causes de tous les effets qui suivent la mort de l'individu, et qui se manifestent dans sa nouvelle existence. *Elles suivent l'être en Dévakhane,* et celles qui sont assez pures et assez élevées pour s'adapter à l'atmosphère de cet état, fructifient dans une prodigieuse abondance, et repassent, *ainsi que les affinités inférieures,* dans le monde objectif, avec le moi qui est, en quelque sorte, leur esclave, une fois qu'elles sont engendrées. Et, avec autant de certitude que la molécule d'oxigène, mise en présence de molécules diverses, ira à celle pour laquelle elle ressent le plus d'affinité, avec autant de certitude, le *Karma* ou faisceau d'affinités conduit la monade à chercher et à trouver le genre d'incarnation pouvant satisfaire les mystérieuses attractions qui la dirigent. Et il n'y a pas là création d'un nouvel être; il n'y a de nouveau que la charpente corporelle construite en vue d'abriter le *revenant.* C'est le même *je,* le même *moi* qu'auparavant, récoltant les fruits ou subissant les conséquences de son passé. »

Il semblerait ainsi que les affinités grossières,

purement animales du quatrième principe, *arrêtées* par le cinquième, suivraient l'être en Dévakhane, à l'atmosphère duquel elles ne peuvent pourtant s'adapter, qui d'ailleurs n'est pas une localité, mais un état, abordable seulement pour les attractions élevées de l'âme humaine. On voit que nous avions raison de signaler ce détail comme une obscurité dans la doctrine qui suit si imperturbablement son droit chemin partout ailleurs.

Quoiqu'il en soit, le Karma constitue la somme des tendances, des penchants, des aptitudes diverses qui ont établi le caractère de la personnalité morale et intellectuelle que la mort a fait disparaître. C'est le bagage emporté en quittant cette vie, et rapporté dans chaque réincarnation. L'état passé détermine l'état futur, et celui-ci, à son tour, devient, pour l'avenir, une cause. Selon l'usage qu'il fera de sa liberté dans l'état où il va renaître, l'être humain établira lui-même les conditions de sa renaissance et de son existence postérieures.

— « L'esprit qui se réincarne, conclut M. Sinnet, par la seule opération de ses affinités, trouve la famille dans laquelle il aura les conditions exactes de la vie nouvelle à laquelle l'ont préparé ses existences passées. L'assimilation par choix des esprits, sous la loi du Karma, réconcilie la renaissance avec l'atavisme et l'hérédité. Il peut arriver parfois qu'un accident nuise à l'enfant dans sa naissance. Mais la nature a le temps de réparer ses dommages. La souffrance imméritée d'une vie est compensée amplement dans la prochaine existence, par l'opération de la loi du Karma. Il n'y a pas d'indifférence pour les petites choses dans la chimie et la mécanique;

La nature, dans ses opérations physiques, répond aux causes minimes aussi bien qu'aux grandes ; dans ses opérations spirituelles, elle n'a pas non plus coutume de regarder les bagatelles comme insignifiantes et d'oublier ses petites dettes, sous prétexte quelle paye les grosses. »

Voilà l'exposé sommaire de cette doctrine si vieille et pour nous si neuve, qui commence à faire une trouée en Europe. Signe des temps. Malgré les efforts réunis des coteries sacerdotales et scientistes, le monde est en quête d'une idée. Le mot que nous cherchons peut être aussi bien enfoui dans la nuit du passé, que caché dans les brumes de l'avenir. Il faut regarder partout, et avoir soin surtout d'examiner soigneusement ce qui fait rire le vulgaire.

VIII

La métaphysique chinoise.

Avant d'explorer la doctrine secrète de l'Occident, partant d'Égypte pour arriver au mythe chrétien, en traversant la Judée, nous allons séjourner un moment encore en Asie, pour chercher le fond des idées de ce peuple chinois, étrange entre tous, le seul qui soit resté debout, dans son unité première, sur le sol qui l'a vu naître, et pour qui l'invasion ne fut qu'un changement de dynastie; car, unique de son espèce, il eut le privilège de conquérir ses conquérants.

La *Cité chinoise* nous a révélé une Chine tout à fait nouvelle pour nous. Avant l'arrivée de la civilisation anglo-française — opium, chassepots, mitrailleuses, — dans le pays de Confucius, nous ne connaissions guère des Chinois que leurs magots de paravents, leurs Bouddhas de Jade, leurs assiettes de porcelaine, leurs plats de nids d'hirondelles, et nos Parisiennes, qui se serrent les côtes, riaient à gorge déployée des Pékinoises qui se serrent les pieds.

Même après la fameuse campagne qui fit un comte de Palikao, nous ne jugions le Céleste Empire que sur les blagues de nos troupiers et les contes en partie double des négociants en pavots de la pure Albion et de nos voyageurs de commerce. Il paraît que, pour connaître un peuple, il ne suffit pas de l'empoisonner, de brûler ses palais, de piller ses musées ou de trafiquer avec ses marchands dans quelques ports à peine ouverts. C'est ce que m'a fait remarquer Eugène Simon, en me reprochant d'avoir complètement méconnu et même un peu insulté, sur la foi de racontars frivoles ou intéressés, la Chine et les Chinois modernes. J'avais péché par ignorance. Hélas! on ne pèche que par là. Que les lecteurs des *Grands mystères,* sous les yeux desquels tombera cette page, prennent acte de ma contrition.

Ce qui doit consoler la Chine des jugements qu'on porte sur elle, et même de voir ses cinq cent millions d'habitants traités de quantité négligeable par nos fusils à tir rapide, — fasse le ciel, qu'elle appelle Tien, que ses fils ne se livrent pas de longtemps à ce genre de fabrication, et ne se disent pas un beau jour qu'après tout, ce sont eux qui, les premiers, ont inventé la poudre, — ce qui doit, dis-je, la consoler, c'est l'enthousiasme qu'elle inspire aux rares occidentaux qu'elle a admis dans ses foyers. La *Cité chinoise* n'est pas le seul écrit français qui célèbre les vertus de la race patriarchale fidèle à la loi des ancêtres. Quelques-uns de nos missionnaires, dans leurs appréciations des idées et des institutions de ce peuple des antipodes qui, pour leurs devanciers, ne pouvait exister qu'à la condition de marcher la tête en bas, sont allés plus loin encore. On se demande, en les lisant, si ces pères convertisseurs, récoltant où ils venaient semer, ne sont pas convertis eux-mêmes.

— « *Heureux,* écrit le père Cibot, *le nouveau Dédale qui aura l'adresse de se faire des ailes et de franchir les mers qui séparent la Chine de l'Europe* — la vapeur n'était pas encore inventée. — *S'il aime l'histoire, elle lui offrira celle du plus grand empire du monde. Il verra plus de quarante siècles étaler à ses yeux, sous différents points de vue, la peinture fidèle du gouvernement, des mœurs, des lois, des événements et de leurs suites, des succès et de leurs causes, des sciences et de leurs progrès, de la nature entière et de ses phénomènes, et, ce qui est encore plus intéressant, de tous les hommes extraordinaires en tous genres qui ont illustré ou déshonoré leur patrie : peinture animée et intéressante, mais fidèle et naïve, à laquelle a présidé l'impartialité.*

Si la morale, la politique, la vraie philosophie intéressent son cœur, la Chine lui présentera non pas des volumes immenses de possibilités métaphysiques ou de préceptes sophistiques, mais des ouvrages, fruits de la réflexion, de l'expérience et de la probité, qui consacrent et développent les devoirs immuables et éternels, qui assujettissent l'homme à Dieu, le lient à son prince, l'unissent à ses parents, l'intéressent à tous les hommes et le soumettent à sa conscience, des lois claires, précises, qui dirigent l'autorité, facilitent l'obéissance, encouragent les talents, honorent les vertus, flétrissent les vices et tendent toutes au bonheur public.

Si l'éloquence, la poésie, les belles lettres piquent sa curiosité, les bibliothèques lui étaleront des recherches immenses que toutes les dynasties ont eu l'ambition d'accroître. Si ce sont les arts utiles, les recherches curieuses, les observations savantes qui l'attirent, des collections immenses s'offriront à lui, pour y puiser à son gré de quoi enrichir l'Europe de nouvelles découvertes ou perfectionner les siennes. Si c'est enfin l'amour de la religion qui enflamme son cœur et le touche, les lettrés lui présenteront les Kinq avec les commentaires qui les expliquent, pour opposer leurs lumières aux ténèbres qu'on affecte, en Europe, de répandre sur les mœurs et les croyances des premiers âges. »

Premiers âges, en effet, car, si l'on en croit un autre missionnaire, le père Martin Martini, auteur d'une histoire de la Chine, la langue des *Koua* et des *King* est reconnue pour une des soptante-deux de la tour de Babel. Il est prouvé en tous cas, affirme le bon père, qu'elle était en usage il y a plus de trois mille six cents ans. — « Les premiers chapitres du Chou-King, déclare le père Cibot, ont été écrits sous le règne d'Iao, 2357 ans avant le Christ, ou, au plus tard, sous celui d'Iu qui régna un siècle après. Plusieurs écrivains déclarent même que la vieille langue était parlée longtemps avant le déluge, et il paraît par les monuments littéraires les plus incontestables, qu'elle est toujours restée la même. » Nous avons vu que la science secrète de l'Inde assigne à la Chine et à la race qui l'habite une bien autre antiquité.

Mais, ce n'est pas de son histoire plus ou moins authentique ou fabuleuse, c'est de sa métaphysique qu'il s'agit.

Le plus ancien livre est l'Y-King, attribué à Fou-hi qui, d'après sa légende, encore vivante aujourd'hui, fut le premier civilisateur de la Chine. Environ quatre mille ans avant Jésus-Christ, — c'est la chronologie la plus modeste, — Fou-hi réunit les tribus sauvages vivant de racines et de viandes crues dans la province du Chen-Si, leur enseigna l'usage du feu et leur dicta les principes de la morale et de la religion, révélés par le ciel même au législateur chinois qui, se promenant un jour sur les bords du fleuve jaune, les reçut d'un cheval dragon sorti des profondeurs du fleuve.

La loi chinoise, comme celle des Indes, comme celle de Zoroastre, et comme celle du Sinaï, a donc une origine divine.

L'*Y-King* ne fut pas d'abord un livre, mais une simple carte appelée *Koua*, marquée de lignes et de points qui, plus tard, combinés avec des dessins représentant les objets naturels, produisirent en Chine, comme peut-être partout ailleurs, la seconde forme d'écriture appelée hiéroglyphique. Les *Kouas* avaient pour ancêtres les cordelettes et buchettes qui servaient de messages aux premières races pour se communiquer de tribu à tribu les choses qui les intéressaient, système de correspondance que les temps modernes ont encore vu pratiquer en Asie, par les Tartares. *Koua* ou *Pa-Koua* signifie *signe suspendu*, parce qu'on suspendait ces cartes dans les lieux publics pour l'instruction des populations primitives. Les traditions de cette race incrustée sur son sol depuis le premier âge de l'homme, nous offriraient ainsi l'histoire complète et non interrompue du développement de l'humanité.

Huit Kouas transmis par Fou-hi contenaient en substance toute la loi morale et divine. L'Y-KING, *livre des changements et des métamorphoses*, ou plutôt *livre des principes*, est le développement de cette loi. Mais une foule de commentateurs l'ont à leur tour développée à leur manière. Chaque dynastie a eu son *Y-King* et sa façon de l'expliquer. Chaque secte philosophique et religieuse l'a interprété dans le sens de sa doctrine. L'*Y-King* aujourd'hui en vigueur, commenté par Confucius, est celui de la dynastie des Tchoou. Il n'a guère que deux mille cinq cents ans, tout jeune âge pour la Chine.

La métaphysique de l'*Y-King*, rééditée par Lao-Tzou et rétrécie par Confucius, est la même que celle de l'Inde. Tout vient de la grande unité, l'Y suprême. Tout en sort et tout y rentre par périodes alternées comme le *Manvantara* et le *Pralaya* Indous.

— « Les Chinois, dit le père Amyot, ne connaissent pas de création, mais seulement des vicissitudes de mouvement et de repos, de vide et de plein, d'existence et de non existence, de vie et de mort apparentes. » Les expressions des mystiques expliquant la grande unité semblent aussi sortir de l'Inde.

— « L'Y suprême, écrit l'un d'eux, est la source de
« qui le ciel tient sa sérénité, la terre sa stabilité,
« l'esprit sa puissance de comprendre. On ne connaît
« ni son entrée, ni sa sortie, ni son commencement,
« ni sa fin. Elle est ancienne, elle est nouvelle. Elle
« touche le haut et le bas. Elle est la racine de tous
« les changements, le tronc de toutes les choses. Si
« tu considères son essence, elle n'est pas deux ; si
« tu demandes ce qu'elle fait, elle agit toujours ; si
« tu veux savoir où elle réside, elle est partout, et
« elle renferme tout dans son sein. »

On trouve aussi la trinité dans la tradition chinoise. Le philosophe Lo-pi qui vivait sous les Song, vers l'an 1100 de notre ère, autour d'un savant ouvrage sur les antiquités de sa patrie, dit qu'il a connu par l'*Y-King* « livre le plus ancien, le plus obscur et le plus estimé de la Chine » que le *grand terme* ou la grande unité « comprend trois, et que trois sont un ».

Enfin, les deux principes, masculin et féminin, sortant de l'unité pour créer la vie, se trouvent également dans l'*Y-King*, sous les noms de *Jang* et de *Ing*, de même que la distinction entre l'âme animale et l'âme humaine, *Kama-rupa* et *Manas* en sanscrit, *Houen* et *Lyng* en chinois.

La vieille doctrine admet aussi le dogme de la réincarnation qui semble parfois, dans certaines interprétations, aller jusqu'à la métempsycose, faisant rétrograder les déchus dans la bête, dans la plante, et même dans le minéral. Mais la croyance commune entretenue par l'école de Confucius est que les morts renaissent dans leurs descendants. Ainsi s'expliquent le culte des ancêtres et la solidarité de la famille, pivots de la morale individuelle et sociale qui est l'objet unique des enseignements du grand Chinois.

La partie la plus idéale de sa conception rationaliste, c'est l'affirmation de l'unité de la vie reliant dans une étroite solidarité le ciel, la terre et l'homme, sorte de mysticisme social qui, pris dans son acception étroite et dans sa lettre matérielle intelligible au vulgaire, avait pour but d'honorer l'agriculture et de rattacher le peuple au sol.

Cette division de la Chine en deux grandes écoles, métaphysique et politique, remonte aux premiers âges de son histoire. Ni Laot-zeu ni Koung-tzeu, —

Confucius — n'ont rien inventé. Ils ont rajeuni, condensé, systématisé deux doctrines dont ils sont le porte-étendard. Tous deux, du reste, se proclament les interprètes du passé. Lao-tzeu est l'homme des idées universelles, cosmogoniques, religieuses, théologiques et mystiques, venues peut-être du dehors, en tous cas, communes à toutes les races humaines. Koung-tzeu est l'homme de la pure raison, du bon sens pratique, de la vie positive, de la politique sage et du gouvernement équitable, idées spéciales aux Chinois. Tous deux se réclament du *Tao*, de la raison, mais ne la comprennent pas, ou du moins ne l'expliquent pas de la même manière. L'un est le grand méditatif discourant sur l'origine des choses ; l'autre, le mandarin patriote et lettré, ami du peuple pour qui il résume les éléments de la morale, mais ami surtout du bon ordre social et de la hiérarchie des pouvoirs dont il consolide les bases par ses enseignements politiques, si réellement chinois, qu'ils passent, pour ainsi dire, à l'état de dogmes religieux. Il se garde bien d'oublier Dieu, le *Chang-ti*, l'empereur céleste, mais c'est surtout pour rappeler l'obéissance qu'on doit à l'*Hoang-ti*, l'empereur terrestre, fils de celui qui règne au ciel. Et, s'il prêche à celui-ci les devoirs de la toute-puissance, ce ne sont pas, chose remarquable, les ordres de Dieu qu'il lui remet en mémoire, mais les exemples des anciens.

Le positivisme pratique des empereurs et des lettrés a toujours été en lutte contre le courant idéaliste de la doctrine taoïste qui, descendant la pente du merveilleux jusqu'à ses extrêmes limites, aboutissait dans les masses aux plus grossières superstitions. L'empereur Vou-Vang qui régénéra la Chine, après avoir renversé par les armes une dynastie dégénérée, comptait parmi ses partisans bon nombre d'affiliés à la doctrine secrète qui, victimes ou exploiteurs des croyances vulgaires de l'époque, se prenaient ou se faisaient passer pour des esprits supérieurs, réincarnés dans le seul but d'opérer la révolution qui rétablissait la justice. Ces esprits appelés *Chen* sont des sortes de bons génies, êtres aériens qui tiennent le milieu entre les hommes encore sur la voie terrestre, et ceux appelés *Hien* qui ont franchi cette voie et mérité d'être placés dans le ciel, sans être plus jamais soumis à la réincarnation.

De tels partisans, qui, par les services rendus, avaient le droit de beaucoup exiger, pouvaient constituer pour le nouvel empereur et sa dynastie des embarras dangereux. Vou-Vang, pour se délivrer de ce souci, inventa un procédé que notre siècle de progrès trouverait encore ingénieux. Après avoir distribué à ceux de ses partisans qui n'étaient pas de la secte, les honneurs, les richesses et les emplois, il tint le discours suivant aux adeptes du taoïsme, dont il tenait à purger ses États :

— « Vous aurez été surpris peut-être qu'il n'ait
« pas été question de vous dans la distribution des
« grâces et des bienfaits. Cependant je connais
« tout le prix des services que vous m'avez rendus,
« et je vous ai réservé la meilleure part, pour vous
« en témoigner ma juste reconnaissance.

« Vous êtes des *Chen* revêtus d'un corps humain,
« je n'en saurais douter. Les belles actions que
« vous avez faites sous mes yeux m'en sont une

« preuve suffisante. Votre dessein, en vous mon-
« trant de nouveau sur la terre, a été sans doute
« d'acquérir de nouveaux mérites, en pratiquant,
« avec plus d'exactitude encore que vous ne l'avez
« fait dans vos autres apparitions, les vertus qui
« conduisent à l'immortalité.

« Je ne crois pouvoir mieux faire pour vous que
« de vous mettre à même de pratiquer vos vertus,
« et d'éviter les dangers auxquels vous seriez expo-
« sés dans la société des hommes. Allez donc vivre
« dans les montagnes en commerce avec les *Chen*
« qui y font leur séjour. Faites-vous suivre de
« tous ceux qui, n'ayant pas un rang dans la société,
« s'occupent de devenir immortels. Je vous consti-
« tue leurs supérieurs. Regardez toutes les monta-
« gnes de l'empire comme un domaine que vous
« aurez à partager entre vous, et faites vous-
« mêmes ce partage. Construisez des habitations
« telles que vous le jugerez à propos pour servir à
« vos usages. Je donnerai l'ordre aux mandarins
« résidant près des lieux que vous aurez choisis, de
« vous fournir tout le secours dont vous aurez
« besoin.

« Partez le plus tôt possible, rien ne vous man-
« quera sur la route. Arrivés au terme que chacun de
« vous aura choisi, n'oubliez pas que votre principal
« objet, en vous livrant à l'étude du *Tao*, a été de
« travailler à vous rendre immortels, en étudiant
« avec les *Chen* les secrets de la nature impéné-
« trables au vulgaire. Puissiez-vous faire chaque
« jour de nouveaux progrès et obtenir l'accomplis-
« sement de vos désirs, sans qu'il soit besoin pour
« cela que vous commenciez une nouvelle carrière.

« Je vous recommande d'être toujours liés d'amitié
« et d'intérêt avec les *Chen* protecteurs de l'Empire, et de les entretenir, autant qu'il dépendra
« de vous, dans les bonnes dispositions où ils sont,
« de s'acquitter exactement de leurs devoirs envers
« mon peuple. — Partez, je ne vous retiens plus. »

Après un ordre si clair, il n'y avait pas à reculer. Leur commission fut rendue publique. Tous ceux qui faisaient profession ouverte de la doctrine du *Tao* eurent ordre de se rendre auprès d'eux pour être placés par les maîtres dans les différentes montagnes et, dans peu de temps, les taoïstes disparurent de toutes les villes de l'empire.

Ce même Vou-Vang fit un autre acte de politique transcendante, non moins subtil et non moins réussi. Les fils du ciel ont tout pouvoir sur les *Chen*, comme sur les hommes. Dans une séance solennelle, au milieu du peuple assemblé, il destitua d'un bloc tous les *Chen* préposés à la garde de l'empire, sous prétexte qu'ils avaient failli à leurs devoirs en tolérant les défaillances et les excès de la dynastie déchue, et nomma à leur place les combattants de marque morts dans la lutte qui lui avait donné le trône, prenant les nouveaux dignitaires spirituels dans les rangs de ses adversaires aussi bien que parmi ses propres partisans, et disant qu'il récompensait ainsi le courage et la fidélité, même au service d'une mauvaise cause. Il était difficile aux partisans des princes tombés de faire mauvaise mine à une pareille courtoisie, et ces faveurs peu dispendieuses ne contribuèrent pas médiocrement à la pacification de l'empire.

Mais le taoïsme n'était pas éteint. Il alimentait le besoin de merveilleux qui, même en Chine, est au fond de l'âme humaine. Ces docteurs de la science secrète qui avaient le pouvoir de communiquer avec les esprits, supérieurs, moyens ou mauvais, *Hien, Chen, Kouei*, d'appeler sur leurs clients la protection des premiers, de traiter avec les seconds pour en obtenir tous les services désirables, et de conjurer victorieusement les maléfices des troisièmes, avaient trop de prise sur les imaginations et sur les instincts pour perdre longtemps leur prestige. Après la mort de Vou-Vang et de son frère qui lui succéda, le taoïsme reprit faveur dans le vulgaire. Lao-tzeu qui vint quelques siècles plus tard, s'efforça vainement de ramener l'antique doctrine à son élévation première. Sa grande métaphysique fit parmi les érudits une école de philosophes; mais la foule continua à ne voir dans le taoïsme que les évocations, les filtres et les charmes des exploiteurs de sa crédulité, et se livra avec plus d'ardeur que jamais aux sorciers et aux sortilèges.

Le mal devint tel, que l'empereur Ming-ti et son conseil, désespérant de ramener le peuple aux doctrines de la raison saine, se décidèrent à lui chercher une religion dont les pratiques ne pussent le démoraliser. Le chef des docteurs, Ouang-Soun, fut expédié, avec dix-sept autres envoyés, dans le pays de Tien-Cho pour s'informer du Bouddhisme. Il en ramena à Lo-yang, capitale de l'empire, un lama, une statue de Bouddha qu'on nomma Fo en Chine, et un précis de la doctrine qu'un oncle de l'empereur, pour donner l'exemple au peuple, s'empressa d'embrasser. C'est ainsi, d'après l'histoire, que le culte de Bouddha fut introduit dans l'empire du milieu, la huitième année du règne de Ming-ti, de la dynastie des seconds Han, l'an 65 de l'ère chrétienne, par l'entremise, mais sans la garantie du gouvernement resté fidèle à Confucius.

Les taoïstes trouvèrent dans les lamas et dans les bonzes des rivaux plus redoutables que les savants et les lettrés. Ils tentèrent en vain de lutter, en élevant des statues à Lao-tzeu, lui bâtissant des pagodes et lui adressant une sorte de culte. Les bonzes répondirent en multipliant les idoles, et, dans l'esprit des foules qui regardaient Fo comme un Dieu, Lao-tzeu, simple *Hien,* c'est-à-dire simple immortel, bien au-dessous des honneurs divins, fut complètement infériorisé.

Mais, sauf de rares exceptions, tout se passe avec calme en Chine. Taoïstes, Bouddhistes et même les *Jou,* disciples de Koung-tzeu vivent parfaitement côte à côte. Les Chinois en sont même arrivés, dans la pratique journalière, à faire un heureux mélange des trois grands cultes du pays. Élysée Reclus constate en ces termes cette ingénieuse combinaison, dans sa *Nouvelle géographie universelle* :

— « Avec Confucius, dit-il, ils vénèrent les an-
« cêtres ; en suivant le *Tao,* ils apprennent à con-
« jurer les génies ; par la doctrine de Bouddha, ils
« vivent avec les saints. Les trois cultes s'accor-
« dent parfaitement : le premier s'adresse au côté
« moral de l'homme ; le deuxième fait appel au sen-
« timent de la conservation ; le troisième enfin élève
« le fidèle dans le monde supérieur de l'imagination
« et de la pensée. Ainsi que le disent les Chinois

« eux-mêmes, les trois religions n'en font qu'une.
« Lors de maintes funérailles, les prêtres des divers
« cultes officient en même temps. »

Nous sommes loin de la métaphysique. Revenons à l'*Y-King* ou plutôt au *Tao-te-King* de Lao-tzeu qui l'interprète, et terminons notre étude par ce résumé de la doctrine emprunté au grand mystique Chinois, proche-parent des Mahatmas auprès desquels, dit-on, il alla finir sa vie.

— « *Avant le chaos qui a précédé la naissance du ciel et de la terre, un seul être existait, immense et silencieux, immuable et toujours agissant, sans jamais s'altérer. J'ignore son nom, mais je le désigne par le mot* RAISON *ou* VOIE. *La* RAISON *est l'essence intime de toutes choses. Elle n'a ni commencement, ni fin. L'univers a une fin, mais cette raison n'en a pas. Le saint l'apelle encore esprit, parce qu'il n'y a pas de lieu où elle soit, ni de lieu où elle ne soit pas; il l'appelle vérité, parce qu'il n'y a rien de faux en elle. Il l'appelle principe, en opposition à ce qui est produit ou secondaire. La raison est la substance du ciel. La pensée ne peut l'atteindre; les mots ne peuvent la figurer. La naissance de ce qui existe ne lui a rien coûté, et en le reprenant dans son sein, elle n'en sera pas augmentée. La* RAISON *était au commencement dans l'unité... C'est de l'unité sans pair que sont sortis tous les êtres. L'unité est la substance de la raison, la source des formes, le commencement des nombres. Elle n'admet ni mélange, ni intervalle entre le commencement et la fin, ni interruption dans son action. Elle embrasse tout sans exception.* »

On peut appliquer ces paroles au *temps sans bornes* de la Perse et au Père des Dieux et des choses, de qui la théogonie chaldéenne fait naître Bel et Mylitta, le masculin et le féminin, chargés de confectionner le monde. Dans toutes les vielles doctrines, on trouve une notion identique sur l'incognoscible absolu de notre siècle positif. Il n'y a de différences que dans les divinités secondes, créées par la fantaisie des peuples, et le genre d'hommages qu'elles reçoivent selon l'appétit qu'on leur prête, lequel n'est nécessairement qu'un pur reflet de l'instinct des adorateurs.

Pour éviter trop de redites, nous laisserons donc de côté le livre de Zoroastre et les savantes hypothèses sur les Mages chaldéens, compatriotes d'Abraham, qui n'ont pas laissé de bible. Du peu qui semble hors de doute sur ces sorciers astronomes qui observaient le cours des astres et conjuraient les génies du bien et du mal, dans les plaines de Sennaar, c'est qu'ils ont fortement déteint sur leurs voisins de la Perse. La révolte des anges n'est pas une idée aryenne, et ce doit être à ces Sémites que nous devons le triste cadeau du serpent de l'Ancien Testament devenu Satan dans le Nouveau, longtemps après s'être appelé *Arihmane* à Ecbatane et *Sitna* à Babylone.

Nous dirons bientôt notre façon de penser sur cette légende malfaisante adoptée par la Kabbale juive. Commençons notre excursion en Occident par l'examen de nos propres foyers. Nous allons trouver encore, sous une forme originale, un rayonnement de la vieille pensée, dans la croyance de nos pères.

IX

La Gaule celtique.

La Chine a ses Kings, l'Inde ses Védas, la Perse son Zend-Avesta, l'Égypte ses Papyrus sous la garde de ses momies. Dans la Gaule devenue chrétienne, la vieille foi de nos aïeux n'a laissé aucun souvenir.

Le seul renseignement historique que nous ayons sur leur doctrine nous est donné par Jules César. Ses Commentaires nous apprennent que les druides enseignaient non seulement l'immortalité, mais la transmigration des âmes. — *Ab aliis post mortem transire ad alios.* — Les autres chroniqueurs romains qui, après lui, se sont occupés de la Gaule, se bornent à constater ce fait, sans entrer dans plus de détails.

Il est probable que, comme toutes les religions antiques, le druidisme réservait aux seuls initiés l'explication des mystères, et n'admettait dans ses collèges que les néophytes éprouvés. A plus forte raison que les autres étrangers, les conquérants romains, encore plus odieux aux prêtres qu'aux masses, et peu disposés, d'ailleurs, aux curiosités mystiques, devaient être tenus à l'écart. Leurs reporters n'ont donc pu connaître que la doctrine prêchée au peuple, et la théogonie savante sur laquelle s'appuyait le dogme fut lettre morte pour eux.

Mais, dans cette race celtique tenace et obstinée,

les vieilles empreintes ne devaient pas s'effacer facilement. L'initiation druidique ne céda qu'ostensiblement et par force à l'invasion chrétienne. Malgré la tolérance habile du nouveau sacerdoce pour les superstitions anciennes auxquelles il s'empressait de donner asile avec changement d'étiquette, pendant des siècles, peut-être même devant l'autel du Nazaréen crucifié, les croyances proscrites protestèrent au fond des âmes, et, si la grande hérésie du breton anglais Pélage niant le péché originel et soutenant que, par ses seules forces, l'homme peut arriver à la perfection, fut si ardemment adoptée et si longtemps maintenue, même dans notre Bretagne française, cette insurrection persévérante du clergé armoricain contre les anathèmes des conciles n'était-elle pas suscitée par le vieux levain druidique, fermentant encore dans les cœurs?

Tout cela s'est éteint peu à peu dans les siècles tourmentés de l'histoire européenne et de notre histoire française, où la Bretagne tiraillée, envahie et alternativement dévorée par ses deux compétiteurs, tantôt anglaise, tantôt française, songeait plutôt à préserver du pillage son pauvre matelas de plumes et sa miche de pain de blé noir, qu'à discuter sur la grâce.

La Bretagne anglaise, plus paisible dans son île, où elle passa sans trop de convulsion du joug saxon au joug normand, put garder, dans un coin de son foyer, une lueur de la lumière antique, secrètement entretenue de génération en génération, par l'élite de ses enfants. Pendant tout le moyen âge, l'initiation druidique continua dans le pays de Galles, constituant une sorte de franc-maçonnerie qui se donnait pour mission la conservation des débris traditionnels de la vieille foi nationale. Ce travail des bardes gallois, héritiers de la grande corporation bardique qui chantait dans toute la Gaule les merveilles du culte d'Hésus, concentré, vers la fin du XVIIe siècle, dans un manuscrit intitulé *Cyfrinach Beirdd Inys Prydain* — Mystère des Bardes de l'île de Bretagne, — a été, en 1794, traduit en anglais par un poète gallois, Edward Williams, et reproduit de nos jours en français par un écrivain genevois, Adolphe Pictet, dans un petit livre devenu rare. L'enseignement procède par triades, selon la coutume des druides qui divisaient leurs aphorismes en trois points principaux, pour les graver dans la mémoire. Exemple, leur précepte de conduite morale : — « Honorer les dieux, ne point faire le mal, cultiver le courage viril. — »

Quelques-unes de ces triades vont nous donner la grande ligne de la religion celtique, adoucie peut-être et humanisée, même à l'insu de leurs auteurs anonymes, par le sentiment chrétien.

Et d'abord leur notion sur Dieu :

— *Dieu est nécessairement trois choses :* LA PLUS GRANDE PART DE VIE, LA PLUS GRANDE PART DE SCIENCE, LA PLUS GRANDE PART DE FORCE.

— *Trois choses que Dieu ne peut pas ne pas être :* CE QUI DOIT CONSTITUER LE BIEN PARFAIT ; CE QUI DOIT VOULOIR LE BIEN PARFAIT ; CE QUI DOIT ACCOMPLIR LE BIEN PARFAIT.

— *Trois choses que Dieu ne peut pas ne pas accomplir :* CE QU'IL Y A DE PLUS UTILE, CE QU'IL Y A DE PLUS NÉCESSAIRE, CE QU'IL Y A DE PLUS BEAU POUR CHAQUE CHOSE.

Nous sommes, on le voit, loin du pessimisme; mais le pessimisme est germain. — Entrons maintenant dans la partie originale de la conception de nos aïeux :

— *Il y a trois cercles de l'existence :* LE CERCLE DE LA RÉGION VIDE (CEUGANT), *où, excepté Dieu, il n'y a rien de vivant, ni de mort, et nul être que Dieu ne peut le traverser;* LE CERCLE DE TRANSMIGRATION (ABRED), *où tout être animé procède de la mort, et l'homme l'a traversé;* LE CERCLE DE LA FÉLICITÉ (GWYNFYD), *où tout être animé procède de la vie, et l'homme le traversera dans le ciel.*

Le cercle du *vide*, que l'on traduit aussi par cercle de l'*Infini*, ressemble beaucoup au Parabhram indou et à l'Y suprême chinois, preuve de plus que tout cela doit avoir la même origine.

Le point le plus bas d'ABRED, est ANNWFN ou ANNOUFEN, l'abîme ténébreux, le chaos, qui renferme les germes de toute vie, point de départ des transmigrations.

— *Trois nécessités de toute existence par rapport à la vie :* LE COMMENCEMENT DANS ANNWFN, LA TRANSMIGRATION DANS ABRED, ET LA PLÉNITUDE DANS LE CIEL, OÙ LE CERCLE DE GWYNFYD; *et, sans ces trois choses, nul ne peut être, excepté Dieu.*

— *Trois causes de la nécessité du cercle d'Abred :* LE DÉVELOPPEMENT DE LA SUBSTANCE MATÉRIELLE DE TOUT ÊTRE ANIMÉ; LE DÉVELOPPEMENT DE LA CONNAISSANCE DE TOUTE CHOSE; LE DÉVELOPPEMENT DE LA FORCE, *et, sans cette transition de chaque état de vie, il ne saurait y avoir d'accomplissement pour aucun être.* — Évolution Indoue.

Le développement de la force (morale) a pour but

de se délivrer du mal qui retient l'homme dans ABRED; comme toutes les doctrines antiques, la religion des Gaules mettait les qualités de l'âme au-dessus des puissances de l'intellect. Sans cette progression suprême, l'être restait soumis à la réincarnation et à ses trois *calamités :*

— LA NÉCESSITÉ, LA PERTE DE LA MÉMOIRE, LA MORT.

Chose remarquable, ces trois calamités d'ABRED sont désignées, dans une autre triade, comme les *moyens efficaces de Dieu, pour combattre les puissances du mal,* — les lois immuables de la vie, la mort et la perte de la mémoire permettant à l'homme de recommencer la lutte, sans être entravé par les remords et les irritations du passé.

Dans le cercle de ces lois, moyens efficaces de Dieu, fonctionne la liberté humaine.

— *Trois choses sont nées en même temps,* dit la doctrine druidique dans sa forme si concise : L'HOMME, LA LIBERTÉ, LA LUMIÈRE.

Nous discuterons en son temps cette question de liberté, qui est la grosse pierre d'achoppement de la psychologie moderne. Reprenons nos triades bardiques :

— *Par trois choses l'homme tombe sous la nécessité d'Abred :* PAR L'ABSENCE D'EFFORTS VERS LA CONNAISSANCE, PAR LE NON ATTACHEMENT AU BIEN, PAR L'ATTACHEMENT AU MAL, *c'est-à-dire que, par ces choses, il descend dans* ABRED *jusqu'à son* ANALOGUE, *et il transmigre de nouveau comme auparavant.*

D'après les triades, cette déchéance pouvait aller jusqu'à retomber dans l'abîme et redescendre dans les germes, degré suprême d'abaissement, d'où il fallait repartir, pour tout recommencer. Nous avons trouvé en Chine cette conception de la métempsycose absolue que le Bouddhisme ésotérique a rejetée, mais qui existait dans l'Inde brahmanique.

Enfin *trois victoires* nous font sortir du cercle d'*Abred* : LA SCIENCE, L'AMOUR, LA FORCE MORALE.

— *Trois choses nous sont rendues dans le cercle de Gwynfyd*, où nous trouvons L'ABSENCE DE MAL, L'ABSENCE DE BESOIN, L'ABSENCE DE MORT. Ces trois choses sont : LE GÉNIE PRIMITIF, L'AMOUR PRIMITIF, LA MÉMOIRE PRIMITIVE.

Le génie primitif, appelé *Awen* par les bardes galliques, représente la quintessence de l'intellect dévolu à chaque être, la fleur idéale des aptitudes qui le constituent dans son individualité mentale.

L'amour primitif est la source et la somme de toutes nos affections pures et des aspirations élevées de notre cœur.

La mémoire primitive est le souvenir de nos existences passées, afin de « ressaisir l'unité de notre nature personnelle et de réunir dans une synthèse définitive tous les moments de notre vie épars dans la succession des temps ».

La triade suivante va nous éclairer complètement sur l'état de l'homme dans le cercle heureux :

— *Les trois plénitudes de Gwynfyd* : PARTICIPER DE TOUTE QUALITÉ AVEC UNE PERFECTION PRINCIPALE ; POSSÉDER TOUT GÉNIE AVEC UN GÉNIE PRÉÉMINENT ; AIMER TOUS LES ÊTRES AVEC UN AMOUR EN PREMIÈRE LIGNE. — *C'est dans ces trois choses que consiste la plénitude du ciel et de Gwynfyd.*

Saurait-on mieux exprimer l'idéalisation de la personnalité maintenue dans la grande communion des âmes ? Joignons à cela l'éternelle *utilité* de la vie, mentionnée dans la triade qui va suivre, et nous avons la note spéciale fournie par la Gaule dans la symphonie des idées spiritualistes.

— *Trois choses qui n'auront point de fin, à cause de la nécessité de leur puissance* : LA FORME DE L'EXISTENCE, LA QUALITÉ DE L'EXISTENCE, L'UTILITÉ DE L'EXISTENCE; *car ces choses, délivrées de tout mal, dureront éternellement dans la diversité du beau et du bien du cercle de Gwynfyd.*

La *plénitude du ciel*, comme on le voit, n'est pas l'immobilité. De même que pour les *Dhyan-Chohans* Indous, l'évolution continue.

Et comme chaque personnalité humaine demeure éternellement distincte, Dieu, quoique participant à toutes les vies, s'en distingue également dans son entité suprême.

— *Trois nécessités de Dieu* : ÊTRE INFINI EN LUI-MÊME; ÊTRE FINI PAR RAPPORT AU FINI; ÊTRE EN ACCORD AVEC CHAQUE ÉTAT DES EXISTENCES DANS LE CERCLE DE GWYNFYD.

Ainsi tout monte vers l'absolu, sans jamais s'y confondre. — « Dans l'éternel *Ceugant*, explique le traducteur genevois, Dieu reste toujours infini et immuable, mais, dans *Gwynfyd*, il pénètre de son esprit toutes ses créatures; il les embrasse d'un lien commun d'amour et d'harmonie, après les avoir aidées à se dégager librement des liens d'*Abred*. »

Voilà ce que le génie particulier de notre branche ou sous-branche gauloise a fait de l'antique intuition, venue ou transmise aux premiers nés de sa race; à moins qu'on ne prétende que cette profonde et originale philosophie soit éclose de toutes pièces, pendant le moyen âge, dans l'esprit des bardes gallois, reflétant, sans le savoir, les Kings et les Védas, complètement inconnus, même au siècle dernier, et dont on ne peut contester l'antique origine. Mais alors il faut admettre aussi que ce sont eux qui ont inventé les *Commentaires* de César. Car, enfin, si les druides ont existé et s'ils croyaient à la transmigration, il est permis de supposer que cette croyance s'appuyait sur une doctrine, et les chances sont plutôt en faveur d'une tradition orale perpétuant leurs principes, que d'une invention spontanément éclose dans quelques cerveaux bretonnants du pays de Galles ou d'ailleurs.

X

La Kabbale.

La marche en avant de la théosophie indoue a mis en mouvement l'occultisme occidental. Contre l'invasion du Bouddhisme thibétain, l'ésotérisme Judéo-Chrétien s'est levé pour défendre son territoire. Sorti des mystérieux cénacles du *Martinisme* et de la *Rose-croix*, un groupe de jeunes écrivains, d'abord enrôlés en apparence sous la bannière du *lotus*, premier organe en France de la métaphysique orientale, n'a pas tardé à faire scission, en arborant le drapeau de la Kabbale, sous l'invocation de Paracelse, de Van-Helmont, de Konrath, de Fabre d'Olivet, de Louis Lucas, d'Eliphas Levy et autres noms plus ou moins fameux dans les annales de l'initiation. Lutte de personnes, plus que d'idées. Mais, pour être mage, on n'en est pas moins homme, et les hautes régions de la pensée ne sont pas exemptes des orages qui troublent les couches inférieures, prouvant la vérité profonde du principe fondamental proclamé par les deux écoles : — « *Ce qui est en haut, est comme ce qui est en bas.* »

Ne voyons que ce qui est en haut, et cherchons à démêler, sous leur forme souvent étrange, les révélations de la Kabbale.

I

Kabbalah, en hébreu, signifie ce qui est reçu, ce qui est antérieur, ce qu'on se passe de main en main. Ce mot, paraît-il, avait la même signification en Chaldée, et quelques auteurs pensent que la Kabbale juive, si fortement empreinte de magie, que ces deux mots se confondent souvent dans la pensée des profanes, date de la captivité de Babylone. Les purs judaïsants, pénétrés de l'idée que la race d'Israël est l'unique foyer des lumières de ce monde, font remonter à Moïse lui-même l'institution de l'enseignement secret. Sur l'ordre de Jéhovah, le législateur inspiré aurait confié à un petit nombre d'hommes choisis le sens profond des mythes adaptés aux capacités intellectuelles du vulgaire, et cette clef des mystères cosmiques et divins devait se transmettre oralement, d'âge en âge, à des disciples éprouvés dans l'ombre du sanctuaire. Enfin d'autres antiquaires font sortir toute cette science cachée du séminaire de Memphis où Moïse, affirment-ils, avait fait ses études sacrées.

Cette dernière opinion, en ce qui concerne Moïse, me semble la plus vraisemblable. Mais que la Kabbale juive soit venue de Babylone ou de Memphis, reste à savoir comment la science des Arcanes est éclose en Égypte ou en Chaldée. — Question peu commode à résoudre.

Il y a bien une solution qui tranche toutes les difficultés et qui même a l'avantage d'être approuvée officiellement par les professeurs de nos chaires savantes; à savoir que la Kabbale, avec tout ce qui en dérive, a été fabriquée de toutes pièces à Alexandrie, dans les jeunes années de notre ère, par une confrérie de néo-platoniciens trempés de Bouddhisme, d'Hébraïsme et de Mysticisme, qui s'intitulèrent Gnostiques, du mot *gnose* sorti de la racine grecque du verbo latin *cognoscere*, qui signifie savoir. On sait comment l'orthodoxie naissante, assistée du bras séculier des empereurs byzantins, traita cette première hérésie.

La science orthodoxe de nos jours déclare donc *ex cathedrâ* que l'invention de la Kabbale, de ses recherches occultes et de ses mystérieuses initiations, ne remonte pas au-delà du II° siècle de l'époque chrétienne. Les hymnes d'Orphée, la Table d'Émeraude d'Hermès, le Sohar et le Sépher Jésirah des Hébreux, de même que les Vers dorés de Pythagore auraient été, concurremment avec l'Apocalypse de saint Jean, inventés par les créateurs de l'occultisme pour faire endosser à des personnages imaginaires, perdus dans la nuit des temps, la responsabilité de leur doctrine.

Y a-t-il là, comme l'affirment les descendants des Gnostiques, un cas de pathologie chronologique analogue à la monomanie de ces braves missionnaires qui déclarent sérieusement que les Védas indous et les Kings chinois ne sont pas autre chose que des altérations de la Bible?

Les mariages de déraison conclus à diverses époques entre les idées conçues de parti pris dans les tabernacles officiels, tant laïques que religieux, et la naïve confiance de la foule dans ses professeurs patentés, ont souvent ainsi donné le jour à des opinions biscornues qui, par malheur, ont la vie dure.

Je suis trop ignorant dans ces matières pour décider qui a tort ou raison; mais je voudrais pouvoir ressusciter un moment quelques bonshommes de l'antiquité dont notre histoire assermentée ne peut contester l'existence, et leur demander l'explication de certains mots qui se sont glissés dans leurs écrits.

— « Le bonheur des Initiés ne s'arrêtait pas à cette vie, a dit Hérodote; il se continuait au delà de la mort. »

— « Heureux qui descend sous terre après avoir vu ces choses, chante Pindare. Il connaît les fins de la vie, il connaît la loi divine. »

— Initiés à quoi? demanderais-je à l'historien.

— De quelles choses secrètes et de quelle loi divine parles-tu, Pindare?

Strabon, Diodore de Sicile, et même Ovide et Virgile pourraient peut-être aussi nous renseigner sur ce point litigieux.

Et, sans parler de Platon qui ne refuserait certainement pas de révéler à notre génération ce qu'il est allé chercher en Égypte, Aristote, dont la franchise est bien connue, n'hésiterait pas à nous expliquer le sens de cette lettre qu'il écrivait à Alexandre, en réponse aux reproches adressés par le jeune conquérant à son ancien maître, à propos de secrets révélés par celui-ci au public profane qui devait les ignorer toujours : — « Aristote au « roi Alexandre, salut. — Vous m'avez reproché « d'avoir publié mes leçons acroatiques. Elles sont, « en effet, livrées au public, mais non véritable-

« ment publiées, attendu qu'elles demeurent inin-
« telligibles pour ceux qui ne reçoivent pas l'ex-
« plication orale. »

On sait que l'explication orale ne se donnait qu'à un petit nombre d'élus jugés capables et dignes de la recevoir.

A défaut de ces renseignements, qui tendraient peut-être à prouver que l'initiation à certains mystères, évidemment philosophiques, vu la qualité de leurs détenteurs, fut antérieure au VI° ou même au 1ᵉʳ siècle du Christianisme, il m'est impossible de me prononcer d'une manière catégorique sur l'origine de la Kabbale.

Pour que les plus aptes que moi qui se trouveront parmi mes lecteurs puissent en juger en connaissance de cause, je dois leur faire connaître, sur cette grave question, l'avis des occultistes eux-mêmes. Voici donc ce que je lis dans l'avant-propos d'une traduction du Sepher-Jésirah publiée par Papus, l'un des plus érudits et des plus actifs propagateurs de la science secrète occidentale :

« — *A la base de toutes les religions et de toutes les philosophies, on retrouve une doctrine obscure, connue seulement de quelques-uns, et dont l'origine, malgré les travaux des chercheurs, échappe à toute analyse sérieuse. Cette doctrine est désignée sous des noms différents, suivant la religion qui en conserve les clefs; mais une étude même superficielle permet de la reconnaître partout la même, quel que soit le nom qui la décore. Ici, le critique montre avec joie l'origine de la doctrine dans l'Apocalypse, résumé de l'ésotérisme chrétien; mais bientôt il s'arrête, car derrière la Vi-*

sion de saint Jean, apparaît celle de Daniel, et l'ésotérisme des deux religions, juive et chrétienne, se montre identique dans la Kabbale. Cette doctrine secrète tire son origine de la religion de Moïse, dit l'historien, et, saluant son triomphe, il s'apprête à donner ses Conclusions, quand les quatre animaux de la Vision du juif se fondent en un seul et le Sphynx égyptien dresse silencieusement sa tête d'homme au-dessus des disciples de Moïse. Moïse était un prêtre égyptien; c'est donc en Égypte que se trouve la source de l'ésotérisme symbolique, dans les mystères où toute la philosophie grecque, à la suite de Platon et de Pythagore, vint puiser ses enseignements. Mais les quatre personnifications mystérieuses se séparent de nouveau, et Adda Nari, la déesse indoue, se dresse et nous montre sa tête d'ange équilibrant la lutte entre la bête féroce et le taureau paisible, avant la naissance de l'Égypte et de ses mystères sacrés. Poursuivez vos recherches, et sans cesse cette origine mystérieuse fuira devant vous; vous trouverez les civilisations antiques si péniblement reconstituées, et quand enfin, las de la course, vous reposerez votre esprit en pleine race rouge, sur la première civilisation qu'a produite le premier continent, vous entendrez le prophète inspiré chanter les habitants divins de l'orbe supérieur qui révélèrent à ceux-ci le secret symbolique du sanctuaire. »

L'occultisme des deux hémisphères est d'accord, on le voit, pour rejeter son point de départ dans des temps inconnus de notre histoire, et Rose-croix, Martinistes, adeptes de la mystérieuse confrérie

H. B. of L., attribuent, comme les Mahatmas du Thibet, à des êtres supra-humains, anges, Dhyan-Chohans, n'importe le nom qu'on leur donne, la révélation de la science occulte aux élus d'une race antérieure.

Cette coïncidence doit faire supposer à nos professeurs que l'ésotérisme de l'Inde fut également confectionné à Alexandrie, sinon ils seront forcés d'admettre la possibilité d'une tradition venue des bords du Gange et passant par l'Égypte et la Chaldée, pour se transmettre à la race d'Israël et arriver jusqu'à nous.

Toute révérence gardée vis-à-vis de ces maîtres, entrons à tout hasard dans cette dernière hypothèse, et, toujours, bien entendu, sous bénéfice d'inventaire, puisqu'il s'agit d'examiner la Kabbale, prenons celle des Kabbalistes.

Constatons d'abord que, si vague que soit cette affirmation commune en Orient et en Occident sur la question d'origine, elle semble établir du moins que les deux branches sortent de la même souche. Nous allons voir si les grandes lignes de chaque système indiquent, comme le dit Papus, que, sous les noms différents qui la désignent, la doctrine est la même partout.

Commençons par interroger le *Sphynx* de la vieille Égypte et l'*Interprète, trois fois grand*, des secrets de la vie, *Hermès Trismégiste*, qui a tant besoin, lui-même, d'être interprété.

Tête d'homme, ailes d'aigle, pattes de lion, flancs de taureau, — l'ange, l'aigle, le lion, le taureau qui accompagnent les quatre évangélistes, — tête d'homme, science, sagesse; griffes de lion, courage, audace; ailes d'aigle, envolée en haut, imagination, intuition; flancs de taureau, force patiente, persévérance, volonté; ajoutez à ces quatre emblèmes les mamelles de femme qui représentent le plus pur et le plus saint des amours, voilà le Sphynx allégorique. « Symbole, écrit Papus, de l'unité de la vie, de l'unité de toutes les sciences, de l'unité de tous les cultes, résumant en lui les formes les plus étrangères l'une à l'autre. »

— « *Le futur initié interroge le Sphynx,* poursuit l'auteur du Traité de science occulte, *et le Sphynx parle :*

— *Regarde-moi, dit-il, j'ai une tête humaine dans laquelle siège la science, comme te l'indiquent les ornements de l'initié qui la décorent. La science conduit ma marche dans la vie, mais, seule, elle est d'un faible secours. J'ai des griffes de lion à mes quatre membres; je suis armé pour l'action; je me fais place à droite et à gauche, en avant et en arrière; rien ne résiste à mes griffes guidées par ma tête; rien ne résiste à l'audace conduite par la science.*

— *Mais ces pattes ne sont aussi solides que parce qu'elles sont greffées sur mes flancs de taureau. Quand une fois j'ai entrepris une action, je poursuis mon but laborieusement, avec la patience du bœuf qui trace le sillon.*

Dans les moments de défaillance, quand le découragement est près de m'envahir, quand ma tête ne se sent plus assez forte pour diriger mon être, j'agite mes ailes d'aigle ; je m'élève dans le domaine de l'intuition, je lis dans le cœur du monde les secrets de la vie universelle, puis je reviens continuer mon œuvre en silence. »

En haut, la tête et les ailes, la science et l'imagination, la théorie ; en bas, les pattes, instrument d'action, la pratique. Avis à nos chercheurs des lois de la nature qui ne fonctionnent qu'avec leurs pattes, dans leurs ateliers de dissection et de vivisection. Ceux-là n'ont pas deviné l'énigme du Sphynx, et ne seront pas couronnés rois de Thèbes.

Les Pyramides aussi, au dire des occultistes, parlent, dans le désert, le grand langage du symbolisme. La base carrée, représentant le quaternaire, emblème de la matière, que viennent rejoindre les quatre triangles partant d'en haut, — le trinaire, — emblème de l'esprit, 3, l'idée, alliée à 4, la forme. Au sommet, le point mathématique, l'unité absolue.

Arrêtons-nous ! on ne nous comprendra plus, et comprendrons-nous bien nous-même ?

Les Pyramides, au nombre de six, plus les ruines d'une septième, « font supposer, dit un historien de la magie, que les Égyptiens avaient voulu représenter les sept mondes planétaires dont les génies régissent notre univers et dont Hermès fut le révélateur ».

Les sceptiques pourront mettre en doute l'occultisme des Pyramides, dont la construction n'implique pas rigoureusement l'idée du trinaire et du quaternaire mystiques chez leurs honorables constructeurs. Mais je crois, pour ma part, le Sphynx dûment atteint et convaincu d'être un affilié de la Kabbale. Il n'est guère permis de supposer que la simple fantaisie d'un sculpteur se soit ingéniée à grouper des éléments si disparates, à seule fin d'ébahir les populations limitrophes, de génération en génération. On a certainement le droit de soupçonner une pensée dans ces pattes de lion greffées sur des flancs de taureau, dans ces ailes qui montent vers le ciel, déployées au-dessus de la tête ; et, sans même parler des emblèmes de l'initiation qui ornent cette tête humaine, il est difficile de ne pas admettre que le symbolisme d'une science secrète a passé par là.

Ces quatre allégories égyptiennes, adaptées aux figures de nos quatre évangélistes, feront rêver les âmes chrétiennes, et troubleront peut-être notre clergé en lui révélant des filiations scandaleuses, dont la plupart de ses membres, même les plus éminents, ne se doutent assurément pas. Leurs prédécesseurs étaient-ils mieux renseignés, et, après avoir brûlé tant de Juifs, leurs ascendants directs, n'ont-ils brûlé tant de sorciers que parce que la religion du Nazaréen avait la Kabbale pour grand'mère ?

A quelle date remonte cette figure du Sphynx, que la tradition nous montre, en des temps plus ou moins fabuleux, posant des charades aux passants, devant une porte de Thèbes ?

— « Ancien symbole de la race rouge, lisons-nous
« dans la *Mission des Juifs,* il y a 8600 ans, au com-
« mencement du cycle de Ram, le Sphynx de Giseh,
« teint en rouge sombre, regardait comme aujour-
« d'hui l'Orient, avec une bouche de deux mètres
« trente-trois centimètres de diamètre et le reste
« à l'avenant. »

Voilà une question tranchée. N'ayons pas l'indiscrétion de demander à l'appui des preuves trop convaincantes, et abordons la légende d'Hermès qu'une tradition non moins problématique fait remonter bien au-delà du cycle, encore plus hypothétique, de Ram.

Hermès, dit cette légende, était contemporain et ami d'Osiris.

Si l'on en croit des indices que la science moderne est capable de vérifier, le grand Sage et le grand Roi auraient fonctionné dans ce monde il y a plus de vingt mille années.

Diodore de Sicile nous apprend que, pendant une expédition d'Osiris, une inondation du Nil ravagea l'Égypte, et que l'époque de ce désastre coïncidait avec le lever héliaque de Sirius. Or, les calculs astronomiques constatent qu'un observateur placé dans la haute Égypte, pouvait apercevoir ce lever entre l'an 19564 et 10141 avant notre ère. La chronologie de Manéthon, si longtemps reléguée au rang des fables, et certifiée de nos jours, assure-t-on, par les briques et poteries trouvées dans les fouilles en Égypte et les dates inscrites dans les papyrus du Musée de Turin, assigne la même époque à la période d'Osiris. La grand'mère du Christianisme est, on le voit, avancée en âge, et, si, réellement, comme d'aucuns le croient et l'affirment, c'est une colonie de pasteurs indiens qui apporta en Égypte la semence des connaissances occultes, notre bisaïeule, sur les bords du Gange, doit faire remonter ses mois de nourrice à une époque inaccessible aux calculs de ses arrière-petits-fils.

Mais, si l'introduction de l'occultisme dans la patrie d'Hermès date d'une émigration venue de l'Inde, comment concilier cette tradition avec celle du Sphynx symbolique dressé sur la même terre par la race rouge ?

Attendons qu'un nouvel Œdipe vienne débrouiller ce mystère, et rentrons dans le règne d'Osiris, sans trop chercher à démêler la fable de l'histoire ; car un nuage plane aussi sur le nom de ce monarque, qui est en même temps celui de la première personne de la trinité égyptienne, et l'on demande encore à la vieille fille du Nil si c'est du Roi qu'elle a fait un Dieu, ou du Dieu qu'elle a fait un Roi.

De même ne fouillons pas trop minutieusement dans la personnalité réelle ou fictive d'Hermès Trismégiste ou Hermès Thoth, comme d'aucuns l'appellent, et examinons cette clef de voûte de la Kabbale intitulée *Table d'Émeraude*, sans nous préoccuper du secret de sa construction.

« — *Il est vrai — sans mensonge — très véritable. Ce qui est en bas est comme ce qui est en haut, et ce qui est en haut est comme ce qui est en bas, pour faire les miracles d'une seule chose.*

Et comme toutes choses ont été et sont venues d'un, ainsi toutes choses sont nées dans cette chose unique, par adaptation.

Le Soleil en est le Père, la Lune en est la Mère, le Vent l'a porté dans son ventre, la Terre est sa nourrice. Le père de tout, le Thélème de tout le monde est ici ; sa force est entière, si elle est convertie en terre.

Tu sépareras la terre du feu, le subtil de l'épais, doucement, avec grande industrie.

Il monte de la terre au ciel et derechef il descend en terre et il reçoit la force des choses supérieures et inférieures. Tu auras par ce moyen toute la gloire du monde et toute obscurité s'éloignera de toi.

C'est la force forte de toute force, car elle vaincra toute chose subtile et pénétrera toute chose solide.

Ainsi le Monde a été créé.

De ceci seront et sortiront d'innombrables adaptations, desquelles le moyen est ici.

C'est pourquoi j'ai été appelé Hermès Trismégiste, ayant les trois parties de la philosophie du Monde.

Ce que j'ai dit de l'opération du Soleil est accompli et parachevé. »

On comprend qu'il faut être éclairé par les lumières spéciales de l'occultisme pour pénétrer à fond le sens de cette synthèse, lumineuse pour les initiés, un peu obscure pour les profanes, quoique laissant entrevoir çà et là dans la brume dont elle s'enveloppe à dessein, une métaphysique transcendante qui rappelle les grandes échappées des Védas et les déclarations magistrales des maîtres de l'ésotérisme indou.

Prenons notre tête à deux mains, invoquons Fabre d'Olivet, Christian, Ragon, Eliphas Levy, Louis Lucas, Jouhney, Barlet, Papus, de Guayta, tous les propagateurs modernes, morts ou vivants, d'une philosophie nouvelle à force d'être ancienne, et tâchons de traduire en style vulgaire cette quintessence de la doctrine qui va, selon ses disciples, concilier tous les systèmes et nous remettre sur le droit chemin.

— « Ce qui est en haut est comme ce qui est en
« bas, et ce qui est en bas est comme ce qui est en
« haut, pour faire les miracles d'une seule chose. »

Du premier mot se trouve posée la grande clef de l'analogie qui ouvrirait tant de portes, si l'on voulait s'en servir. Ce qui est en haut, c'est le spirituel, ce qui est en bas, c'est le matériel, produits de la même force et régis par la même loi, pour faire les miracles d'une seule chose. Les miracles, c'est tout ce qui EST, dans le visible et dans l'invisible. Qu'y a-t-il de plus miraculeux que l'existence universelle ?

— « *Et comme toutes choses ont été et sont ve-*
« *nues d'*UN, *ainsi toutes choses sont nées dans*
« *cette chose unique, par adaptation.* »

— « Il est *un*, procréé de lui-même, nous dira plus
« tard Orphée, et de cet *un* toutes choses sont
« sorties, et il est en elles, et il les enveloppe, et
« aucun mortel ne l'a vu, mais lui-même les voit
« tous. »

La science moderne, spiritualiste ou matérialiste, pessimiste ou optimiste, commence à rejoindre la vieille Kabbale dans la notion de l'unité de force, et, chose curieuse, le mot qu'elle emploie de nos jours pour expliquer la loi de construction des êtres, est justement celui appliqué par Hermès : *adaptation*.

La chose unique d'où tout dérive immédiatement, c'est la force universelle appelée *Thélème* par l'ami d'Osiris. Il paraît que Thélème signifie volonté : que Schopenhauer soit heureux ! Cette force est le produit de l'union du principe actif et du principe passif, mâle et femelle, père et mère, le *Soleil* et la *Lune* dans la langue des hiérophantes. *Le vent qui l'a porté dans son ventre*, c'est l'éther, Monde astral de l'occultisme indou, dans lequel se prépare l'évolution de la vie qui ne se manifestera pleinement que sur *la terre*, monde matériel, *sa nourrice.*

— Le *père de tout*, le *Thélème de tout le Monde*, de tout ce qui est, de la vie universelle, *est ici*, — là où le montre la parole du maître. *Sa force est entière, si elle est convertie en terre.* La vie complète est à la fois spirituelle et matérielle. Pour manifester toutes ses puissances, elle doit *recevoir sa force des principes supérieurs et inférieurs.*

— « *Tu sépareras la terre du feu, le subtil de l'épais, doucement, avec grande industrie* »......

Ici, le nuage se rembrunit un peu. Est-ce de l'alchimie, est-ce de la métaphysique? S'agit-il du Grand-Œuvre matériel de la transmutation des métaux, ou du travail de l'intelligence humaine qui doit séparer le subtil de l'épais, c'est-à-dire s'élever par l'étude de ce qui est en bas à la conception des choses divines? Il y a tant de sens et de sous-sens dans cette écriture occulte, qui procède par enveloppes successives, comme l'esprit dans la matière, ou comme l'humble végétal si longtemps adoré en Égypte, — lequel ne dût peut-être qu'à cette analogie mystique le culte dont il fut l'objet, — que ce langage figuré peut très bien s'adresser en même temps aux chercheurs de la pierre philosophale et aux amants de la Grande Sagesse, chacun appliquant les leçons du Maître à ses études spéciales.

La recommandation d'opérer *doucement, avec grande industrie*, semble mieux appropriée aux travaux du laboratoire qu'à ceux de la pensée pure. Mais la phrase qui suit : « *Il monte de la terre au ciel et derechef il redescend en terre* », paraît nous ramener à la *chose unique d'où tout dérive*, « agent magique, dit Eliphas Levy, soumis au tâtonnement des sciences profanes sous quatre noms : calorique, lumière, électricité, magnétisme, et vivant par deux forces contraires : une force d'attraction et une force de propulsion, ce qui fait dire à Hermès que : « toujours il remonte et descend ».

Si c'est là réellement ce que la *Table d'Émeraude* a voulu dire, on voit que, sur ce point important des deux mouvements centripète et centrifuge, la physique profane est encore en retard sur la physique sacrée. Et l'on voit aussi pourquoi nos Académies savantes n'ont pas acquis jusqu'à ce jour *toute la gloire du monde, ni éloigné toute obscurité de leurs cénacles.*

Mais, Hermès qui possède le secret de la grande force, puisqu'il a été *appelé Trismégiste, ayant les trois parties de la philosophie du Monde*, — Monde matériel, Monde astral, Monde divin — Hermès, dis-je, aurait bien dû éloigner l'obscurité de ce paragraphe que j'aurais offert au diable, n'eût été sa vénérable provenance, à moins que l'obscurité ne soit pas ailleurs que dans ma propre cervelle, ce dont je suis prêt à convenir.

Les dernières phrases, si courtes et si larges dans leur style d'oracle, paraissent à mon incapacité également susceptibles d'une double interprétation. La grande recherche alchimiste, elle aussi, a été féconde en *adaptations innombrables*, découvertes en cherchant l'or, et je crois fermement qu'on peut se demander si l'*œuvre du soleil*, — du Soleil qui n'est plus ici le principe mâle, générateur de l'agent magique, mais semble devenu cet agent lui-même, — si cette œuvre *accomplie* et *parachevée*, devant la science de l'Hiérophante, n'est pas à la fois, pour les adeptes, la création qui peuple l'immensité et la mystérieuse poudre rouge éclose dans le matras de verre.

Le fin mot de ce mystère ne se trouve sans doute que sous la dernière pelure de l'Oignon sacré qui ne se dépouille encore pour nous que de son enveloppe la plus grossière.

Le grand âge de la théosophie égyptienne ne fait donc pas doute pour les Kabbalistes. Longtemps avant Moïse et Orphée, de l'existence desquels ils ne doutent également pas, la Métaphysique transcendante, dont l'enseignement, depuis quelques années, se propage bruyamment parmi nous, était révélée aux initiés dans les temples du vieil empire.

Nous avons vu le mystère de la création expliqué dans la *Table d'Émeraude*. Voici, sur le même grand problème, une autre formule un peu moins vague et beaucoup plus platonicienne, également attribuée à Hermès : « *L'Esprit existait avant la nature humide qui est sortie des ténèbres. Tout était confus et obscur, avant que le* Verbe *vînt tout animer*. » — Ce *Verbe*, proche parent du Thélème, que l'on retrouve dans la triade orphique, le Logos de Platon, fils de l'Esprit ou de l'Idée, anthropomorphisé dans le Christianisme exotérique — *et verbum caro factum est*, — est-ce réellement une tradition égyptienne, ou une création du philosophe grec, introduite dans la religion chrétienne par les néo-platoniciens qui ont mêlé leur alliage aux dogmes de notre religion? Jusqu'à ce qu'une preuve positive vienne clore le débat, cette question reste posée, ainsi que plusieurs autres, pour occuper inutilement les loisirs de nos professeurs.

« — *Salut à toi, l'unique, Dieu illimité, âme du Monde, vieillard toujours rajeuni, éternel voyageur des siècles.*

— *Je suis ce qui est, ce qui fut, ce qui sera*, répond l'interlocuteur invisible. »

Voilà Dieu, simple et multiple, LUI et TOUT. Qu'est en lui, et par rapport à lui, cette âme humaine qui l'interpelle?

« — *Sa propre essence*, répond Hermès. »

« — *L'âme n'est pas une partie séparée de l'essence divine, comme on sépare une partie d'un tout matériel. Mais elle en est comme une effusion, à peu près comme la clarté du soleil n'est pas le soleil même. Cette âme est un Dieu dans les hommes; c'est pourquoi l'on dit des hommes qu'ils sont des Dieux, parce que ce qui constitue proprement l'Humanité touche à la Divinité.* »

Ce qui touche dans l'Homme à la Divinité, l'ésotérisme indou nous l'a dit : c'est l'*Atma*, septième principe, pure essence divine.

Mais ne retournons pas vers le Gange; restons sur les bords du Nil, et reprenons le fil de la tradition occulte un peu noyé dans les brouillards du grand fleuve.

Nous voyons d'abord, à travers la brume, Orphée et Moïse, contemporains et condisciples, quitter en même temps la terre des Pharaons, l'un entraînant son peuple dans le désert, à la recherche de la terre promise, et édifiant en chemin tout un code social, politique et religieux ; l'autre portant au sien, sous une autre forme, les enseignements du sanctuaire.

Si l'occultisme hermétique, par l'entremise de son disciple thrace et de son disciple hébreu, est réellement le père de la civilisation grecque et de la société juive, jamais deux filles plus disparates ne sont sorties du même foyer. Toute la grâce féminine dans l'une, toute la roideur masculine dans l'autre. Ici le sourire épanoui, là-bas les sourcils froncés.

— « Jupiter est l'époux et l'épouse divins » fait-on dire à Orphée. Dans la dualité première, la Grèce a vu surtout l'épouse. Mais rien n'est moins androgyne que le Jéhovah du Sinaï et du Jourdain. C'est le principe mâle, dans toute sa roideur hautaine et sombre.

Orphée n'est guère connu du vulgaire que par la fable touchante de sa descente aux enfers, qui voile, si l'on en croit Fabre d'Olivet, une ingénieuse allégorie. Eurydice retrouvée et perdue, — Εὐρυ-δικη, dérivé de deux mots phéniciens qui signifient clarté, évidence, — symbolise la doctrine de la vraie science, oubliée depuis le cycle de Ram, et qu'Orphée voulait remettre au jour. Mais l'homme, avant d'être parvenu à la lumière intellectuelle, ne peut envisager la vérité, sans la perdre. S'il ose la contempler dans les ténèbres de sa raison, elle s'évanouit.

— « Longtemps avant Platon, dit Fabre d'Olivet,
« Orphée révéla le dogme du Logos et du Verbe,

« son incarnation, réunion à la matière; sa mort,
« division dans le monde sensible; sa résurrection
« et sa transfiguration, retour à l'unité originelle. »

Voilà un symbolisme qui a une forte odeur de fagots. Fabre d'Olivet a bien fait de ne pas venir quelques centaines d'années plus tôt écrire cette phrase dans notre bas monde. Il se serait exposé à finir comme Orphée que les prêtres de Thrace, affirme sa légende, firent mettre en pièces par leurs fidèles. Son commentateur en a été quitte, de nos jours, pour être mis à l'index de la raison publique par les pieux écrivains de nos confréries divines et profanes. Aujourd'hui encore, dans tous nos sacrés collèges, on risque fort soi-même, en lui empruntant quelques lignes, de passer pour fou.

Où seront demain les fous et les sages?

Moïse, qui ne fut pas écharpé et se contenta de faire écharper les autres, eut du moins la consolation d'être à peu près compris de son temps, et de laisser après lui le peuple qu'il avait rêvé. Un assez vilain peuple, il est vrai. Mais, mis en face de son histoire, quel est le peuple qui peut se trouver beau?

Si Strabon n'a pas été inventé par les Gnostiques d'Alexandrie, ce qu'il raconte à propos de Moïse prouverait peut-être que le législateur juif a bien réellement existé. Le récit fait à l'historien géographe par les prêtres égyptiens n'est pas, il est vrai, tout à fait conforme à la légende vulgaire.

Moïse ou Osarsiph aurait été, selon eux, un simple dissident du culte officiel, s'expatriant pour incompatibilité d'humeur, et allant fonder, sur les confins de l'Égypte, une religion à sa manière.

— « Nombre de tribus limitrophes, diront les prê-

« tres à Strabon, vinrent grossir ses sectateurs. Ses
« enseignements et ses promesses les entraînèrent,
« et il réussit à créer un nouvel état d'une impor-
« tance relative. Ses successeurs se conformèrent
« à ses préceptes et marchèrent droit dans les voies
« de la sagesse et de la justice, mais pas pendant
« longtemps. Bientôt cette société dégénéra et
« passa de l'ignorance à la superstition et au fana-
« tisme. »

L'exode réduite à ces modestes proportions laisse
debout, comme on le voit, la personnalité de Moïse,
prêtre d'Osiris, initié aux mystères, et rompant
avec les cultes symboliques, pour maintenir dans
son dogme farouche, la notion de l'unité. A moins
que tout cela, pour les besoins de la cause, n'ait été
imaginé à Alexandrie, et porté au compte de Strabon, incapable de réclamer.

Mais les néo-platoniciens ont vraiment poussé
trop loin la manie de la falsification, s'ils ont aussi
fabriqué Pythagore. Là nous ne sommes plus que
cinq cents ans avant notre ère, et l'effronterie serait
plus grande, car on peut citer des témoins.

D'abord Thalès, Phérécyde de Syros, et Anaxi-
mandre sous qui il fit ses premières études, puis le
Pharaon Amasis, près duquel il arriva, muni de lettres de recommandation, et qui le fit admettre à
Memphis, aux épreuves de la science sacrée, dans
le Temple de Neith-Isis, dont Souchis était grand-
prêtre. Enfin Cambyse, roi des Perses, qui, à la connaissance de tous, conquit l'Égypte et saccagea les
temples, emmenant ensuite en captivité les prêtres
qui les desservaient, et parmi ceux-ci, paraît-il,

Pythagore, parvenu, après vingt-deux ans d'épreuves, au plus haut grade de l'initiation.

Interné à Babylone avec l'élite du sacerdoce égyptien, raconte, après Larousse, M. de Saint-Yves qui nous reproduit cette histoire, il dut y connaître le dernier Zoroastre et les chefs de la Synagogue juive également déportés sur le territoire du vainqueur. De plus les Brahmes affirment, d'autre part, qu'il voyagea plus tard dans l'Inde, où de vieux manuscrits le mentionnent sous le nom de Iavanâcharia, le Maître grec.

A tous ces témoignages dignes de foi, ajoutez ceux de Samos, sa patrie, dans laquelle il vint chercher sa vieille mère, après douze ans de captivité; de la Crète où on le voit avec Épiménide dans les sanctuaires de Jupiter Idéen; d'Élis où on le rencontre aux jeux olympiques; de Delphes où on le trouve avec les Amphictyons; d'Éleusis où il préside les mystères, et enfin de Crotone où il fonde ses deux Académies, et où il périt, disent quelques-uns, chez son disciple Milon, dans un incendie allumé par les cléricaux de l'endroit, ayant atteint les dernières limites de la vie humaine, et laissant, pour continuer son œuvre, sa veuve Théano qu'il avait épousée à soixante ans... Si tout cela ne suffit pas pour établir l'acte de notoriété d'un philosophe grec, il faut renoncer dorénavant à toute enquête judiciaire et civile.

Reste l'enquête scientifique :

— Est-il vrai que le susnommé Pythagore, déjà accusé d'avoir professé, sans diplôme universitaire, une philosophie qui dépasse de beaucoup les élucubrations de nos Écoles les plus accréditées, se soit permis, plus de deux mille ans avant Copernic, et vingt-trois siècles avant Newton, d'enseigner à ses élèves la rotation de la terre et la circulation des mondes, mêlant tous les genres, confondant tous les ordres, renversant toutes les méthodes de nos doctes corporations, faisant de la métaphysique avec la géométrie, de la physique avec la morale, et de l'astronomie avec la musique, sous prétexte que tout se tient dans la nature des choses, et que ce qui est en bas est comme ce qui est haut?

Est-il vrai que, concluant de l'harmonie des sons à l'harmonie des sphères, et considérant notre système planétaire comme une vaste guitare dont toutes les cordes partiraient du soleil, de ce que la plus courte de ces cordes ne pourrait vibrer à l'unisson de la plus longue que si la tension de celle-ci était quadruple de la tension de celle-là, il a inféré que la gravité d'une planète est quadruple de la gravité d'une autre située à une distance double?

Est-il vrai que, non content d'avoir formulé, à l'aide de procédés si peu sérieux, cette grande loi du carré des distances dont la découverte est un des triomphes de la civilisation actuelle, il a encore reconnu, vraisemblablement par des moyens non moins injustifiables, que la voie lactée est la clarté réunie d'un grand nombre d'étoiles, que chaque étoile est un système solaire composé, comme le nôtre, d'un soleil et de planètes, et que les comètes sont des astres ayant un cours régulier autour du soleil, mais ne paraissant à nos yeux que dans certaines parties de leur orbite, et après un temps considérable?....

Ces faits et quelques autres du même genre semblent à peu près établis par les dépositions des nommés : Plutarque, Diogène Laerce, Lucius Pison, Pline, Proclus, Grégory et consorts, relatées par un plumitif moderne du nom de Dutens.

Il résulterait de ces témoignages que Pythagore et ses inventions n'ont pu être imaginées par les gens d'Alexandrie, puisqu'avant même qu'Alexandrie fût née, les sieurs Aristarque, Héraclite, Anaximène et plusieurs autres, déclarés par leurs historiens membres de l'École pythagoricienne, répétaient à qui voulait les entendre les leçons jadis données par leur maître et puisées par lui, comme l'affirment ses chroniqueurs, dans les antiques régions qu'il avait parcourues.

On a trouvé, en effet, disent les raisonneurs modernes, l'attraction des corps dans le bagage de la pensée indoue. L'astronomie chaldéenne et le naturalisme égyptien ne peuvent-ils avoir donné à cette intuition première des formes plus définies, que le génie du *Maître grec*, mathématique et précis, aurait formulées en lois ?

Enfin, objectent encore quelques ergoteurs de notre âge, peut-on vraisemblablement attribuer à un seul siècle, à deux siècles même, si l'on veut, l'éclosion de cette philosophie transcendante et de ces aperçus scientifiques d'une si haute portée, concurremment avec le travail intellectuel que nécessitaient, d'autre part, la confection des Évangiles et la mise en ordre des dogmes compliqués de la religion chrétienne ? — C'est décidément trop de travail pour une seule phase de la vie humaine, et notre espèce n'a pas l'habitude d'accomplir brusquement des sauts si prodigieux.

Quoi qu'il en soit, et d'où qu'elles viennent, il est évident que ces inventions malveillantes n'ont pu se produire, en des temps si reculés, qu'en vue d'éclipser la gloire de nos savants modernes, et leurs auteurs, quels qu'ils puissent être, se disculperont difficilement de la haute inconvenance qu'ils ont commise en promulguant des vérités astronomiques, physiques, mathématiques et autres, que les maîtres de notre époque scientifique avaient seuls le droit de découvrir.

A moins toutefois que ces antiques professeurs ne répondent qu'il n'est pas prouvé que les grands inventeurs modernes n'eussent aucune notion des révélations de la science d'autrefois, et que la filiation des systèmes et des idées, même dans ce qu'on appelle les sciences exactes, quoiqu'elles manquent parfois d'exactitude, peuvent très bien n'avoir pas été inconnues aussi complètement que notre ignorance le suppose.

Des fils, invisibles pour nous, relient peut-être Copernic à Pythagore, et certaines vieilles phrases, inaperçues par les lecteurs vulgaires, peuvent très bien avoir germé, consciemment ou inconsciemment, dans le cerveau des Newton, des Galilée et des Leibnitz.

En tous cas, la forme pythagoricienne est bien fille de l'Occident. Philosophique, scientifique, morale, sa parole est toujours claire. Même ses chiffres symboliques, aussitôt qu'on en a la clef, peuvent être compris par tous.

Fantaisie ou vérité, c'est toujours conforme, on le voit, à l'ésotérisme de l'Inde.

Mais l'idée de Pythagore ne plonge pas dans les

profondeurs du Parabrahm et du Nirvâna. Elle ne s'occupe que des états de la vie. L'univers est un tout animé, dont les intelligences divines, rangées, chacune selon ses perfections, dans leur sphère propre, sont les membres. Le monde universel, produit de l'union des deux principes, actif et passif, est composé de trois mondes particuliers qui s'enchaînent l'un à l'autre, le matériel, l'astral, le spirituel de l'occultisme indou.

Ces mondes se développent en douze sphères concentriques. L'Être ineffable qui remplit ces douze sphères, sans être saisi par aucune, est Dieu. Pythagore conçoit cette hiérarchie spirituelle comme une progression géométrique, et se sert des nombres pour exprimer les facultés des différents êtres, leurs relations et leurs influences. Dieu est le nombre des nombres. C'est la métaphysique expliquée par les mathématiques et l'analogie.

Cette métaphysique, réduite pour les disciples à sa plus simple expression, et les règles de conduite qui en découlent, se résument dans les *Vers dorés* que beaucoup ne connaissent que de réputation.

Pour nos philosophes politiciens et distributeurs de prix Monthyon, je crois utile de reproduire ces préceptes de morale que plusieurs, trop forts en grec pour ne pas les avoir lus, semblent avoir un peu oubliés.

Les Académies patentées en contestent, comme de juste, la paternité à Pythagore.

Mais, quels que soient le Maître ou l'École qui a formulé ces maximes, elles sont l'œuvre d'une belle conscience humaine, éclairée sur les hauteurs.

LES VERS DORÉS

PRÉPARATIONS

Rends aux dieux immortels le culte consacré;
Garde ensuite ta foi : révère la mémoire
Des Héros bienfaiteurs, des Esprits demi-dieux.

PURIFICATIONS

Sois bon fils, frère juste, époux tendre et bon père.
Choisis pour ton ami, l'ami de la vertu;
Cède à ses doux conseils, instruis-toi par sa vie,
Et pour un tort léger ne le quitte jamais;
Si tu le peux du moins : car une loi sévère
Attache la Puissance à la Nécessité.
Il t'est donné pourtant de combattre et de vaincre
Tes folles passions : apprends à les dompter.
Sois sobre, actif et sage; évite la colère.
En public, en secret, ne te permets jamais
Rien de mal; et surtout respecte-toi toi-même.
Ne parle et n'agis point sans avoir réfléchi.
Sois juste. Souviens-toi qu'un pouvoir invincible
Ordonne de mourir; que les biens, les honneurs
Facilement acquis, sont faciles à perdre.
Et quant aux maux qu'entraîne avec soi le Destin,
Juge-les ce qu'ils sont : supporte-les; et tâche,
Autant que tu pourras, d'en adoucir les traits;
Les Dieux, aux plus cruels, n'ont pas livré les sages.
Comme la Vérité, l'Erreur a ses amants;
Le philosophe approuve, ou blâme avec prudence;
Et si l'Erreur triomphe, il s'éloigne, il attend.

Écoute, et grave bien en ton cœur mes paroles :
Ferme l'œil et l'oreille à la prévention ;
Crains l'exemple d'autrui ; pense d'après toi-même ;
Consulte, délibère et choisis librement.
Laisse les fous agir et sans but et sans cause.
Tu dois, dans le présent, contempler l'avenir.
Ce que tu ne sais pas, ne prétends point le faire.
Instruis-toi : tout s'accorde à la constance, au temps.
Veille sur ta santé : dispense, avec mesure,
Au corps les aliments, à l'esprit le repos,
Trop ou trop peu de soins sont à fuir ; car l'envie
A l'un et l'autre excès s'attache également.
Le luxe et l'avarice ont des suites semblables.
Il faut choisir en tout un milieu juste et bon.

.˙.

PERFECTIONS

Que jamais le sommeil ne ferme ta paupière
Sans t'être demandé : qu'ai-je fait ? qu'ai-je omis ?
Si c'est mal, abstiens-toi : si c'est bien, persévère.
Médite mes conseils ; aime-les ; suis-les tous ;
Aux divines vertus ils sauront te conduire.
J'en jure par Celui qui grava dans nos cœurs
La Tétrade sacrée, immense et pur symbole,
Source de la Nature, et modèle des Dieux.
Mais qu'avant tout, ton âme, à son devoir fidèle,
Invoque avec ferveur ces Dieux, dont les secours
Peuvent seuls achever tes œuvres commencées.
Instruit par eux, alors rien ne t'abusera :
Des êtres différents, tu sonderas l'essence ;
Tu connaîtras de Tout le principe et la fin.
Tu sauras, si le Ciel le veut, que la Nature,
Semblable en toute chose, est la même en tout lieu :
En sorte qu'éclairé sur tes droits véritables,
Ton cœur de vains désirs ne se repaîtra plus.
Tu verras que les maux qui dévorent les hommes
Sont le fruit de leur choix ; et que ces malheureux

Cherchent loin d'eux les biens dont ils portent la source.
Peu savent être heureux; jouets des passions,
Tour à tour ballotés par des vagues contraires,
Sur une mer sans rive ils roulent, aveuglés,
Sans pouvoir résister ni céder à l'orage.
Dieu! vous les sauveriez en désillant leurs yeux.....
Mais non : c'est aux humains, dont la race est divine,
A discerner l'Erreur, à voir la Vérité.
La Nature les sert. Toi qui l'as pénétrée,
Homme sage, homme heureux, respire dans le port.
Mais observe mes lois, en t'abstenant des choses
Que ton âme doit craindre, en les distinguant bien;
En laissant sur le corps régner l'intelligence :
Afin que, t'élevant dans l'Éther radieux,
Au sein des Immortels, tu sois un Dieu toi-même!

Voilà le fruit moral de l'ésotérisme hellénique. C'est limpide et lumineux, comme l'atmosphère de la Grèce.

II

En Judée, nous changeons de couleur. Prédication exotérique étroite, fanatique et sombre; impitoyable orthodoxie dont le catholicisme héritera. Quant à la doctrine secrète, à en juger par les éditions multipliées des livres de la basse magie, le peu qui en a transpiré dans le vulgaire semble avoir produit plus d'aspirants sorciers que d'apprentis métaphysiciens.

Notre sous-race caucasique, comme l'appellent les ascètes du Thibet, plus positive que rêveuse, a surtout demandé à la science occulte le moyen de faire de l'or ou de jeter des sorts au prochain.

Ce côté malsain de la science cachée était-il déjà enseigné par la vieille tradition ésotérique attribuée à Moïse, ou s'est-il développé dans l'occultisme juif, pendant la captivité de Babylone? — « La distribution des trois mondes habités par des intelligences de pureté différente, écrit Fabre d'Olivet, était commune à tous les vieux peuples. On admettait ainsi entre l'être suprême et l'homme une hiérarchie spirituelle. Les mages des Perses y voyaient des êtres, des génies de plus en plus parfaits, auxquels ils donnaient des noms relatifs à leurs perfections, noms dont ils se servaient pour les évoquer. De là la magie que les Juifs reçurent par tradition, durant la captivité de Babylone. »

Mais la Kabbale n'affirme pas seulement l'existence des esprits de pureté. Il y a encore, selon l'expression d'Elyphas Levy, l'autre pôle du monde des âmes, et la magie noire qui demande assistance aux suppôts de Satan, compta plus d'adeptes que la blanche.

Blanche ou noire, laissons cette magie dont, au dire de nos facultés de médecine, les produits de toutes couleurs appartiennent à la catégorie des névroses, si complaisantes pour expliquer tout ce que les médecins n'expliquent pas. A en croire les maîtres de l'occultisme, l'invasion du monde astral sur notre plan matériel jouerait le principal rôle dans ces étranges phénomènes où la pathologie officielle n'aperçoit que des maladies. Les formidables contagions mentales du moyen âge qui, pendant trois siècles, entretinrent dans toute l'Europe les bûchers allumés, pour les hystériques démoniaques, par l'hystérie religieuse des bourreaux, furent-elles dûes uniquement au fanatisme et à l'ignorance? Il faudrait d'abord savoir comment fonctionnent ces contagions de l'esprit, et quels sont les microbes qui les causent. La névrose ne démontre rien, sinon que la science en faillite est réduite à se payer de mots. Espérons que l'hypnotisme qui vient d'enfoncer sa porte et le spiritisme qu'elle va découvrir, un de ces prochains jours, sous un nom tiré du grec, lui fourniront quelque chose de mieux que des représentations à la Salpêtrière, et, proclamant notre incompétence pour prononcer en dernier ressort sur la médecine des charlatans et les charlatans de la médecine, rentrons dans la modeste spécialité que la nature nous a départie, en épluchant, avec notre simple bon sens, la métaphysique des kabbalistes, après celle des Mahatmas.

Les deux livres fondamentaux de la Kabbale juive sont le *Sohar* et le *Sepher Jésirah*. — « Le Sohar, dit Elyphas Lévy, est une genèse de lumière. Le Sepher Jésirah une échelle de vérités. L'un représente la vérité absolue. L'autre donne les moyens de la saisir, de se l'approprier et d'en faire usage. »

Je renvoie à la traduction du Sepher Jésirah récemment publiée par Papus, ceux qui voudront s'approprier dans tous ses détails la vérité kabbalistique; mais je les préviens que, même avec cette traduction, l'appropriation ne sera pas facile. Il s'agit d'ouvrir d'une main sûre, les cinquante portes de l'intelligence, et de suivre d'un pas ferme les trente-deux voies de la sagesse, tâche que Moïse, lui-même, n'a pu remplir jusqu'au bout, puisqu'il est tombé sur le seuil de la cinquantième porte. Il est vrai que celle-là donne accès sur le mystère des mystères, l'insondable unité primordiale, *Ensoph* en hébreu, *Y Suprême* en chinois, *Parabhram* en Indou. Si c'est là vraiment le sens caché de la *terre promise* que le chef d'Israël eut seulement la permission d'entrevoir après ses quarante années symboliques de traversée dans le désert, on ne comprend plus le reste de l'histoire faisant entrer les douze tribus sur le territoire interdit à leur guide élu par Jéhovah. Mais la logique purement humaine doit s'effacer humblement devant ces interprétations aussi obscures que les textes qu'elles expliquent, et les divergences qui existent parfois entre les commentateurs prouvent qu'aucun d'eux n'est parfaitement certain d'avoir trouvé la vraie signification de ces mots à triple entente des langues égyptienne et hébraïque, mots qui ont, au gré de l'écrivain, un sens propre, figuré ou tout à fait occulte, caractérisé par Héraclite dans ces trois épithètes : *parlant, signifiant, cachant*.

Le Sepher-Jésirah traite des attributs de Dieu, désignés sous le nom de *Séphiroth* ou *Nombres*.

— « Les dix Séphiroth par lesquels l'être infini se fait connaître d'abord, écrit M. Adolphe Franck dans son ouvrage sur la Kabbale, ne sont pas autre chose que des attributs qui n'ont par eux-mêmes aucune réalité substantielle. »

— « Une seule et même force, dit Kircher, modifiée différemment selon les milieux qu'elle traverse. »

— « Des conceptions à degrés différents, écrit Papus, d'une seule et même chose que les kabbalistes désignent sous le nom d'En-Soph, l'*ineffable*, qui représente l'essence divine dans sa plus grande abstraction, et qui est désignée dans le nom JEVE par la première lettre de droite J. »

Les lettres de l'alphabet jouent dans la Kabbale juive un rôle équivalent à celui des chiffres dans la doctrine de Pythagore. Pour donner une idée de leur valeur mystique, expliquons, d'après Fabre d'Olivet, le sens secret du nom *Jevé*, (Jod-hé-vau-hé) dont nous avons fait Jéhovah :

— « Ce nom, dit l'auteur de la *Langue hébraïque restituée*, offre d'abord le signe indicatif de la vie, doublé et formant la racine essentiellement vivante ÉÉ. Cette racine n'est jamais employée comme nom, et c'est la seule qui jouisse de cette prérogative. Elle est, dès sa formation, non seulement un verbe, mais un verbe unique dont tous les autres ne sont que des dérivés, EVÉ. *être-étant*. Le signe de la lumière intelligible V est au milieu de la racine de vie. Moïse, prenant ce verbe par excellence pour en former le nom propre de l'Être des Êtres, y ajoute le signe de la manifestation potentielle V, et de l'éternité I, et il obtient ainsi IÉVÉ dans lequel le facultatif *étant* se trouve placé entre un passé sans origine et un avenir sans fin. Ce nom admirable signifie donc exactement l'*être qui est, qui fut et qui sera.* »

D'après le compte établi par la Kabbale, l'Être des Êtres se manifeste donc en premier lieu par dix attributs principaux.

« — Dix et non neuf, dit le Sepher Jésirah, dix et
« non onze. Comprends dans ta sagesse, et tu sau-
« ras dans ta compréhension. Exerce ton esprit sur
« elles. Cherche, note, pense, imagine, rétablis les
« choses en place, et fais asseoir le créateur sur
« son trône!

« — Dix sephiroth, hormis l'ineffable. Leur aspect

« est semblable à celui des flammes scintillantes, leur
« fin se perd dans l'infini ; le verbe de Dieu circule en
« elles. Sortant et rentrant sans cesse, semblables à
« un tourbillon, elles exécutent à l'instant la parole
« divine, et s'inclinent devant le trône de l'Éternel.

« — Dix sephiroth, hormis l'ineffable ; considère
« que leur fin est jointe au principe, comme la
« flamme est unie au tison.

« — Dix sephiroth, hormis l'ineffable ; ferme tes
« lèvres, arrête ta méditation, et, si ton cœur dé-
« faille, reviens au point de départ. »

Les dix premières sephiroth sont : l'esprit, le
souffle ou l'air, l'eau, le feu, la hauteur, la profondeur, l'Orient, l'Occident, le Nord, et le Midi.

Le souffle vient de l'esprit, l'eau vient du souffle,
le feu vient de l'eau. Quant aux deux dimensions
et aux quatre directions de l'espace, Jévé les scella
chacune d'un sceau formé de trois lettres tirées de
son nom : IEV pour la hauteur, IVE pour la profondeur, EIV pour l'Orient, VEI pour l'Occident,
EVI pour le Nord, VIE pour le Sud.

Fermez vos lèvres, arrêtez votre méditation ! On
a besoin de réfléchir un peu pour comprendre que
ce langage symbolique explique, à sa façon, les procédés de la création et la constitution de l'immensité sorties des puissances de l'être. A première
vue, peut-être, croirait-on découvrir un peu d'enfantillage dans ces interversions des lettres dont est
composé le nom ineffable, pour caractériser la hauteur, la profondeur et les quatre points cardinaux.
Mais nous ne sommes que d'ignorants profanes, et
ce qui nous semble un simple jeu d'esprit voile sans
doute de mystérieuses profondeurs.

Dix autres zéphyroth, mentionnées dans les livres de la Kabbale, énumèrent des attributs plus accessibles à notre entendement.

— « *Kéther*, la couronne, *Chokmah*, la sagesse, *Binah*, l'intelligence, triade du monde divin comprenant les attributs métaphysiques ;

— « *Chézèd*, la grâce, *Géburah*, la justice, *Tiphéreth*, la beauté, triade du monde intellectuel comprenant les attributs moraux ;

— « *Netzah*, le triomphe, *Hod*, la gloire, *Jézod*, la génération, triade du monde naturel comprenant les attributs générateurs ;

— « Enfin *Malchut*, royaume, qui n'est pas une émanation distincte, mais qui exprime la royauté des zéphyroth sur la lumière astrale et la matière universelle.

— « Dieu, lisons-nous dans le dernier livre publié par la jeune école, — le *Royaume de Dieu*, par Alber Jhouney — Dieu, dit le Sohar, est comme une mer. De cette mer jaillit sur le sol un jet qu'on nomme la sagesse. Puis ce jet tombe et s'ouvre en lac dans un bassin qu'on nomme l'intelligence. De ce bassin, telles que sept canaux, sortent les sept autres zéphyroth : miséricorde, justice, beauté, triomphe, gloire, fondation, royaume. »

— « Les zéphyroth, est-il dit plus loin, correspondent aux membres de l'homme. — « Quand je créai
« Adam Kadmon, — l'homme universel — dit l'éter-
« nel, mon esprit jaillissait de son corps comme un
« immense éclair qui brillait à la fois sur les vagues
« des sept millions de cieux, et mes dix splendeurs
« étaient ses membres. Kéther, ma volonté, mon
« Être était son front, la sagesse et l'intelligence

« ses épaules, la magnificence son bras droit et la
« justice son bras gauche, la beauté son cœur, ses
« cuisses le triomphe et la gloire; par Jézod il
« fécondait l'Héva primitive et tout son corps était
« le royaume de Dieu. »

La, peut-être encore, des profanes pointilleux trouveront-ils poussée un peu loin la loi des correspondances. Mais M. Alber Jhouney, à la fois kabbaliste et poète, procède surtout des prophètes d'Israël, dont il a parfois les hautes envolées, et, dans ces choses mystiques, on sait que la lettre tue.

Cherchons donc l'esprit dans la mesure de nos forces, et, en attendant que la Kabbale nous livre la clé de ces problèmes autrement énigmatiques que les charades posées à nos devanciers par son grand-père le Sphynx, voyons ce qu'elle offre d'abordable dans sa genèse de lumière, à notre simple intellect.

— « Avant d'avoir créé aucune forme dans ce
« monde, avant d'avoir produit aucune image, il
« était seul, sans forme, ne ressemblant à rien. »

Nous allons retomber dans le brouillard ultra-métaphysique du non-être de l'être et de l'être du non-être. Le Sohar interdit, il est vrai, toute méditation sur cette abstraction oisive et oiseuse, à l'inverse de l'Inde qui commande à ses brahmanes de chercher l'entité suprême dans leur nombril. Différence de race. Le juif, qui doit dominer les nations en prêtant à usure, n'a pas le temps de s'absorber dans ces contemplations indolentes, bonnes pour les peuples qui n'ont pas reçu la mission de fréquenter les bourses de l'univers.

Le vieux livre de la Kabbale, tout en promulguant

cette prohibition pour ses fidèles, n'en affirme pas moins une connaissance positive de l'inconnaissable *non-être*, quand il déclare que l'unité absolue, comme le Jéhovah de Moïse et l'Inconscient de M. Von Hartmann, s'est décidée, un jour, à créer le monde, après une éternité d'inertie. Mystère pour mystère, j'aime mieux la formule indoue, quoique les jours et les nuits de Brahma ne fassent que reculer le point d'interrogation. Là, du moins, nous sommes devant une loi, et non plus devant le caprice du hasard ou le hasard du caprice.

Du sein de cette unité, ainsi que dans l'ésotérisme de l'Inde, sortent parallèlement deux principes, l'actif et le passif, mâle et femelle, le Roi et la Reine, dit la tradition juive dans son langage symbolique, et, de l'amour du Roi et de la Reine naît la troisième personne de la trinité, le Logos, le Verbe, le Thélème, agent mystérieux de la vie par qui tout éclot, se meut et se transforme au sein de l'être universel.

De même, l'Inde antique a sa trinité initiale, Brahma père, Brahmy mère, Virad, fils ; et l'Égypte, la sienne, Ammon, Mouth, Khons.

Mais, selon la tradition hébraïque, le monde créé, purement spirituel au début, n'est devenu matériel que par la révolte des anges. L'involution indoue devient la chute dans la Kabbale, non la chute de l'homme, en chair et en côtes, tel que nous le représente la Bible ésotérique, dans sa forme adaptée à la grossièreté de notre sens intellectuel, mais la chute des esprits dans l'empyrée, chute volontaire des essences libres qui, de propos délibéré, ont transgressé la loi divine et se sont séparées de l'unité sainte.

C'est, on le voit, le roman de la Genèse, dépouillé de son enveloppe charnelle et transporté dans un monde supérieur.

Ici la Kabbale juive abandonne la tradition savante. Elle n'est plus hermétique. Elle n'est plus égyptienne. Elle est chaldéenne et persane. Cette légende d'Arihmane qu'elle intercale dans ses archives, comme Esdras intercale dans la Bible la fable du paradis perdu, elle la léguera au christianisme qui va la rendre pire encore, en proclamant l'irréconciliabilité de l'ange rebelle et l'éternité de l'enfer, son royaume. Ce n'est pas de l'ésotérisme, c'est de l'exotérisme pur, inventé pour expliquer aux peuples en bas âge l'existence du mal, que cela n'explique pas du tout.

On comprend, du reste, l'embarras de la doctrine sémitique, préoccupée surtout de sauvegarder le *moi divin* un peu négligé dans l'Inde, qu'elle accuse même d'être athée, non sans quelque apparence de raison. L'Inde ésotérique, à son tour, avec la même vraisemblance, pourrait reprocher aux adeptes hébreux une teinte d'anthropomorphisme, car, à l'exemple de la Genèse vulgaire, ils semblent représenter parfois l'ineffable *Jeve* comme une unité simple séparée de la création, sortie d'elle. L'émanation n'est plus une loi, condition de la vie divine, mais l'acte d'une volonté qui pouvait ne pas vouloir. Je trouve infiniment plus sensée la conception nette et franche de cette loi de descente et de retour ayant pour but de former des consciences et réalisant, en même temps, dans les trois mondes, les innombrables manifestations de l'existence infinie, à la fois une, multiple et universelle.

S'il fallait absolument, pour la morale d'autrefois, frapper l'imagination des foules par de formidables terreurs, on conçoit que les initiés, créateurs des religions, aient fabriqué ces légendes ; mais le bon sens profane est surpris d'en trouver le germe au fond même de l'initiation.

Comment concilier cette maxime de la Kabbale que le mal et le bien sont les deux principes de l'équilibre universel, avec la révolte des anges qui, seule, a produit le mal, et pouvait ne pas avoir lieu, à moins que le créateur, pour équilibrer la vie, n'ait créé en même temps des anges qui devaient rester fidèles, et d'autres condamnés d'avance à devenir des révoltés ?

La science secrète de l'Inde proclame, elle aussi, la nécessité du mal ; mais, pour elle, la souffrance est le véhicule de l'ascension, le moteur du progrès, le grand ressort de la vie. Née des libertés relatives, elle aide à la conquête de la liberté absolue.

Une autre divergence existe encore entre les deux ésotérismes, à propos des principes constitutifs de l'homme réduits à trois dans la nomenclature hébraïque : *Nephesh* le corps, élément matériel ; *Ruach* le corps astral, fluidique ; *Nechamah* l'âme, élément spirituel. Mais ce n'est là qu'une simplification en faveur du ternaire non moins cher à la Judée qu'à la Gaule. Les kabbalistes acceptent au besoin le septennaire de l'Inde ; et, dans leurs enseignements anciens et modernes, établissent nettement la différence proclamée par les maîtres orientaux entre l'âme et l'esprit.

— « Les esprits sont sortis de mon sein, et j'ai créé les âmes, fait dire Isaïe à l'éternel.

— « Le corps de l'homme vient de l'univers, son âme du plan astral, son esprit est une émanation de Dieu, écrit Papus dans le *Tarot*.

— « L'âme passionnelle, dit M. de Guayta dans les *Sciences maudites*, est la vraie médiatrice de l'esprit. Elle est l'épouse fidèle ou infidèle de ce dernier qui lui confère l'immortalité en l'assumant avec lui, ou la condamne à noyer sa personnalité dans l'âme universelle collective, s'il remonte seul à la source divine. »

C'est identique à la doctrine des Mahatmas, de même que les trois mondes dans lesquels évolue la vie. Identique aussi le dénouement final de l'être revenu au divin principe, au *tabernacle du saint des saints*, où, selon le *Sohar*, « vont se rejoindre les âmes soumises aux épreuves de la transmigration, quand elles ont développé toutes les perfections dont le germe était en elles, et que, mûres pour le ciel, elles s'élèvent de leur propre mouvement ».

— « C'est là, écrit M. Franck, que les âmes vont
« se réunir à l'âme suprême, rentrant dans l'unité
« et dans la perfection. Tout se confond dans une
« seule pensée qui remplit l'univers. La créature
« ne peut plus se distinguer du créateur. La même
« pensée les éclaire. La même volonté les anime.
« L'âme, aussi bien que Dieu, commande à l'univers,
« et ce qu'elle ordonne, Dieu l'exécute. »

Sauf cette tache de la chute, qui infériorise la conception occidentale, et qui semble provenir des commentateurs du *Sohar* plus que du *Sohar* lui-même, les deux systèmes, on le voit, suivent une marche à peu près parallèle. Au fond, la solution de l'ésotérisme juif est la même que celle du Bouddhisme thibétain. Mais comme l'expression diffère ! L'esprit d'Israël était trop positif, trop individualiste, trop vivant, si l'on peut dire, pour se contenter de ce Nirvâna si vague et si informe, même dans la pensée des adeptes de l'Hymalaya. Il a laissé l'insondable En-Soph dans les ténèbres du non-être, et c'est à une personnalité divine, bien nette et bien définie, que la personnalité humaine, devenue elle-même divine, vient se joindre, sans s'y confondre, dans le tabernacle éternel. Le *Sohar* juif est peut-être moins savant que les livres sacrés de l'Inde ; mais il complète la tradition orientale en mettant en lumière l'autre aspect de l'Être des êtres, qui est *lui*, en même temps que *tout*.

Voyons maintenant ce qui, de la pensée juive, a déteint dans le christianisme qui n'est pas, autant qu'on le pense, un enfant de la Judée.

XI

L'Ésotérisme chrétien.

Mélange de Mazdéisme, de Brahmanisme, de Bouddhisme et de l'Idéalisme de Platon, la grande religion occidentale est presque exclusivement aryenne. Outre les emprunts faits à l'Inde antique, nous avons pris au Bouddhisme son cérémonial, ses ornements, ses chasubles, ses couvents de moines et de moinesses. Le Zend-Avesta nous a donné son paradis, son enfer, son prince des ténèbres, sa liturgie et ses anges gardiens. Les Platoniciens ont fourni l'évangile de saint Jean, quintessence de la métaphysique chrétienne. Si l'on restitue, d'autre part, à la Perse les IIe, IIIe et IVe chapitres de la Genèse, si visiblement et naïvement intercalés dans la Bible hébraïque, c'est-à-dire la chute adamique, d'où est née l'idée du rédempteur, il ne reste guère, dans cette synthèse, à l'actif de la Judée, que le Dieu des psaumes funèbres, amateur des sanglants trophées, et l'esprit d'intolérance et de fanatisme inculqué à l'Église de saint Pierre.

Ajoutons, si l'on veut, à l'apport juif le Sépher de Moïse qui, sauf les trois chapitres empruntés à la Perse, n'affecte pas directement le christianisme, mais dont ses diverses églises se sont approprié la tradition.

Du reste, tout a été écrit, ou à peu près, sur l'origine de nos dogmes et de nos rites. Mais l'exégèse, disent les occultistes, n'a vu que l'extérieur des choses. Il fallait le flambeau de la science secrète pour trouver ce qui est au fond.

Empruntons ce flambeau à ceux qui se prétendent en possession de la vraie lumière, et voyons ce qu'il va éclairer, à commencer par la création.

Les premiers versets de la Bible sont complètement inintelligibles dans le texte que nous connaissons. Impossible de mettre d'accord avec le plus élémentaire bon sens ce Dieu qui tire le monde de rien et commence par faire le ciel, avant de créer la lumière. Le *credo quia absurdum* de saint Augustin a même reculé devant ces invraisemblances.

— « Il est dit, écrit-il dans son livre contre les « Manichéens, *dans le principe Dieu fit le ciel et* « *la terre*, non parce que cela fut en effet, mais « parce que cela était en puissance d'être, puis- « que cette matière du ciel et de la terre était alors « dans un état de confusion. Or, comme il était cer- « tain que, de cette matière, devaient naître le ciel « et la terre, voilà pourquoi cette même matière « était déjà potentiellement appelée le ciel et la « terre. »

L'auteur de *La langue hébraïque restituée* explique le texte hébreu de la même façon.

En reproduisant son étude sur le nom de Jéhovah, j'ai indiqué déjà que, selon Fabre d'Olivet, chaque lettre de l'alphabet juif est l'expression d'une idée. On comprend alors quelles significations complexes il trouve dans les mots dont il épluche les racines. Ainsi, pour lui, le verbe hébreu que nous traduisons par le mot *créa* signifie *faire passer du principe à l'essence*. Si cette interprétation est la vraie, voici la Bible d'accord non seulement avec la raison de saint Augustin, mais avec la science secrète. Le premier acte de la création, le réveil de Brahma, est la mise en puissance d'être des forces et des éléments qui vont constituer la vie.

— « Sans couleur, sans figure, ni corps, ni esprit, » dit saint Augustin.

— « Inanés et vagues, répète saint Jérome. »

Ne nous semble-t-il pas être dans l'Inde, au début d'un manvantara, quand l'*influ spirituel entre dans le voile de la matière cosmique?* Rien n'y manque. Le principe actif et le principe passif sont là, dans le second verset :

— « Et l'obscurité couvrait le voile de l'abîme, et « le souffle de Dieu était porté sur la face des « eaux. »

Dans la langue secrète de l'Inde, comme dans celle de la Kabbale, le souffle ou l'esprit représente le principe mâle ; l'eau, le principe féminin.

Après la réunion des deux principes, apparaît la première réalisation de la vie cosmique : la lumière.

Selon Fabre d'Olivet, les sept jours de la création sont les manifestations phénoménales. La séparation des eaux, passivité universelle, signifie que la partie volatile de la substance s'élève pour former l'espace éthéré, et que la partie lourde se réunit dans le gouffre des mers. L'Orient et l'Occident, — matin et soir de la traduction vulgaire, — que nous avons été surpris de trouver dans les zéphyroth de la Kabbale comme des attributs divins, représentent l'expansion et la concentration de la manifestation universelle. La lumière n'est pas seulement la lumière des corps ; c'est la lumière de l'esprit.

Puis la création suit son cours, et nous côtoyons, dans les éclosions de la vie, les investigations de la science moderne. C'est dans les eaux qu'éclosent les premiers germes vivants. Après les poissons, les oiseaux ; puis les mammifères sur les plaines herbeuses, et enfin l'homme, mâle et femelle, Adam, qui couronne l'œuvre.

Entassez des périodes de siècles pour représenter chacun de ces jours, et vous n'êtes pas loin de l'évolution de Darwin, même commençant par la monère d'Hœckel, car Jéhovah, en ordonnant aux eaux et à la terre de produire les espèces végétales et animales, n'a pas indiqué le procédé de formation.

Je dois déclarer que Fabre d'Olivet n'émet aucun doute sur la provenance des trois chapitres que je m'obstine à appeler Persans. Sans remarquer l'inconséquence de ce récit qui raconte qu'après avoir créé l'homme mâle et femelle, Dieu lui donne une femme pour qu'il ne soit pas seul, l'auteur de *La langue hébraïque restituée* l'accepte comme venant de Moïse, et en explique le symbolisme. Ève signifie non la femme, mais la partie animique et volitive de l'homme. Le serpent, c'est la tentation de l'égoïsme, source de tous les vices, qui enlace le cœur. L'enfantement dans la douleur, auquel est condamnée la volition humaine, c'est la création des œuvres de sa pensée. Le paradis terrestre, ses quatre fleuves, l'arbre de la connaissance, tout cela a un sens symbolique. La femme écrasant à la fin la tête du serpent, c'est la volonté arrivée à son dernier développement et étouffant dans l'âme humaine les suggestions du mal. La poussière dont l'homme est formé et à laquelle il retournera, exprime bien une restitution à un lieu, à un état primordial ; mais le mot, au lieu de signifier la fange terrestre, indique la patrie originelle de l'être, l'élément spirituel, son principe, vers lequel il doit remonter.

Phrase par phrase, mot par mot, lettre par lettre, toute la Genèse est ainsi expliquée, commentée, transfigurée dans ce livre étrange qui est un prodige de science, s'il n'est pas un monument de folie. Quand je dis expliquée, ce n'est pas tout à fait le mot. Il est des mystères dont Fabre d'Olivet s'interdit de lever le voile, ce qui laisse quelques points ténébreux dans ses clarifications. Ces occultistes sont les mêmes partout, et l'on se demande avec inquiétude si les obscurités dont ils prétendent s'entourer à dessein, ne gisent pas au fond d'eux-mêmes.

La langue hébraïque restituée ne commente que les dix premiers chapitres de l'œuvre attribuée au législateur hébreu, dans laquelle, paraît-il, tout doit être pris ainsi au sens figuré, les noms, les événements, les chiffres. Même cette Genèse qui, jusqu'à ce jour, nous a semblé le récit des premiers âges de l'homme, ne raconterait que l'histoire de la formation de l'univers. Ce serait de la cosmogonie pure, expliquant la filiation et l'enchaînement des forces qui vont travailler à l'expansion de la vie.

— « Les dix premiers chapitres du Béréshish,
« dit Fabre d'Olivet, sont une sorte de décade
« sacrée, où se développent, suivant la signification

« des nombres, la naissance de l'univers et ses
« principales vicissitudes. »

— « Le dixième chapitre, écrit-il plus loin, ap-
« partient plus à la géologie qu'il commence, qu'à
« la cosmogonie qu'il finit. »

Attendons que la science d'un adepte vienne nous divulguer ces choses. Adam-Kadmon, l'homme universel, copulant avec sa faculté volitive, et, outre Caïn et Abel, dont il n'est plus question dans le chapitre v, engendrant SETH qui signifie *la base des choses*, lequel donne la vie à ÉNOSH, *l'être immuable*, de qui naît KAÏNAN, *l'envahissement général*, qui génère MAHOLLAET, *l'exaltation puissante*, après quoi viennent, de génération en génération, IRED, *le mouvement persévérant;* HINOCK, *le mouvement de centralisation;* MATHUSALEM, *le trait de la mort;* LAMETH, *le flexible lien des choses;* et enfin NOÉ, *le repos de la nature élémentaire*, dont les trois fils SEM, CHAM et JAPHET représentent : le premier, *ce qui est élevé et brillant;* le second, *ce qui est courbe et chaud;* le troisième, *ce qui est étendu*, tous ces noms de patriarches, exprimant des propriétés cosmiques ou géométriques, doivent problablement signifier, en effet, quelque chose de profond. Mais qui aura le courage de remonter aux racines des mots hébreux, pour vérifier les assertions de Fabre d'Olivet? Nul, jusqu'à présent, même parmi les plus savants rabbins, ne l'a essayé, que je sache. En attendant, la Kabbale s'incline quand même, et compte *La langue hébraïque restituée* parmi ses plus solides monuments.

Laissons donc ces mystères scientifiques insolubles pour les profanes, et passons à l'ésotérisme purement chrétien, dont le symbolisme est, du moins, accessible au simple entendement.

Nous allons rester quelque temps encore dans la Bible, en reprenant la légende d'Adam et d'Ève telle que l'explique le mysticisme de nos jours, en forte opposition, comme on va le voir, avec l'idée que se firent nos grossiers conciles du rôle joué par la côte d'Adam dans les maux de l'humanité.

Et d'abord il n'y a pas de côte. Le mot hébreu que l'on a traduit par cette expression ridicule signifie, selon Fabre d'Olivet, *une partie de substance.* C'est aussi l'interprétation des néo-chrétiens qui déclarent qu'Adam exprime le côté sensuel de l'homme, et Ève le principe animique.

Or, pour que l'âme se révèle, il faut que la chair s'assoupisse et devienne passive. C'est donc pendant le sommeil d'Adam, c'est-à-dire de la partie bestiale de l'être, que l'âme se manifeste en lui.

La chute, puisque chute il y a, a été causée par la domination de la bête, l'*âme animale*, sur la spiritualité de l'être. — L'homme, dit le christianisme, même ésotérique, a besoin de se régénérer. — L'homme, dit l'ésotérisme indou, bien autrement logique, a besoin de se *générer*. Mais ne recommençons pas ce débat. Restons dans la conception chrétienne.

Donc, un beau jour, l'âme spirituelle, « dont la mission était d'être pour l'homme une voyante et un guide, devint traîtresse à son égard. La conscience humaine cessa de résider dans la partie supérieure de l'être, et fit sa demeure du corps. La perception de la vie, pour l'homme tombé, fut limitée aux sens corporels. L'intérieur fut sacrifié à l'extérieur, le plus élevé au plus bas, et un abîme se creusa entre l'intuition et l'intelligence ».

Voilà l'état de la chute. Que faut-il pour le faire cesser? Il faut qu'Ève redevienne Marie, mais non pas en Judée, en nous.

La légende de Caïn et d'Abel, dans son sens allégorique, est presque la répétition de celle d'Adam et d'Ève. « Caïn est la continuation d'Adam tombé, Abel la continuation d'Ève qui, bien que tombée aussi, est encore cependant l'âme. Le premier représente l'élément intellectuel et masculin, le second représente l'élément intuitif et féminin. Mais, parce que le premier est enclin à dominer le second jusqu'à sa complète suppression, — l'absorption de l'âme animale dans l'âme humaine, diraient les Mahatmas, — il est dit que « le Caïn dans l'homme tue l'Abel dans l'homme ».

Sauf la malencontreuse idée d'un état supérieur, angélique ou humain, d'où la créature est déchue par le libre choix de sa volonté, tout cela, on le voit, peut concorder avec l'évolution indoue qui est bien une chute, si l'on veut, mais une chute *voulue* par la loi universelle de l'être, et non par sa volonté qui n'existe pas encore, et ne se développera qu'avec la conscience, dans les étapes de la vie. Là, nous sommes dans la science, même moderne. Avec la Bible et la Kabbale, telles du moins que les expliquent leurs interprètes, nous restons dans le roman.

Avant de quitter Moïse et sa nation, préludant à

son futur vagabondage à travers le monde par ses pérégrinations dans le désert, rassurons la conscience d'Israël, si elle est troublée par le premier larcin reproché à sa race.

La Bible narre que les Hébreux, en quittant l'Égypte sous la conduite de leur chef élu par Jéhovah, emportèrent la vaisselle d'or et les objets précieux de leurs maîtres. Ni personne des douze tribus, ni Moïse, ni Jéhovah n'ont cette indélicatesse à leur débit. L'exode est un mythe, comme tout le reste. Les richesses emportées par les descendants de Jacob étaient la science et la sagesse égyptiennes dont ils firent un piètre usage. Est-il écrit qu'ils les ont dérobées, pour justifier l'adage que le bien volé ne profite pas?

Même la persécution de Pharaon et les sept plaies d'Égypte, dans la traduction des hyérophantes d'aujourd'hui, sont encore un symbole des relations de la chair et de l'esprit. L'oppression des tyrans égyptiens, c'est la domination des passions égoïstes qui veulent tenir la spiritualité en esclavage. Les plaies d'Égypte sont les maux qui affligent l'humanité tant qu'elle n'a pas laissé son âme, — l'Israël du seigneur, — s'en aller libre vers la terre promise, « traversant les eaux qui nettoient et lavant sa robe dans la mer de la régénération, malgré les cavaliers, les chariots, les princes, les prêtres, les hommes d'État, et toutes les puissances du mal acharnées à sa poursuite ».

Ces interprétations et quelques autres sont-elles réellement cachées au fond du texte biblique, ou faut-il, comme ne manquera pas de l'insinuer le scepticisme, cette plaie d'Égypte de nos jours, en faire l'honneur à l'imagination des commentateurs ? Les deux choses sont également possibles. Le seul auteur de la légende serait apte à prononcer. Mais comment interroger Moïse ? Parût-il en chair et en os, comme Samuel évoqué par la sorcière juive, qu'un occultiste viendrait souffler sur la vision, en prétendant qu'elle est dûe à la mauvaise plaisanterie d'un habitant du monde astral. Continuons donc d'exposer le christianisme nouveau, sans discuter sur sa provenance. Avant d'examiner les deux symboles de Jésus et de Marie, quelques mots sur la trinité :

J'ai dit que la trinité est indoue. Les kabbalistes vont réclamer. Ils soutiendront que le christianisme n'avait pas besoin d'aller chercher ses trois personnes divines dans l'Inde, l'ésotérisme hébreu lui offrant un échelonnement de trinités dans lequel il n'avait qu'à choisir.

En premier lieu, comme nous l'avons vu, l'Esprit, principe actif, mâle ; l'eau, principe passif, femelle, mystérieuse dualité sortant de l'unité insondable, et dont l'union enfante la troisième personne cosmique, agent de la création.

Si j'ai bien saisi, ce dont je ne réponds pas absolument, le peu de lumière qui s'échappe des révélations que nous devons aux kabbalistes modernes, la puissance créatrice émanée de l'union des deux principes, troisième personne de l'ineffable trinaire, se subdivise elle-même en une trinité seconde qui dirige la vie universelle dans ses involutions et ses évolutions.

Chokmah la sagesse, *Binah* l'intelligence et *Kéther* puissance équilibrante, qui n'est autre que l'amour, constituent les trois termes de cette triade déjà plus saisissable par l'entendement vulgaire. Je crois comprendre, sauf erreur bien excusable, que la sagesse représente le principe mâle, l'intelligence, le côté féminin de l'être, et l'amour, le pouvoir qui les équilibre en les unissant. L'ésotérisme hébreu, peu enclin à satisfaire les faiblesses de ceux qui aiment l'adoration, s'est gardé de personnifier ces trois attributs divins en leur donnant un nom propre et une figure, comme avait fait l'Inde pour sa trinité manifestée Brahma, Wischnou, Siva ; et l'Égypte dénommant Ammon, Phta, Osiris, issus de la première triade sortie du principe indéterminable. Moïse, si c'est Moïse, avait trop horreur de l'idolâtrie, pour fournir ainsi des réalités objectives à l'adoration des bonnes gens. On sait ce qui est advenu de ces différents Dieux par trop personnifiés, ainsi que leurs sous-multiples. Prêtres et fidèles se sont engoués qui pour celui-ci, qui pour celui-là, et ces pieuses querelles, sortant bientôt du domaine subjectif, ont ensanglanté l'univers. La notion du souverain principe a disparu dans la bagarre, et beaucoup d'esprits de notre époque raisonneuse et relativement raisonnable ne font profession d'athéisme que par dégoût de ces religieuses horreurs.

Les fondateurs du christianisme eussent épargné sans doute, à leurs ouailles futures, bien des schismes, bien des hérésies et autant d'affreux massacres, s'ils eussent suivi l'exemple de Moïse n'ayant pour toute idole et toute relique que les tables de la loi ; mais, croyant devoir faire cette fâcheuse concession aux habitudes des races payennes, pourquoi ont-ils donné un démenti à la règle d'analogie, en supprimant le féminin de la sainte trinité ?

M. de Gayta nous le révèle. — « Les pères de l'église chrétienne, assure-t-il, ont pris pour la seconde personne en Dieu le fils et non la mère, attendu que l'existence du fils suppose la mère comme condition. » Elle la suppose, je ne dis pas le contraire ; mais on peut objecter que l'existence de la sagesse ne suppose pas moins la condition de l'intelligence, et alors que devient la seconde trinité juive, et par quoi remplacer *Binah* ?

D'aucuns pensent qu'au fond de cet ostracisme, il y a quelque chose de moins spécieux que la raison donnée par M. de Gayta. « Le féminin, disent-ils, n'était pas en odeur de sainteté auprès des pères de l'Église et du grand-père saint Paul. On connaît, contre le sexe qui cueillit la pomme, les diatribes de celui-ci et de ceux-là. Jésus, lui-même, selon la légende de Mathieu, ne fut pas tendre pour sa mère, et la sainte Église catholique, dans les beaux jours de son histoire, alla jusqu'à refuser une âme aux filles de l'épouse d'Adam. Ces imprécations exotériques vis-à-vis du principe passif, évidemment inspirées par le louable désir de nous prémunir autant que possible contre les égarements de l'amour, n'ont-elles pas été le motif déterminant qui fit exclure la Reine de la trinité sainte ? »

Je crois, pour ma part, que c'est la conception du Dieu devenu homme qui a entraîné l'élimination d'une divinité femelle dans les trinités théologiques. Védique ou chrétien, le mystère de l'incarnation exigeait le concours d'une vierge terrestre, Maya, Maria, recevant dans son sein le verbe fait chair, Christna indou, ou Christ hébreu. L'établissement du féminin dans la trinité eût embrouillé les choses, en donnant deux mères au même fils, l'une divine, l'autre humaine. Les pauvres troupeaux n'y eussent absolument rien compris, non plus que les bergers. On préféra donner ce croc en jambes à la logique du passé, dans l'intérêt de la pratique, et les foules chrétiennes adorèrent naïvement leur seul Dieu en trois personnes mâles, tandis que les doctes ergoteurs s'évertuaient à extraire le féminin de la trinité masculine, attribuant les fonctions du principe passif qui au Fils, qui au Saint-Esprit, et les autres se tirant d'embarras en faisant le père androgyne. Heureuse la faible humanité, si ces subtilités gnostiques et agnostiques, consubstantialistes et non consubstantialistes, n'eussent fait couler que des flots d'encre, et non pas des fleuves de sang!

La nouvelle interprétation ou dispensation, comme l'appellent ses apôtres, ne noie pas son mysticisme dans cette métaphysique sans fond. Déclarant que l'incarnation est une pure allégorie, elle restitue aux kabbalistes leur trinité primitive *père, mère, enfant*, qu'elle formule plus savamment *force, substance, phénomène*, et, par son explication *rationnelle* des dogmes et des mystères, elle prétend rallier toutes les sectes chrétiennes et réconcilier le mysticisme lui-même avec la pensée moderne, dans une conception supérieure.

Par ces mots : Ève devenue Marie, on a compris déjà que Marie est Ève régénérée, c'est-à-dire la partie supérieure de l'homme prenant la direction de son être, — l'éclosion de L'AME HUMAINE *de la philosophie indoue*. — Pour les radicaux du système, le Christ lui-même est un mythe. De même que la Genèse est le drame de l'univers, l'évangile est le drame de l'homme. Tout ce qui y est écrit et raconté sur Jésus, jusqu'à sa passion et à sa mise en croix, se passe au fond de nous.

— « Le Christ n'est pas une personne, déclare le
« nouvel évangile, mais un principe, un processus,
« un système de vie et de pensée, par lequel l'homme
« est purifié de la matière et transmuté en esprit.
« Les récits qui concernent Jésus, sont plutôt des
« paraboles fondées sur une collection d'histoires,
« qu'une histoire réelle. Longtemps avant l'ère
« chrétienne, les mystiques de l'Égypte, de la Perse
« et de l'Inde furent conduits à choisir Osiris, Mi-
« thras et Bouddha comme des noms de personnes
« représentant l'homme régénéré et constituant une
« manifestation complète des qualités de l'esprit.
« Et ce fut dans le même but et sous la même impul-
« sion que les mystiques de l'occident, dont le quar-
« tier général était à Alexandrie, choisirent Jésus
« pour en faire un type de toutes les âmes parve-
« nues à la perfection. Ils se servaient des événe-
« ments physiques comme de symboles, les racon-
« taient sous forme de paraboles, et, comme ils
« connaissaient les descriptions mystiques primiti-
« ves s'appliquant à l'homme régénéré, ils n'eurent
« pas de peine à présenter un caractère compatible
« avec l'idée générale que se faisaient ceux qui sa-
« vaient la signification du terme de Christ, et même
« sans qu'il fût besoin d'un exemple réel. — L'Église,
« ayant perdu la faculté mystique ou vision inté-
« rieure et spirituelle, par le moyen de laquelle ces

« choses étaient écrites, tomba, comme une proie
« facile, victime du péché qui menace toujours les
« clergés, et, au lieu du simple évangile véritable
« et raisonnable que l'histoire de Jésus était spécia-
« lement destinée à illustrer, elle fabriqua la super-
« stition étrange et irrationnelle qui a usurpé son
« nom. »

Ainsi, du berceau à la tombe, même avant la nativité, même après la résurrection, toute la légende du Christ nazaréen ne serait qu'un enchaînement de symboles. La visite de l'ange à Marie indique le développement des facultés supérieures qui éveillent la conscience dans l'âme humaine, et la *vierge-mère concevra* le *Christ* qui remet le divin en nous et nous donne une nouvelle vie. L'étable dans laquelle naît l'enfant divin est la demeure de l'animalité qui nous étreint encore; la tentation dans le désert, l'emblème de la lutte des passions contre la mission divine; le procès, la mise en jugement de l'âme placée en face de la raison; le crucifiement, sa lutte finale contre l'aveuglement de la nature grossière. Les deux larrons suppliciés aux côtés du rédempteur représentent le corps matériel et l'âme animale. Celle-ci est sauvée à la cinquième heure, par le fait qu'elle s'attache à l'âme spirituelle plus élevée, et elle entre avec elle dans le paradis, c'est-à-dire au delà des sphères planétaires, dans la région éternelle où monte, par l'ascension, l'esprit divin, — l'Atma — qui, s'individualisant dans tout homme parfait, fait de lui le fils de Dieu et l'unit à son père qui est au ciel.

Les œuvres de Jésus sont également des emblèmes. La vue rendue aux aveugles n'est pas la vue du corps, mais celle de l'esprit. La résurrection de Lazare est la résurrection à la vie céleste. La multiplication des pains et des poissons est la nourriture spirituelle donnée aux foules affamées. Le miracle des noces de Cana, c'est l'eau de l'âme changée en vin de l'esprit. Ajoutons que Joseph, le père nourricier de Jésus, personnifie l'intellect « arrivé à la maturité de l'énergie et de la sagesse, « et capable de garder et de guider une âme pure ».

Ces interprétations, déclare le nouvel apostolat, ne sont pas un tissu de fantaisies. Elles sont appuyées sur les données de la Kabbale bien antérieures au christianisme. L'évangile n'est qu'une parabole de la science secrète, antérieure elle-même à la Judée. C'est pourquoi toutes les grandes religions ont eu un Christ. L'Inde en a eu huit ; Jésus-Christ est le neuvième. Les Espagnols de Fernand Cortès trouvèrent au Mexique la vierge et l'enfant et le Christ crucifié entre deux malfaiteurs. *Quetzalcoat* était le nom du Christ, *Suquiquetal* celui de sa mère, et les Mexicains, qui comptaient, d'après Humboldt, dix-huit mille ans d'existence, avaient aussi leur Ève appelée *Suchiquezal*, qui pécha en cueillant des roses. Quetzalcoat fut tenté dans le désert où il jeûna quarante jours, jeûne ordonné, comme le nôtre, sur la foi de cette légende, par le rituel mexicain.

Cette quintessence du christianisme, encore plus raffinée que l'imitation de Jésus, et agrémentée çà et là de traditions de l'occultisme, d'aperçus historiques sur les religions du passé et d'observations physiologiques, est développée dans un livre, *The perfect way* — la voie parfaite, — curieux mélange de science positive et d'idéalité mystique, œuvre, en tous cas, d'une belle âme et d'une riche intelligence auxquelles on ne peut refuser de rendre hommage, quoiqu'on puisse penser de cet ésotérisme dans lequel beaucoup supposeront peut-être que la fantaisie a une bonne part.

L'auteur est Anna Kinsford, une des premières femmes anglaises à qui l'Académie de médecine d'outre-Manche ait décerné le titre de docteur. Mme Anna Kinsford, qu'une mort prématurée a enlevée récemment à ses malades et à ses disciples, s'occupa, on le voit, de sauver l'âme, quand elle sut guérir le corps. Tant en Angleterre qu'en France, cette révélation compte déjà nombre d'adeptes. Les kabbalistes judéo-chrétiens l'ont acceptée comme un précieux renfort dans leur lutte contre le Bouddhisme thibétain. Mais la *Voie parfaite* n'est pas anti-bouddhiste, bien au contraire. Selon Mme Anna Kinsfort, Bouddha conduit au Christ.

— « Bouddha, dit-elle, représente l'intellect; Jé-
« sus, le cœur. Bouddha est la philosophie; Jésus,
« la religion. Le premier est l'homme; Jésus est la
« femme. L'Indou est le frère de l'univers; le Naza-
« réen est le frère des hommes. Sans le Boudd-
« hisme, le Christianisme est inintelligible; mais la
« religion chrétienne est supérieure comme agent
« de civilisation. »

Tous les adeptes de la doctrine ne poussent pas l'interprétation aussi loin. Il en est qui maintiennent absolument la personnalité réelle de Jésus, et même celle de tous les messies. Mais, pour eux, le

Christ occidental est le fils de Dieu lui-même. Christna, Bouddha et les autres ne sont que des envoyés destinés à lui préparer le chemin.

L'Inde pourrait répondre beaucoup de choses, surtout pour Christna surnommé, prétend-elle, par ses disciples, *Jeseus,* qui signifie pure essence. Mais, dans l'Inde, comme en Judée, une fois entré sur la voie de l'interprétation analogique, comment s'arrêter en chemin? Que reste-t-il de la réalité du type, si les événements de sa vie sont des mythes et ses œuvres des symboles?

Sur la constitution de l'univers et de l'homme, les conceptions d'Anna Kinsford s'écartent bien davantage encore des professions de foi chrétiennes de jadis et de nos jours.

— « La loi inhérente à la substance primordiale
« de la matière, lisons-nous dans la *Voie parfaite,*
« oblige toutes choses à évoluer d'après la même
« méthode. Les mondes sont, sous tous les rap-
« ports, semblables aux cellules du tissu animal ou
« végétal. Leur évolution est pareille, leur distribu-
« tion la même, leurs relations mutuelles sont
« exactement semblables.

« Nos âmes sont les essences agglomérées de
« consciences sans nombre dont nous sommes com-
« posés. La capacité de nos âmes n'est pas cepen-
« dant limitée à la somme totale de ces consciences
« telles qu'elles sont en leur état séparé, mais les re-
« présente combinées en une vie et polarisées sur
« un plan de plus en plus élevé. Le résultat synthé-
« tique ainsi obtenu n'est pas seulement une agré-
« gation de parties constituantes, mais représente

« une nouvelle condition de celles-ci. C'est de
« cette manière que doit être comprise la synthèse
« de consciences qui constitue notre individualité. »

— « Toutes les parties composantes de la con-
« science de l'individu, dit-elle plus loin, se pola-
« risent pour former une unité qui est comme un
« soleil par rapport à son système. Mais cette pola-
« risation est distincte pour chacun des modes de
« conscience, et, seul, le point de radiation central
« le plus intérieur et le plus élevé est subjectif.
« Ceux qui s'arrêtent court à la conscience secon-
« daire et s'imaginent qu'elle est subjective, n'ont
« pas connaissance de leur conscience la plus éle-
« vée et la plus intime, et leur humanité n'est pas
« complète. »

Nous voici bien près du *Manas* et du *Kama-rupa*
de l'Inde. Je soupçonne la doctoresse anglaise
d'avoir trempé dans l'eau du Gange son ésotérisme
occidental. Est-ce là aussi qu'elle a trouvé sa conception des échelons de synthèses qu'elle établit
sur le modèle de la synthèse humaine, et que
nous retrouverons, sous deux formes différentes,
dans les œuvres de l'inconscient ?

Voici comment est exprimée dans la *Voie parfaite* cette idée, nouvelle pour nous, des groupements successifs d'individualités de même ordre
formant des êtres collectifs de plus en plus élevés,
en analogie avec la loi de formation organique
constatée sur notre planète :

— « En transportant l'énergie synthétique sur
« un plan plus élevé, on arrive à la formulation de
« la *Conscience Dieu*, spéciale à notre monde. Cha-
« que globe est une divinité ayant pour corps ma-

« tériel la planète visible, pour nature astrale les
« intelligences végétales et animales, pour âme la
« partie substantielle de l'homme.

« Ce que les créatures qui composent la planète
« sont par rapport à celle-ci, toutes les planètes
« le sont par rapport à l'univers, et de même les
« univers par rapport à Dieu.

« L'âme de la planète est, comme toute synthèse,
« plus que les essences associées des âmes qui la
« composent. La conscience du système est plus
« que celles du monde réunies. La conscience de
« l'univers manifesté est plus que celle des systè-
« mes collectifs, et celle de l'univers non manifesté
« est plus que celle de tout le reste ensemble,
« car le manifesté n'épuise pas le non manifesté,
« mais le *père* est plus grand que le *fils*.

« En Dieu non manifesté, — Parabhram, l'Ab-
« solu, — la conscience subsiste sous son mode
« originel, et il en est subséquemment conditionné et
« dominé. Son moi, inscrutable pour nous, ne peut
« être connu qu'à travers la personne du fils, c'est-
« à-dire en manifestation. »

L'Absolu conditionné par la conscience, je livre
cette pensée à la méditation de nos grands rhéteurs.
Pour moi, elle n'est pas nouvelle, car j'ai écrit
quelque part que Dieu a des *devoirs* envers nous.

La *Voie parfaite* ne s'arrête pas là dans l'exploration de l'incognoscible. Son auteur a trouvé dans
l'embryogénie l'indication d'un mode d'être du non-
être. Voilà à quoi s'exposent les maîtres de la
science en enseignant l'anthropologie aux demoi-
selles.

— « La différence entre les deux modes de la

« divinité, écrit-elle, se retrouve dans la physio-
« logie du développement embryonnaire. La pre-
« mière condition de l'ovaire fécondé est un état
« de vitalité générale et non formulée. Une acti-
« vité à la fois intelligente et non individualisée
« pénètre la masse des différentiations potentielles
« et dirige leur manifestation. Sous la direction
« de cette activité inhérente et l'action de la ségré-
« gation, la masse se divise et se constitue elle-
« même en éléments distincts, et ceux-ci, à leur
« tour, se subdivisent et élaborent de nouvelles
« individualisations, jusqu'à ce que différentes
« couches et tissus se forment, grâce aux agréga-
« tions successives des entités cellulaires. C'est
« ainsi que se constitue peu à peu une nouvelle
« créature composite, dont la conscience, bien que
« multiple et diversifiée, est cependant une et syn-
« thétique. Mais cette individualité synthétique ne
« procède pas d'elle-même. Elle a été enfantée
« dans le sein de l'intelligence inhérente et primor-
« diale qui pénètre la matière essentielle dont elle
« est sortie, et par rapport à laquelle celle-ci étant
« le père, elle se trouve être le fils.

« Dieu non manifesté et abstrait est l'intelligence
« primordiale, dont l'univers cosmique est l'idéa-
« tion. L'intelligence en elle-même est passive.
« C'est un organe, et non pas une fonction. Aussi-
« tôt qu'elle commence à opérer, elle engendre des
« idées, et celles-ci constituent l'existence. L'intel-
« ligence est abstraite. Les idées sont concrètes ;
« penser, c'est créer. Chaque pensée est une action
« substantielle. Donc la pensée est le créateur du
« monde. » — *Toth, Hermès, Logos.*

Que nous voilà loin de la chute et d'un fils unique de Dieu se faisant crucifier sur la terre, pour racheter l'humanité d'un péché originel !

Le fils de Dieu, c'est la création, ou plutôt la manifestation entière, sans commencement et sans fin. Le péché originel, initiation à la connaissance du bien et du mal, c'est l'éclosion de la conscience morale et de l'intellectualité psychique dans l'évolution de chaque être, l'avènement du *moi* subjectif qui progressivement va comprendre le *moi* divin, et tendre à monter vers lui; un progrès, et non une chute. Tel est bien le véritable ésotérisme, non seulement chrétien, mais universel, encore inaccessible à l'intelligence des foules et même à celle des sacerdoces.

Je crois donc que les partisans de l'incarnation historique feront mieux, pour être logiques, de rester dans l'exotérisme offert à l'adoration des fidèles, et je doute que cette réticence, plus théologique que philosophique, suffise, comme l'espèrent quelques kabbalistes chrétiens, pour rallier la papauté à l'ésotérisme, quelque compromis qu'on puisse lui proposer avec le dogme et la légende. Les transformations de la pensée religieuse ne s'opèrent pas par les clergés, enkylosés dans leur *credo*. Les efforts de quelques prêtres, plus ou moins sortis des rangs, seront impuissants sur la caste. Que les chanoines catholiques et les pasteurs protestants qui ont mis un pied sur la *Voie parfaite* en prennent bravement leur parti. Ésotérisme complet ou exotérisme absolu; je ne vois pas de moyen terme. Une fois entré dans l'interprétation symbolique, il n'y a pas de raison pour s'arrêter. Embarqué dans la légende, on est entraîné jusqu'au bout.

Tel est, dans ses grandes lignes, l'ésotérisme chrétien, éclos, ou tout au moins largement élaboré et développé dans le cerveau d'une fille d'Ève, auquel nos conciles illuminés du Saint-Esprit, eussent refusé, il y a quelques centaines d'années, la faculté de loger une âme. Déjà nous devions à une femme ce qui s'est importé chez nous des vieilles sciences de l'Orient. Dans le Spiritisme, qui est venu le premier, la femme joue encore le grand rôle.

Social, magistral, clérical, que le serpent se tienne bien ! Le féminin prend sa revanche.

XII

Le spiritisme.

Force psychique, neurique, odique, spiritique, il n'y a pas à dire, les tables tournent, *si muovono*, comme la terre de Galilée. Les guéridons parlent ni plus ni moins, ni pire ni mieux que les professeurs d'anthropologie et les membres de la faculté. Les meubles craquent; les murs résonnent; les fauteuils vont au devant des visiteurs; les accordéons chantent sous la table; les boîtes à musique voltigent dans l'air; des gerbes de fleurs tombent des plafonds, et des mains, visibles ou invisibles, en ornent les corsages, en décorent les boutonnières; des crayons, courant sur du papier ou glissant entre deux ardoises, écrivent, dans toutes sortes de langues, des sentences philosophiques, des vérités de la Palisse, ou des devises de confiseur. La pesanteur des corps, l'impénétrabilité de la matière, toutes les lois de la nature naturée sont outrageusement violées par ces énergies impudentes qui défient les dynamomètres et se moquent des mécaniciens, sans parler des fantômes qui se promènent au milieu de l'assistance, posent devant les photographes, se moulent dans la paraffine, ou, comme chez Williams Crookes, font un tour de valse avec le maître de la maison et racontent des histoires aux enfants.

Que les temps sont changés depuis que j'ai raconté, pour la première fois, aux populations ébahies ces *choses de l'autre monde*, et les exploits du long Péronnier! Pour avoir strictement narré ce que j'avais vu de mes yeux, reproduit, en citant les noms, ce qu'avaient vu les yeux des autres, et légèrement houspillé nos savants de Panurge riant, comme des niais vulgaires, de ces faits certifiés véritables qu'ils refusaient d'examiner, j'ai failli être déclaré bon pour le fagot par le tribunal de l'inquisition des sciences. Si j'avais appartenu à quelque docte confrérie, j'étais exterminé par mes pairs. Simplement littérateur, on ne me prit pas au sérieux, et mes meilleurs amis se contentèrent de proclamer que je faisais des livres ridicules.

Le revirement commence à se produire, comme je l'avais annoncé, et plus tôt que je ne l'espérais. Sauf un stock de docteurs éclopés et de journalistes fourbus, qui n'ont pu sortir de l'ornière, on a cessé de rire et l'on n'ose presque plus nier. Les témoins sont devenus trop nombreux, et l'on a eu l'étourderie, pour faire pièce aux magnétiseurs, d'ouvrir la porte à l'hypnotisme, sans se douter qu'il tirait après lui toutes ces fantaisies illicites dont il n'est qu'un mince filon. On a eu beau refermer les deux battants; elles entreront une à une par le trou de la serrure. Demandez aux élèves des professeurs de névroses qui, sortant des sanctuaires de l'hystérie, vont sournoisement s'asseoir autour d'une table, pour voir si l'on ne peut pas aller plus loin que la borne plantée par les maîtres sur la voie des *forces non définies?* Si M. Charcot le savait!

Car, même dans le camp des hypnotiseurs, l'ordre est donné de faire le silence sur ces matières, bien autrement scabreuses que le mesmérisme travesti qu'on sert dans les amphithéâtres, et l'on s'empresse d'expédier chez les microbes de la fièvre jaune les naturalistes assez imprudents pour risquer de bousculer toutes les bases des connaissances acquises, en abordant la grosse question du *fakirisme occidental*.

Pour justifier cet ostracisme qui rejette du champ de l'exploration tout un ordre de faits observables, les professeurs patentés des sciences en *gie* déclarent gravement que ces faits ne sont pas scientifiques. Il restait une bêtise à formuler, après toutes celles que le damné problème a eu la gloire de faire éclore ; elle n'a pas manqué à l'appel.

Que peut bien être un fait qui n'est pas scientifique, sinon un fait qui n'est régi par aucune loi, c'est-à-dire qui n'a pas de cause, en d'autres termes, un fait qui n'en est pas un ? Il est certain qu'un fait, qui n'est pas un fait, ne peut pas être scientifique, non plus qu'une science qui n'est pas une science, comme c'est le cas de la médecine, au dire des plus grands médecins. Mais, si un fait est bien un fait, même quand on ne peut le reproduire à volonté avant que la loi n'en soit découverte, ce qui arriva dans l'origine pour la plupart des faits dont la scientificité, peu à peu établie par la science, est tout à fait scientifique aujourd'hui, il n'est pas permis, à moins d'excuse valable, telle que la mauvaise foi ou l'indigence intellectuelle, de le mettre hors la loi des lois inconnues et à connaître, que les savants ont précisément pour mission spéciale de chercher à découvrir.

Cette fin de non recevoir que j'ai vu accepter de bonne foi par des gens réputés sérieux, prouve la facilité avec laquelle on se paie de mots, dans les siècles de lumières.

Parti pris, idées préconçues, chaînes de l'esprit, d'autant plus solides qu'elles sont plus rouillées, laissons de côté ces aberrations trop fréquentes dans l'histoire des flux et reflux de la pensée, et, scientifiques ou non, puisque les faits sont des faits, voyons ce que donnent et ce que prouvent ces forces, encore si mystérieuses, contre lesquelles se barricade le monde savant.

*
* *

L'opinion la plus répandue dans toutes les parties du monde, y compris l'Inde et la Chine, qui, de temps immémorial, se livrent à ces pratiques ressuscitées en Occident, il y a une quarantaine d'années, au moment psychologique où le positivisme rationnel, débordant de son programme qui défend les conclusions téméraires, faisait un plongeon dans le matérialisme, entraînant à sa suite toutes les sciences expérimentales, l'opinion générale, dis-je, parmi ceux qui s'adonnent à ces expérimentations, est que les phénomènes qu'elles produisent sont dûs aux esprits d'outre-tombe. Si l'on en croit les chiffres énoncés dans le congrès spiritualiste qui s'est tenu à Paris en 1889, vingt millions de vivants, en Europe et en Amérique, professent cette croyance qui leur fut enseignée, assurent-ils, et leur est confirmée, tous les jours, par les révélations des morts.

Pour qui croit à la survivance de l'esprit, les communications entre les deux mondes n'ont rien d'inacceptable. La raison et le sentiment peuvent s'accorder pour les admettre. Quelque soit le mode d'existence de ceux qui ont quitté la terre, le cœur ne peut s'imaginer que leurs affections soient éteintes, et, si la froide logique intervient dans cette matière, c'est plutôt pour supposer qu'en conformité avec les lois de la vie connue, où tous les ordres se relient, un lien d'affinité quelconque doit unir l'invisible au visible, malgré l'abîme apparent qui sépare la vie de la mort. Tous ceux qu'on nomme spiritualistes n'ont donc pas d'objection à faire sur le fond même de cette croyance. Pour le moment, nous ne nous occupons pas des autres qui, niant la persistance du moi, s'évitent de poser la question.

Reste l'appréciation du procédé qui est matière à discussion.

Les communications attribuées aux Esprits sont obtenues de deux manières : par la typtologie et l'écriture automatique. On sait ce qu'est la typtologie. Le groupe d'opérateurs est réuni autour d'une table sur laquelle on pose les mains. Un mode de dictée est convenu : tantôt la table frappe les lettres, un coup pour A, deux coups pour B, et ainsi de suite; le plus souvent, un assistant récite l'alphabet, et la table se lève ou frappe du pied, quand passe la lettre voulue. Plus rarement la lettre est indiquée par un coup frappé dans la table ou dans un meuble voisin, petit choc sec et rapide comme une décharge électrique. Cette manifestation supérieure dépend, disent les spirites, de la puissance du médium et de conditions encore inconnues. Quelquefois, comme dans les expériences de magnétisme, avec lesquelles ce phénomène a de grandes analogies, la présence d'une personne hostile ou simplement antipathique empêche toute manifestation. J'ai raconté tout au long, dans les *Choses de l'autre monde*, mes expériences personnelles sur les faits et gestes d'une table avec laquelle quelques amis et moi avons conversé pendant deux ans, et dont nous obtînmes une série de manifestations bien singulières. Je ne répéterai pas mon analyse du tempérament et des péripéties du phénomène. Le livre a été réimprimé, et les lecteurs désireux de connaître ces faits fidèlement racontés et de suivre le mouvement spirite dès le premier jour de son éclosion, peuvent se le procurer aisément. Du reste l'histoire du spiritisme moderne a été reproduite dans d'autres publications, et notamment dans le *Fakirisme occidental* du docteur Gibier.

Quant à l'écriture automatique, le procédé est des plus simples. On prend du papier, un crayon, on se met en position pour écrire, et l'on attend que la force mystérieuse, imprimant à la main un mouvement mécanique, lui fasse tracer des mots dont l'écrivain n'a pas conscience et dont le sens ne lui est connu que lorsque, le crayon s'arrêtant, il regarde les phrases écrites.

Pour les spirites, je le répète, la force qui pousse la main, comme celle qui agit dans la table, n'est pas autre que l'esprit d'un mort.

Les Chinois emploient, pour ce genre de correspondance un procédé qui exclut tout soupçon de supercherie. Sous un stylet attaché à un fil, que la main d'une statue ou tout autre support tient suspendu en l'air, ils placent un plateau garni de sable, et, à la demande de l'évocateur, le stylet trace, sur le sable fin, la réponse à la question posée.

Le fondateur du spiritisme en France, connu et vénéré de ses fidèles sous le nom d'Allan Kardec, élabora son œuvre, pièce à pièce, sur les documents fournis par de nombreux médiums, typtologues ou écrivains, qui lui envoyaient les productions de leur crayon ou de leur table. C'est ainsi que se forma le corps de doctrine accepté comme une révélation directe des esprits, et qui est encore aujourd'hui l'évangile et le *credo* des spirites de race latine.

A l'inverse de la théologie Bouddhiste, qui sépare complètement des agissements de ce bas monde les entités humaines désincarnées, vivant leurs rêves dans le Dévakhane, la théorie spirite les relie par une étroite solidarité aux choses et aux gens de la terre. Peut-être même les fait-elle un peu trop intervenir dans nos actes et dans nos pensées, sans songer qu'au profit de l'activité des morts, elle amoindrit la liberté des vivants.

Un corps fluidique, ou périsprit, qui rappelle le corps astral des occultistes, sert d'enveloppe à ces âmes dégagées de la matière. Ce corps est plus ou moins grossier, ou plus ou moins pur, selon la valeur morale de l'être. Les régions de l'erraticité, — c'est le terme, assez mal choisi, selon moi, pour exprimer l'état de l'autre vie, — s'étagent en couches successives, des plus basses aux plus éthérées, où chaque habitant de l'espace rampe ou plane, en raison de sa pesanteur. Transportez dans la sphère morale cette figure toute matérielle, et vous aurez l'idée des conditions du monde des âmes, depuis les consciences bourrelées, qui se traînent dans les ténèbres de l'épouvante et du remords, jusqu'aux nobles individualités qui se sont élevées en pleine lumière. Une des grandes tâches de celles-ci, selon la foi spirite, est de consoler, d'instruire, de ramener au bien les malheureux pécheurs. Je n'ai jamais vu qu'il fût dit, dans la doctrine catholique, que les anges gardiens suivîssent les âmes en enfer. Il est vrai que le spiritisme n'admet pas les peines éternelles, et ne voit dans le *châtiment* qu'un moyen d'éclairer le coupable.

Toujours comme le corps astral des Indous, le périsprit, enfermé dans le corps matériel, est le lien fluidique, le médiateur, l'agent de communication entre l'essence et la substance, entre l'esprit immortel et l'organisme périssable. Mais il ne se dissout pas après la mort. L'âme entraîne avec elle cette enveloppe éthérée qui s'épure et se raffine en proportion des progrès de la conscience et de la pensée, et, de même nature que le périsprit emprisonné dans notre chair, établit avec lui ces correspondances mystérieuses, intuitions, inspirations, messages sollicités d'en bas ou spontanément émanés d'en haut. Tous les phénomènes spirites, matériels ou psychiques, sont attribués par la doctrine à la communication et parfois à la fusion de ces organismes subtils de l'âme, contenus ou non dans un corps. Les sensitifs, médiums ou sujets magnétiques, sont, à ce que l'on suppose, des êtres dont l'organisation moléculaire ou nerveuse permet plus facilement qu'au commun des mortels l'extravation de ce corps fluidique. En tout cas, selon l'apparence, ces propriétés exceptionnelles sont purement physiologiques, car nombre de médiums et de somnambules ne se distinguent pas par leurs facultés intellectuelles et morales.

Cet organisme, animique, astral, aromal, sous quelque nom qu'on le désigne, bien supérieur à notre grosse matière, la manipule, le désagrège et la reconcrète à son gré. C'est par cette puissance ultra-physique que les spirites expliquent les phénomènes d'apports, de matérialisations, tous les faits incroyables et anti-scientifiques qui contrecarrent les lois connues, et semblent un renversement des choses au milieu desquelles nous vivons.

Sur ce que je viens d'énumérer, dans tous les pays où se pratique le spiritisme, les spirites sont d'accord. Mais il est un point capital sur lequel ils se divisent. La doctrine d'Allan Kardec, acceptée par les spirites de race latine, en Europe et en Amérique, a la réincarnation à sa base. Les Anglo-Saxons n'en veulent pas.

Ici la critique commence. Si la loi spirite a été réellement révélée par les habitants de l'autre monde, et n'est pas, au contraire, comme d'aucuns le prétendent, inconsciemment sortie de nos propres cerveaux, comment expliquer le désaccord des maîtres spirituels sur ce dogme fondamental de la grande vie? Les esprits d'Angleterre et d'Amérique ignoraient-ils cette solution des destinées communes, ou l'alliage humain qui se mêle à ces communications écrites ou dictées, est-il assez puissant pour empêcher la production des enseignements qui froissent trop directement nos préjugés ou notre orgueil? Renaître dans une peau rouge, jaune ou noire, est assurément une perspective plus que choquante pour les fiers enfants d'Albion et les non moins vaniteux descendants de Guillaume Penn. Les spirites latins donnent à entendre que les esprits initiateurs des peuples de souche britanique passèrent ce point sous silence pour ne pas irriter les vanités de race et de couleur, qui auraient pu faire avorter la révélation tout entière ; réponse que la foi peut accepter, mais qui ne satisfait pas aussi facilement la raison même bienveillante.

Le même point d'interrogation se pose à propos de certaines productions également attribuées à nos correspondants invisibles. La doctrine met bien sur le compte des esprits malfaisants ou simples mauvais farceurs les incroyables dictées signées des noms les plus illustres, les élucubrations ridicules, triviales, grossières, même obscènes, qui ne sont pas le côté le moins curieux de ce bizarre phénomène. Mais, là encore, l'explication n'est pas satisfaisante, et ceux qui prétendent qu'il y a dans ces spontanéités de forces inconnues quelque chose d'analogue à l'inconscience du rêve, sont probablement dans le vrai sur un côté de la question. Mais il a tant de côtés, ce stupéfiant problème ! Qui peut dire si la variété des effets ne provient pas de la diversité des causes, et si les définitions, en apparence contradictoires, qu'il a fait éclore, ne sont pas chacune un rayon de vérité ? Sans chercher dans l'au-delà, qu'y a-t-il de plus multiple et de plus incompréhensible que nous-mêmes ? Que sont, et d'où viennent les pensées, rapides comme l'éclair, qui se croisent, se succèdent, s'entremêlent dans le kaléidoscope de notre cerveau ? Une idée nous arrive, on ne sait d'où ni comment, dont instantanément notre sensibilité ou notre intelligence s'empare. Pendant quelques minutes, quelques secondes, un temps plus ou moins long, nous vivons d'elle et avec elle. La grande brodeuse qui est au fond de notre être, se met à travailler sur ce canevas, jusqu'à ce qu'il en survienne un autre, ou que la réflexion l'arrête. Imagination, réflexion, volonté, connaissons-nous bien ces agents de la vie mentale dont les dissentions détraquent parfois la machine? N'y a-t-il pas une certaine analogie entre les incohérences du phénomène et celles qui se passent en nous, quand la raison n'intervient pas? On peut divaguer à perte de vue sur cette question compliquée, dont la solution est confiée aux maîtres de la psychologie des temps présents et futurs.

***

Celle des temps présents commence. Nous assistons, depuis quelques années, à un défilé d'hypothèses émanées de savants authentiques, pensionnés par le gouvernement. On comprend le rôle qu'y jouent les cellules cérébrales et les ganglions du grand sympathique. Naturellement ces docteurs s'évertuent à faire passer sous les fourches Caudines de l'école les fonctionnements anormaux qu'ils sont forcés de reconnaître, et les confinent, de gré ou de force, dans le mécanisme de nos plexus. La transmission psycho-physique, la dissociation des tendances qui forment le moi, la reversibilité des sensations, le choc en retour des idées ne sortent pas du terrain pratique des deux substances, blanche et grise, qui élaborent notre mental. Même la théorie de l'inconscient, renfermée dans de justes limites, peut, à la rigueur, rentrer dans le giron officiel.

Ici, les idées s'entrechoquent un peu, sans produire une grande lumière. Les uns sont pour l'inconscient pris dans son sens absolu, c'est-à-dire pour un inconscient impitoyablement dépourvu de toute espèce de conscience. D'autres sont pour la double conscience. Une troisième opinion, qui rentre dans la seconde en y combinant la première, proclame que l'inconscient a une conscience douée, comme toutes les consciences connues, de sentiment, de volitions et de jugement. D'après ceux-là, la conscience de l'inconscient réside dans l'hémisphère droit de notre cerveau, tandis que l'hémisphère gauche sert de logis à la conscience consciente. N'est-il pas probable, en effet, que nous n'aurions pas deux cerveaux, si nous n'avions pas deux consciences? Deux appartements pour un seul locataire, c'est contraire aux principes d'économie professés par la nature qui, bien qu'aveugle, sourde et inconsciente elle-même, n'a pas moins l'habitude d'éviter les complications inutiles dans les produits qu'elle livre à la circulation. Enfin, une quatrième catégorie soutient que l'inconscient contient en soi un nombre infini de consciences.

Tous, du reste, sur la question de la conscience même, sur sa substance et son essence, s'accordent à dire qu'ils n'en savent pas plus que le simple vulgaire; c'est-à-dire absolument rien.

Nous reviendrons bientôt sur cette théorie de l'inconscient, hémi-conscient, ou sub-conscient, premier pas, je ne dirai pas officiel, mais officieux, fait par la science sur ce terrain qui la brûle ; officieux, en effet, car la psychologie qui a ouvert le feu, n'appartient pas régulièrement au bataillon sacré, bien qu'on lui tolère l'uniforme. C'est un corps franc qui marche en éclaireur, et qu'on peut renier, s'il compromet dans des expéditions trop hardies le drapeau de la physiologie qu'on lui a permis d'arborer. Quoi qu'il en soit, l'affaire est engagée. La psychologie annonce déjà qu'elle a délogé l'ennemi de ses premières positions, et appelle la physique à son aide, pour compléter la déroute. Je crois qu'elle attendra quelque temps.

Mais le culte des esprits a trouvé un autre adversaire d'autant plus redoutable, que les deux combattants sont de la même famille, et l'on sait combien sont terribles les luttes entre proches parents.

* *
*

L'occultisme de l'Inde traite d'aberrations les articles de foi de la doctrine spirite. Selon les théosophes Bouddhistes, la plupart des phénomènes attribués par le spiritisme à l'activité des morts, sont dûs au corps astral des vivants. Psychiques ou matériels, les faits de médiumnité et de magnétisme transcendant, divination, seconde vue, sont produits par le dégagement de ce double fluidique qui a tout pouvoir sur la matière et voyage comme la pensée, allant, au besoin, chercher les renseignements qu'il nous donne dans le monde éthéré où il puise sa substance, et qui reflète dans sa lumière les images des choses et des êtres présents, passés et même à venir.

Les occultistes prétendent que les grands adeptes, préparés par un entraînement spécial, à la fois moral et physique, à l'acquisition de cette puissance, parviennent à dégager à volonté leur corps astral et à le projeter, en le dirigeant dans ce monde et dans l'autre, immense supériorité, disent-ils, sur les médiums du spiritisme, simples machines psychiques, jouets inconscients des forces qu'en aveugles ils mettent en mouvement.

Ces forces étrangères au corps astral du médium, dont elles s'emparent et qu'elles font manœuvrer à leur gré, appartiennent à deux catégories désignées, dans la langue théosophique, sous le nom d'*élémentaires* et d'*élémentaux*.

Les élémentaires sont les principes inférieurs de l'homme, qui flottent autour de nous, attirés par les choses de la terre, comme nous l'ont dit les Mahatmas, passions brutales, instincts bestiaux, inclinations basses ou perverses, l'*âme animale*, qu'éclaire à demi un reflet de conscience émané de la partie spirituelle de l'être, montée dans les sphères supérieures.

D'après la doctrine indoue, l'esprit qui se manifeste dans les séances médianimiques, s'il a réellement quelque chose de commun avec la personne évoquée, n'est pas autre que son élémentaire, c'est-à-dire le triste résidu de ce qu'elle avait de plus vulgaire et de plus bas.

A cette assertion, que certains cas pourraient rendre vraisemblable, les spirites opposent les communications touchantes et les instructions élevées qui rachètent ces fâcheuses dissonances, et ne peuvent être attribuées, quelle qu'en soit l'origine, à des forces impures.

La querelle peut durer longtemps, les hauts initiés qui plongent leur double dans les mystères de l'invisible n'ayant, comme les esprits révélateurs, que leur affirmation pour appuyer leur thèse, sans compter que l'identité de ceux-ci est aussi problématique pour le simple profane que la réalité de ceux-là. Des deux côtés, c'est un objet de foi pure.

Les autres énergies errantes qui se servent, pour se communiquer à nous, du corps astral inconscient et passif fourni par le médium et renforcé des émanations fluidiques de l'assistance, sont encore plus difficiles à expliquer. Les élémentaux sont l'âme des éléments dont se constitue la vie, forces aveugles, sans conscience, sans volonté, impersonnelles et pourtant actives, soumises aux impulsions du milieu qu'elles traversent, et se formant une individualité passagère avec les mentalités bonnes ou mauvaises qui s'échappent de nous. Ces êtres qui ne sont pas des êtres, mais qui aspirent à le devenir, profitent de toutes les occasions pour se spécialiser et représenter quelque chose. Ils s'emparent, prétendent les occultistes, des pensées émanées de la cervelle humaine, et, « de cette fusion d'une idée avec un élémental, résulte un être réel, restant là plus ou moins longtemps, suivant la tension cérébrale qui lui a donné naissance ». On comprend, ou l'on ne comprend pas que ces énergies actives, saisissant au vol une pensée ou peut-être saisies par elle, se l'incarnent ou s'y incarnent, et, à l'aide des fluides ambiants, donnent à cette conception ou à cette émotion de notre esprit une forme plus ou moins persistante qui en fait un être réel.

Ainsi s'expliquent, bien ou mal, les plus étranges de ces manifestations, dont la première cause, au dire de l'occultisme, n'est pas autre chose qu'une suggestion mentale, volontaire ou inconsciente, du médium ou des assistants.

Pourtant la Kabbale juive, moins féroce pour le spiritisme que l'ésotérisme d'Orient, n'exclue pas formellement les esprits du phénomène; mais elle professe que toutes les étrangetés qu'on leur attribue peuvent se passer de leur intervention. Tout procède, à la rigueur, du *médiateur plastique* à peu près identique au périsprit des spirites et au corps astral des Indous.

— « La substance du médiateur plastique, écrit
« Éliphas Levy, un des grands maîtres de la magie
« moderne, en partie volatile et en partie fixée,
« emprunte à la lumière astrale ses principaux
« éléments.

« En agissant sur cette lumière par la volition,
« l'âme peut la dissoudre ou la coaguler, la pro-
« jeter ou l'attirer. Elle réagit sur le système
« nerveux, et produit ainsi les mouvements du
« corps.

« Cette lumière peut se dilater indéfiniment et
« communiquer ses images à des distances consi-
« dérables. Elle aimante les corps soumis à l'action
« de l'homme et peut, en se resserrant, les attirer
« vers lui. Elle peut prendre toutes les formes
« évoquées par la pensée, et, dans les coagulations
« passagères de sa partie rayonnante, apparaître
« aux yeux, et offrir même une sorte de résistance
« au contact. »

Ainsi apports, transports, promenades en l'air de

corps solides, écritures obtenues sans intervention d'aucun agent visible, apparitions formées par la coagulation de la substance astrale que les spectateurs sensitifs voient sortir, sous forme de nuage, de la poitrine du médium, même la Kattie King de M. Crookes peuvent se passer des esprits pour expliquer leurs mystères. Aussi bien que le spiritisme, l'occultisme rend compte de tout.

En dehors de ces deux solutions, je n'en vois pas poindre une troisième. L'hypothèse de la psychologie n'effleure que la racine de la foi spirite, et laisse tout le reste debout. La science occulte rit sous cape, et suit, d'un œil maternel, les premiers pas de l'inconscient.

Examinons ce nouvel arrivant qui s'amuse, comme un enfant qu'il est encore, aux bagatelles de la porte, et ne se doute pas du mauvais tour qu'il joue à la physique, en l'appelant à son secours.

* *

Jusqu'à ce que M. de Hartmann soit venu nous révéler le but de l'inconscience absolue, qui ne tend à rien moins qu'à la suppression de toute espèce d'existence, l'opinion publique, trompée par l'apparence, se faisait une tout autre idée de l'inconscient qui est en nous. Elle le prenait simplement pour un honnête serviteur uniquement occupé des soins du ménage et de la police de la maison, veillant à la propreté du logis, à l'entretien du mobilier et aux mille besoins du service, raccommodant les os cassés, recousant les accrocs des tissus, dirigeant les opérations des employés subalternes qui distillent les sucs de l'estomac et tamisent l'air dans les poumons, expulsant les intrus qui s'introduisent dans l'antichambre, maintenant enfin dans le meilleur état possible tous les étages du bâtiment, toujours à l'insu du patron qui ne songe pas à ces détails, trop occupé de ses affaires.

Outre ces fonctions de grand majordome, les mieux informés savaient encore qu'il nous sert de bibliothécaire et de garde-magasin. C'est lui qui tient en réserve, dans les archives du cerveau, les sensations, les images et les idées que nous avons amassées en route. Tout cela est étiqueté, classé par lui dans les rayons cellulaires, et, quand nous avons besoin de documents pour le travail de la pensée, il n'a qu'à ouvrir un tiroir. Il y trouve même parfois ce qu'on n'y a pas mis, témoins ces petits prodiges qui résolvent des problèmes d'algèbre avant de savoir l'arithmétique, et ces étonnants sujets magnétiques qui parlent philosophie, sans avoir jamais philosophé.

Mais ces faits peu ordinaires qui nous ramènent au sujet de notre présente étude, n'auront rien d'étrange pour nous, si nous songeons que l'inconscient posté au fond de notre vie, comme de toutes les vies possibles, est une fonction de l'inconscience universelle, laquelle, selon M. de Hartmann, possède la science absolue. Il est donc aisé de comprendre que l'inconscient d'un petit gardeur de moutons se livre à des équations algébriques, et qu'un simple courtaud de boutique, sans aucune sorte d'instruction, débarrassé de sa conscience par les passes d'un magnétiseur, se mette à faire une conférence sur des points de métaphysique.

Le panthéisme moniste, qui arrange à sa façon

la vieille doctrine aryenne sur l'origine des choses et l'évolution de la vie, attribue à l'inconscient le travail accompli, selon l'ésotérisme Indou, par la monade impérissable émanée de Parabhram. L'inconscient, comme la monade, fait la matière et l'organise. Il est l'affinité dans le minéral, la sensibilité naissante dans la plante, l'instinct croissant chez l'animal. Dans l'homme, instinctif d'abord, il forme peu à peu la conscience qu'il laisse s'échapper de lui, pour aboutir au néant, pâle reflet du Nirvâna. Mais, au fond, et même plus haut, il se manifeste encore par l'instinct élevé à cette suprême puissance, qu'on appelle l'intuition et qui constitue le génie, quand elle dépasse le talent. De même le panthéisme de l'Inde attribue à l'étincelle divine, *Atma*, source et fin de notre réelle individualité, tout ce qu'il y a d'élevé dans notre être.

M. de Hartmann enregistre encore à l'actif de l'inconscient la perception de la seconde vue qu'il limite, pour les besoins de son système, aux choses qui intéressent exclusivement la personne ou les affections du voyant. Mais les phénomènes externes dérangent un peu sa théorie, et il se tire d'embarras, comme les autres, en portant ce qui l'incommode au compte de l'hallucination.

L'esprit positif de la France et de l'Angleterre, peu enclin aux spéculations de la haute métaphysique, se contente de démêler la part prise par l'inconscient dans les phénomènes mentaux et, quant à ses autres fonctions, le confond très volontiers avec cette abstraction vague que l'on appelle la nature. Jusqu'à l'avènement de la pensée, la nature gouverne tout. Elle ne prend le nom d'inconscient que quand la raison commence, et accompagne celle-ci dans sa route, cheminant tantôt à côté, tantôt au-dessus, tantôt au-dessous.

C'est ce que démontrent les études auxquelles se sont livrés, des deux côtés de la Manche, quelques esprits entreprenants attirés sur ces sentiers épineux par les agaceries de l'hypnotisme et de la suggestion. Le spiritisme y a bien été pour quelque chose.

La Sorbonne et le Collège de France voient donc naître une nouvelle école enfantée par un petit nombre de philosophes et plusieurs docteurs médecins. Cette alliance des deux facultés est indiquée sur l'étiquette. La science tient le premier rang, comme c'est son droit légitime. La philosophie vient ensuite, pour tirer les conclusions. La raison sociale est affichée : *physiologie-psychologiste*. A la bonne heure, et longue vie aux deux conjoints qui viennent contracter à nouveau, après un si long divorce! Si le physique et le psychique ne s'étaient jamais séparés, l'idée pure aurait moins vagabondé, et les savants n'auraient pas dit tant de bêtises.

Le livre de M. Pierre Janet, *l'automatisme psychologique* résume d'une façon remarquable les recherches de l'école nouvelle sur les opérations réunies ou séparées de la conscience et de l'inconscient. M. Pierre Janet a expérimenté lui-même, et ne parle que de ce qu'il a produit par son action propre, sur des sujets fournis par des médecins. C'est-à-dire qu'il n'est question que d'hypnotisme, et qu'il n'a agi que sur des malades, d'où une forte propension à supposer l'hystérie obligatoire pour ce genre de production. Peu s'en faut qu'il ne soupçonne les médiums du spiritisme d'être tous plus ou moins hystériques. Je ne chicanerai pas sur ce point médical, et renvoie M. Pierre Janet à M. Albert de Rochas, autre éminent investigateur, qui déclare opérer sur des sujets dépourvus de toute maladie.

M. Pierre Janet appelle sub-conscient la seconde personnalité qui se manifeste dans les agissements des patients soumis aux expériences du magnétisme, et, la comparant à l'inconscience des médiums typtologues et écrivains, identifie complètement ces deux ordres de phénomènes. Pour lui, les communications données par les tables ou par le crayon sont des produits purement subjectifs de la pensée inconsciente du médium, ou de la suggestion également inconsciente d'une personne ou des personnes présentes. Les révélations des esprits sur toute espèce de matières ne seraient donc pas autre chose que les élucubrations psychiques involontaires de l'opérateur suggestionné par autrui, ou lui-même se suggestionnant.

Même similitude entre certains effets produits par la suggestion magnétique et les phénomènes que les spirites appellent les incarnations. M. Janet a fait jouer à ses hypnotisées, avec une admirable perfection, tous les rôles imaginables, en leur persuadant qu'elles étaient tel ou tel personnage dont elles prenaient aussitôt les allures, le langage et le ton. Seraient-elles allées jusqu'à vouloir étrangler ou assommer leur magnétiseur, comme il est arrivé, vis-à-vis de M. Paul Gibier, pour Slade incarnant en lui l'esprit d'un mort qu'on venait de disséquer dans l'amphithéâtre voisin, et qui voulait se venger sur le médecin de cette charcuterie profanatrice ? M. Janet répondra sans doute qu'il n'y avait là qu'un fait d'auto-suggestion éveillée dans le psychique de Slade par la proximité de l'amphithéâtre, et constituant un subconscient impulsé par l'idée fixe d'exterminer un docteur. La réponse semble plausible, mais ne rend pas compte de la projection des flacons et autres ustensiles du laboratoire qui, d'après le récit de M. Paul Gibier, l'accueillirent avec son médium et ses coopérateurs, alors qu'ils montaient ensemble l'escalier du muséum. Ceci, il est vrai, rentre dans le domaine des choses dévolues à la physique. Mais, dans l'ordre psychique pur, il est des faits que le sub-conscient n'explique pas suffisamment, et qu'il n'aborde même pas.

Les *choses de l'autre monde* relatent l'aventure arrivée, dans une séance de spiritisme à M. Oxon — Stainton Moses — professeur à l'université d'Oxford, et l'un des grands champions de la force psychique en Angleterre. Je crois même que l'expression force psychique est de son invention.

— « Le 10 février 1874, écrit M. Oxon dans son
« livre *Spirit identity*, nous fumes attirés par un
« triple frappement nouveau et tout particulier sur
« la table, et nous reçûmes un récit long et cir-
« constancié de la mort, de l'âge — même les
« mois — et des petits noms — quatre pour deux
« d'entre eux et trois pour l'autre — de trois petits
« êtres, enfants du même père, à qui ils avaient
« été enlevés subitement par la mort. Nul de nous
« n'avait connaissance de ces noms qui étaient peu
« communs. Ils étaient morts dans un pays éloigné,

« l'Inde, et, quand le message nous fut donné,
« nous n'avions aucun moyen apparent d'informa-
« tion. Cette révélation fut vérifiée cependant, peu
« de temps après, d'une singulière manière.

« Le 28 mars de la même année, je rencontrai
« pour la première fois M. et Mme Wats dans la mai-
« son de M. Copwer-Temple, docteur médecin. No-
« tre conversation roula principalement sur l'évi-
« dence des phénomènes psychiques. Je racontai
« plusieurs faits, entre autres celui de ces trois en-
« fants. Mme Wats fut très frappée de ce récit qui
« correspondait, dans son esquisse, avec une péni-
« ble histoire qu'elle avait récemment entendue.
« Le lundi d'avant, M. et Mme Wats avaient dîné
« chez une vieille amie, Mme Leaf, et avaient appris
« d'elle l'histoire d'une perte douloureuse qu'avait
« faite le parent d'une connaissance de Mme Leaf.
« Ce gentleman, résidant dans l'Inde, avait, dans un
« court espace de temps, perdu sa femme et trois
« enfants. Mme Leaf était entrée dans de grands
« détails tristes, mais n'avait fait aucune mention
« des noms, ni du lieu de ce douloureux événe-
« ment. En racontant l'incident des trois jeunes
« enfants qui avaient communiqué avec moi, je
« donnai les noms et le lieu, tels qu'ils m'avaient
« été fournis par le message. Mme Wats se chargea
« de s'informer auprès de Mme Leaf des particula-
« rités du récit que celle-ci lui avait fait, ce qu'elle
« fit le jour suivant, et les noms étaient les mêmes.

« Je dus à l'obligeance de Mme Wats de faire la
« connaissance de Mme Leaf, et fus très impres-
« sionné de la coïncidence parfaite de chaque dé-
« tail qu'elle me donna sur les faits en question. »

Un fait analogue s'est passé tout récemment à Paris dans une séance d'expérimentation où M. Jules Baissac, qui le racontera sans doute dans un de ses prochains livres, était témoin et acteur.

Voici le récit de M. Baissac, tel que je l'ai entendu de mes oreilles, et qu'il a été reproduit plus tard dans une revue spirite :

— « Le 7 mai de cette année — 1890 — on a eu
« l'idée, à la maison, de faire mouvoir et parler la
« grosse table de mon cabinet de travail. Il était huit
« heures et demie du soir; on venait de dîner, et l'on
« ne voulait guère qu'occuper les quelques moments
« qu'on avait à rester en société.

« Nous nous sommes donc rangés autour de la
« table, ma femme, un de mes fils, un petit cousin
« de dix sept ans, deux dames de nos amies, habi-
« tuées de notre foyer, et moi.

« Après une application de nos mains, qui a été
« de moins de cinq minutes, la table a dabord frémi,
« puis fortement craqué, et finalement s'est levée
« à plusieurs reprises sur un seul de ses pieds ; elle
« en a quatre.

« Mon fils lui a alors posé quelques questions,
« et, de ses réponses, par épellation des lettres de
« l'alphabet, il est résulté que nous avions affaire
« à une personne décédée, qui s'est qualifiée comme
« suit :

« Louis Constant, originaire du département de
« la Charente, mais non loin de Limoges, soldat mo-
« bilisé, mort pendant la guerre, à l'âge de vingt-
« sept ans, en un combat des premiers jours de
« décembre 1870.

« Chacun de ces mots obtenus par l'épellation

« que j'ai dite, a été répété et confirmé trois fois.

« Or, comme j'ai, au ministère de la guerre,
« mon bureau à côté des archives administratives,
« mes enfants m'ont demandé de rechercher, dans
« les cartons des soldats décédés en 1870, s'il n'y
« en aurait point, par hasard, quelqu'un qui répon-
« dît au signalement ci-dessus.

« Comme je n'attachais, moi, aucune importance
« à la manifestation, bien que ne m'expliquant pas
« des réponses aussi précises, aussi intelligem-
« ment faites à des questions comme celles de mon
« fils, non plus que des mouvements de table aussi
« conscients, dans lesquels je puis jurer que nous
« n'avions aucune part *voulue,* je laissai passer
« huit jours, avant de songer à cette recherche.

« Au bout de ces huit jours, sur les instances
« de ma famille, je priai l'employé chargé du ser-
« vice des archives de la guerre, de me montrer
« le carton des nommés Constant décédés pendant
« la guerre de 1870, et voici le texte même de
« l'acte que j'y ai trouvé et lu de mes propres
« yeux :

— « Constant, Louis, né à Saint-Coutant, canton de
« Champagne-Mouton, département de la Charente,
« le 3 août 1843, mobilisé en novembre 1870, dans
« le 51me de marche, tué le 8 décembre 1870, au
« combat de Josnes. »

« Aucun de nous n'avait jamais entendu parler
« de ce Constant, ni ne se doutait qu'il eût jamais
« existé un mobilisé de ce nom et dans ces con-
« ditions, en 1870. »

Par quel procédé et à quel propos l'inconscience, l'hémi-conscience, ou quelque état que ce

soit de conscience établi dans les hémisphères cérébraux de M. Baissac et de ses convives, a-t-il apporté dans cette table l'extrait mortuaire de ce pauvre diable de mobilisé? Quel groupe d'images s'est condensé, conformément à l'hypothèse de M. Pierre Janet, pour former dans le mental de l'un des assistants cette personnalité réelle de Louis Constant du département de la Charente?

Il y a là, pour la moderne psychologie, matière à un complément d'instruction, en attendant que de nouvelles énigmes lui soient posées par ce fantasque phénomène qui semble se jouer de la science, comme il se moque si souvent de la foi naïve des crédules opérateurs.

* *

Les Anglais, plus hardis, ont abordé un point de la question, dont la solution n'est pas moins inquiétante.

La *Société pour les recherches psychiques*, fondée à Londres longtemps avant que quelques-uns de nos physiologistes français se décidassent à admettre cette psychologie dans leur bagage, s'est occupée principalement, jusqu'à ce jour, d'un ordre de phénomènes qu'elle appelle les hallucinations véridiques, et pour lequel elle a créé un nouveau mot tiré du grec, *télépathie*.

Les hallucinations véridiques sont ces impressions, plus fréquentes qu'on ne le croit, étranges et inexpliquées, qui tiennent à la fois de la réalité et du rêve; de la réalité par le fait qui en est la base, du rêve par les images dont ce fait s'entoure, ou dont nous l'entourons nous-mêmes, par association d'idées. Citons, pour plus de clarté, quelques exemples pris au hasard dans les rapports publiés par la société des recherches qui n'a pas inséré ces communications sans les contrôler minutieusement.

— « Un colonel, dans une réunion d'amis, voit tout à coup devant lui un cercueil ouvert, dans lequel est couchée une de ses sœurs pour laquelle il avait une affection profonde. Elle paraissait morte. Le colonel était alors dans une ville de Birmanie. Sa sœur était en Angleterre. Il ignorait qu'elle eût été malade. Il apprend plus tard qu'elle est bien réellement morte le jour où il l'a vue couchée dans son cercueil. »

— « Au cap Horn, un matelot, monté pour carguer une voile, voit tout à coup, au milieu de la rafale, sa fiancée vêtue d'une robe blanche et flottante, qui plane vers lui, poussée par le vent. A son retour en Angleterre, il apprend qu'elle est morte au moment même où elle lui est apparue. »

Des centaines de récits, venus de toutes parts, racontent des choses à peu près semblables. Les détails seuls diffèrent. Les uns n'ont entendu que la voix du mourant qui les appelait; d'autres ont vu devant eux l'ami ou le parent leur annonçant sa mort; une personne raconte qu'un matin, au moment de son réveil, elle entendit la voix d'un ami décédé depuis longtemps, lui dire : — « Votre frère et votre sœur Henriette ne sont plus. » Tous deux, en effet, mouraient, en ce même moment, du choléra, en Amérique. Tantôt ces trépassés, ou trépassants, se présentent dans le costume qu'ils portaient lorsque vous les avez connus; tantôt ils apparaissent comme des fantômes, enveloppés d'un suaire; d'autres fois, on les voit sur leur lit funèbre, ou dans une bière, à l'église, entourés des appareils de la mort.

La réalité, c'est le décès et le mystérieux message qui l'annonce. La part du rêve, c'est le côté décoratif, brodé par l'imagination qui donne à l'impression transmise la forme sous laquelle elle se montre. Mais l'impression, qui la transmet?

Si c'est le sujet qui s'impressionne lui-même par des inquiétudes éprouvées sur le sort de la personne qui lui apparaît, l'hallucination, qu'elle vienne du conscient ou de l'inconscient, est purement subjective, tout en se trouvant véridique. C'est le malheur ou l'accident, *pathos* — vu de loin ou au loin *télé*. — Mais, si l'aventure arrive, comme dans le cas du colonel et du matelot, alors que vous n'avez aucun souci de l'absent et que vous ne songez même pas à lui, il est difficile de ne pas supposer que l'avertissement vient de la personne mourante dont la pensée franchit l'espace et va frapper l'appareil sensitif de l'être ou des êtres qui sont l'objet de ses préoccupations dernières. Le mot grec *pathos* veut dire aussi élan passionné.

Quel état de la matière sert alors de véhicule à de telles communications? Inutile de le demander à la physique d'aujourd'hui. Les électriciens de demain pourront-ils répondre? — Autre question difficile à trancher : comment expliquer l'apparition de la personne morte dans le costume qu'elle portait à l'époque de son décès, et que l'*halluciné* ne lui connaissait pas?

Outre ces auditions et ces apparitions perçues

avec un cachet de réalité apparente qui les fixe dans la mémoire, comme des sons et des images venus du dehors, il est des impressions, des avertissements, des pressentiments dont nous sommes affectés d'une manière plus vague, quoiqu'également produits par un fait dont nous n'avons pas connaissance, par un événement, le plus souvent fâcheux, qui touche un être auquel nous nous intéressons.

En voici deux exemples également tirés des documents insérés dans la revue des docteurs anglais, *proceedings of the society for psychical research*.

— « Un étudiant se sent tout à coup, un soir, extrêmement malade, fiévreux, tremblant, sans cause apparente. Il court chez un ami qui s'exclame à sa vue, lui sert du Wisky, apporte un trictrac pour le distraire. Impossible de jouer. Le malaise dure plusieurs heures; puis un apaisement se fait. Il rentre chez lui, se couche; tout est passé le lendemain. Mais, dans l'après midi, il reçoit une lettre qui lui annonce que, la veille, son frère jumeau est mort, à l'heure où lui-même se croyait mourant. »

— « Un contremaître maçon travaillait assez loin de sa demeure, et ne revenait que le soir à la maison. Un jour, il sent un violent désir de rentrer. Il essaie de n'en pas tenir compte. Mais, de minute en minute, le désir devient plus véhément. Enfin, ne pouvant résister à cette impulsion, il quitte son travail et court chez lui. Il frappe à la porte. Une sœur de sa femme vient ouvrir, tout étonnée de le voir. — « Comment avez-vous su », lui dit-elle...? — « Su, quoi ? — Ce qui est arrivé... — Mais je ne sais rien. — Alors pourquoi venez-vous ? — Je ne puis le dire. Une force me poussait. Il me semblait que je devais venir. Mais qu'y a-t-il ? » Sa femme avait été renversée par un cab, et sérieusement blessée, il y avait plus d'une heure, et, depuis ce moment, n'avait cessé de l'appeler auprès d'elle, par les cris les plus déchirants. »

Si ces choses se lisaient dans de simples *proceedings* magnétiques ou spiritiques, par quels sourires de pitié les accueilleraient nos professeurs ! Mais on ne peut mettre en suspicion les reproducteurs de ces récits, et les faits relatés sont trop nombreux pour être campés sus le dos du hasard, qui a pourtant de larges épaules. Le mieux est d'ignorer tout cela et de piétiner prudemment sur le sentier des connaissances permises. Par malheur, ou par bonheur, la science a des enfants terribles, et il y aura quelque tapage dans les académies de Landernau, si M. Charles Richet leur fait hommage de la traduction de ces fantasmagories anglaises dont il annonce, dans sa *Revue rose,* l'apparition toute prochaine.

Quelle réception vont faire nos savants à ces révélations d'outre-Manche et d'outre-tombe ? Le meilleur parti qu'ils aient à prendre, c'est de ranger, comme leurs confrères britanniques, toutes ces hallucinations véridiques dans le domaine de l'inconscient. On conviendra toutefois que, pour s'halluciner ainsi véridiquement, cet inconscient doit être doué de facultés bien précieuses, et l'on comprend que M. le docteur Myers, l'un des membres éminents de la Société, se demande, à juste titre, si l'automatisme n'occupe pas, dans nos fonctions psychiques, une place plus élevée que la conscience, et si le compartiment de notre cerveau qu'il habite, n'est pas le théâtre d'une évolution supérieure.

Nous verrons ce qui adviendra, quand les sociétés de recherches s'attaqueront aux phénomènes matériels, avec l'aide de la physique. Si elles acceptent définitivement l'idée que ces choses proviennent de nous, elles devront étendre bien plus loin les puissances de l'inconscient, et trouver un autre mot qu'hallucination, qu'on peut accepter, à la très grande rigueur, pour les faits d'ordre psychique, mais qui ne saurait s'appliquer aux apports d'objets qui sont là, après l'expérience finie, ni aux mains et aux figures moulées dans la paraffine, ni à quelques autres excentricités que l'on peut bien nier encore, mais dont l'évidence ne fera plus doute, dès que les chercheurs voudront chercher sérieusement et se servir au besoin des médiums que les hôpitaux de Paris et de Nancy leur fourniront par douzaines.

Après la psychologie de l'inconscient, viendra le tour de l'anatomie, à qui incombera la tâche d'en déterminer la substance et d'en découvrir l'organisme, quelque simple que soit celui-ci, et subtile que soit celle-là. Car, enfin, il faut des instruments à une activité quelconque pour exécuter des tours de force, et une matière à condenser pour former des formes vivantes en chair, en muscles et en os. Nous voilà revenus, ou peu s'en faut, au périsprit des spirites, au médiateur plastique de la Kabbale, au corps astral des Indous, et la physique fait un plongeon dans l'occultisme. Je suppose qu'elle s'en doute un peu, et ne se pressera pas de si tôt.

Entre temps, le spiritisme reste debout. Superstition, tant qu'on voudra, cette superstition est douce. Elle aide ses croyants à traverser la vie et à regarder venir la mort. Beaucoup voudraient la partager, parmi les faibles qui la raillent. Les forts sont une exception, et les forts ne raillent pas; ils cherchent. Le doute n'est le commencement de la sagesse que quand il incite à scruter; hors de là, c'est, pour l'esprit humain, une condition pire que la foi la plus naïve, si cette foi est éclairée d'une lueur de justice et d'amour. Et c'est le cas du spiritisme, qui est bien une religion, quoi qu'en disent quelques disciples, et une religion supérieure à ce qu'ont fait du christianisme les conciles et les synodes d'autrefois et de nos jours.

Et puis, vraiment, certains faits ne laissent pas que de troubler quelquefois le scepticisme le plus robuste. En voici un tiré des *procès-verbaux* de la société de Londres qui le signale comme ayant une *évidentielle importance* :

— « Je me suis mariée en 1867. Mon mari loua
« une maison à S. tout à fait neuve, et bâtie dans
« ce que l'on appelait et qu'on appelle probablement
« encore la haute ville, parce qu'elle a une plus
« haute élévation que l'autre partie de la cité.
« Nous eûmes là, jusqu'à la fin de 1869, une vie tout
« à fait brillante et heureuse. Alors, la santé de mon
« mari parut s'affaiblir. Il devint languissant et
« mélancolique. Vainement je l'interrogeai sur cet
« état qui m'inquiétait. Il me répondait invariable-
« ment que je me forgeais des chimères, et qu'il

« n'était malade ni du corps ni de l'esprit. Je cessai
« de le tourmenter de mes questions, et le temps
« se passa tranquillement, jusqu'à la veille de Noël
« de l'année 1869.

« Un oncle et une tante, qui demeuraient dans le
« voisinage, nous engagèrent à passer le jour de
« Noël avec eux, et à venir de bon matin pour
« déjeuner, accompagnés de notre petite famille.
« Nous nous arrangeâmes donc de façon à nous
« coucher de très bonne heure, le soir du 24 décem-
« bre, afin d'être prêts à temps pour notre voyage
« matinal. En conséquence, à neuf heures, nous
« montâmes dans notre chambre, après avoir,
« comme d'habitude, fermé les fenêtres et vérouillé
« les portes. Vers neuf heures et demie nous étions
« prêts à éteindre la lampe; mais notre petite fille,
« un bébé de quinze mois, ordinairement s'éveillait
« à cette heure et, après avoir bu un peu de lait
« chaud, se rendormait pour le reste de la nuit.

« Comme elle ne s'était pas encore réveillée, je
« dis à mon mari de laisser brûler la lampe, et de se
« coucher, tandis que, enveloppée dans une robe de
« chambre, je m'étendais à moitié sur l'autre côté
« du lit. Le lit faisait face à la cheminée. Il n'y avait
« entre les deux qu'un canapé placé devant celle-ci.
« A gauche de la cheminée était un vaste enfonce-
« ment, encadrant une commode sur laquelle la
« lampe était posée. La porte d'entrée était du
« même côté que la tête du lit et à sa gauche, faisant
« ainsi face à la commode. Elle était fermée à clé,
« et, du même côté, à ma gauche, mon mari était
« couché, la face tournée vers les rideaux tirés
« devant lui. Comme le lit n'avait de rideaux qu'à

« la tête, tout devant nous était ouvert et à demi
« éclairé, la lampe étant tournée du côté opposé.

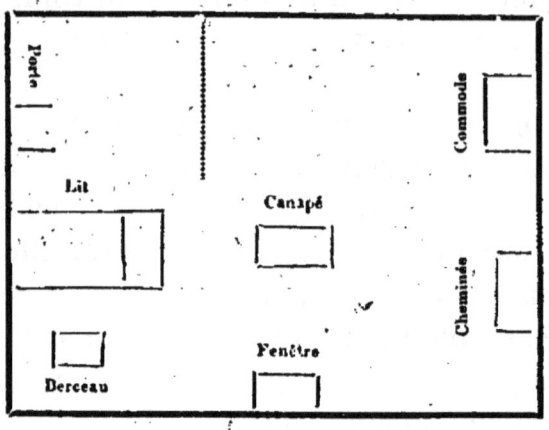

« Il était juste
« neuf heures
« trente minutes.
« Gertrude n'é-
« tait pas encore
« réveillée et j'é-
« tais dans cette
« posture demi
« couchée, demi
« assise, appuyée
« sur les coussins, ne pensant à rien autre chose
« qu'à mes arrangements pour le lendemain, quand,
« à mon grand étonnement, je vis un gentleman
« se tenant au pied du lit, vêtu en officier de ma-
« rine, et coiffé d'une casquette à longue visière.
« La lumière étant dans la position que j'ai indiquée,
« la figure de ce gentleman était dans l'ombre pour
« moi, d'autant plus que le visiteur était penché
« en avant, ses deux bras appuyés sur la barre du
« lit.

« J'étais trop étonnée pour avoir peur et je me
« demandais simplement, avec curiosité, ce que ce
« pouvait être. Puis, touchant aussitôt l'épaule de
« mon mari, dont la face était tournée de l'autre
« côté, je dis : « Willie, qu'est cela ? »

« Mon mari se retourna, et, pendant une seconde
« ou deux, resta immobile, les yeux fixés sur l'in-
« trus, avec une profonde surprise. Puis, se soule-
« vant un peu, il s'écria : — « Que faites-vous sur
« cette terre, monsieur ? » Cependant la forme
« s'était redressée lentement, et dit sur un ton de

« commandement et de reproche : — « Willie,
« Willie ! »

« Je regardai mon mari. Il était pâle et agité. Au
« moment où je me tournai vers lui, il s'élança
« hors du lit, comme s'il voulait saisir cet homme,
« mais il s'arrêta sur le bord, dans une attitude de
« crainte et de grande perplexité, pendant que
« la figure se dirigeait lentement vers le mur, à
« angle droit avec la lampe, dans la direction
« marquée par les petits points.

« Quand il passa devant la lampe, une ombre
« épaisse s'étendit dans la chambre, comme si une
« personne matérielle eût interposé son corps entre
« nous et la lumière. Puis il disparut, pour ainsi
« dire, dans le mur. Alors mon mari, extrêmement
« ému, saisit la lampe, et, se tournant vers moi, me
« dit : —« Je vais visiter toute la maison, et voir
« où il est allé. »

« J'étais aussi très agitée ; mais, me rapelant que
« la porte était fermée, et que le mystérieux visi-
« teur ne s'en était pas approché, je dis à mon
« mari : — « Il n'est pas sorti par la porte. »

« Mais, sans s'arrêter, mon mari ouvrit la porte,
« se précipita hors de la chambre, et se mit aussitôt
« à chercher dans toute la maison. Restée là, dans
« l'obscurité, je pensai en moi-même : — « Nous
« avons sûrement vu une apparition. Qu'est-ce que
« cela peut indiquer ? Peut-être mon frère Arthur
« — qui naviguait alors, parti pour un voyage dans
« l'Inde, — est-il dans la peine. On dit que de telles
« choses arrivent parfois. »

« Je me livrais, le cœur inquiet, à ces tristes ré-
« flexions, tenant dans mes bras l'enfant qui venait

« de se réveiller, lorsque mon mari rentra, pâle et
« défait. Il s'assit sur le lit, me serra sur son cœur,
« et me dit : — « Sais-tu ce que nous avons vu? »

« — Oui, répondis-je, c'était un esprit. Je crains
« que ce ne soit Arthur; mais je n'ai pu voir son
« visage.

« — Oh! non, s'écria-t-il; c'était mon père. »

« Le père de mon mari était mort depuis quatorze
« ans. Il avait été officier de marine dans sa jeu-
« nesse. Mais sa mauvaise santé l'avait obligé de
« quitter le service, avant la naissance de mon
« mari, qui ne l'avait vu qu'une ou deux fois en uni-
« forme. Je ne l'avais jamais connu. Mon mari et moi
« racontâmes cette aventure à mon oncle et à ma
« tante, et nous remarquâmes tous combien étaient
« grandes l'agitation et l'anxiété de mon mari, d'au-
« tant plus qu'habituellement il était calme et
« réservé à l'extrême, et qu'il professait un scepti-
« cisme complet pour tout ce qu'on appelle événe-
« ments surnaturels.

« Des semaines se passèrent. Mon mari devint
« réellement malade. Alors il m'avoua peu à peu qu'il
« avait été dans de graves embarras d'argent, et
« que, dans le moment où son père s'était ainsi
« montré à nous, il était disposé à suivre les con-
« seils d'un homme qui certainement, si mon mari
« l'eût écouté, l'eût conduit à la ruine, et peut-être
« à quelque chose de pire. J'ajouterai que mon mari
« avait déjà été entraîné à spéculer sur certaines
« chances qui aboutirent à une faillite et à des cha-
« grins infinis pour nous deux et pour d'autres,
« lesquels furent cause de notre départ en jan-
« vier 1871, après une année de grand troubles.

« Aucun de nous n'était personnellement disposé
« à croire à ces sortes de faits. Nulle condition de
« nerfs surexcités ou de craintes superstitieuses ne
« peut avoir été cause de cette manifestation. Mais,
« autant que nous avons pu en juger par les événe-
« ments qui suivirent, ce fut un avertissement
« donné à mon mari par la voix et l'apparence de
« celui pour lequel il avait eu le plus de respect
« pendant toute sa vie, et à qui le plus vraisembla-
« blement il devait obéir. »

Le mari de Mme P. confirme de tous points le récit fait par sa femme.

On comprendra qu'après avoir vu une telle chose, chacun de son côté, et d'une façon si précise, cet homme et cette femme, s'ils croient aux esprits, ne méritent pas tout à fait d'être accusés de grossière superstition.

La société anglaise en est encore aux informations et ne se hâte pas de conclure. Ce qui ressort jusqu'à ce jour des opinions exprimées, sous toutes réserves, par quelques-uns de ses membres, c'est qu'il est permis de supposer que ces apparitions de défunts ne sont pas l'expression de leur personnalité réelle, mais la manifestation d'énergies qui faisaient partie de cette personnalité, et ont persisté après la mort. « Il est possible, pense M. Myers, que cette force, qui a puissance de créer le fantôme du mort, soit indépendante de sa conscience qui est ailleurs. »

De ce côté encore, nous arrivons sur les confins de l'occultisme. Ces forces, détachées de la conscience ont une singulière analogie avec les élémentaires des Indous. La marche des hypothèses d'aujourd'hui vers les affirmations d'autrefois n'est pas une des choses les moins curieuses de ce siècle qui, sans bien savoir où il va, a fait de si grandes enjambées.

N'oublions pas que ce rapprochement des deux sciences, la jeune et la vieille, est dû au spiritisme qui a provoqué le mouvement. C'est du spiritisme américain que sont sortis les théosophes d'Adyar qui sont allés dans l'Inde s'initier aux mystères du Bouddhisme ésotérique, et dont la prédication en Europe a suscité la rivalité du Kabbalisme judéo-chrétien. C'est le spiritisme européen qui a déterminé les recherches méthodiques où la science occidentale se trouve, malgré elle, entraînée. Dans ces expériences d'hypnotisme et de suggestion, c'est le spiritisme surtout qu'on vise, pour le profit de la saine raison.

Quoiqu'il arrive de cette lutte, il en résultera toujours ceci : l'existence reconnue de forces psychiques indépendantes de la matière tangible, et procurant à la doctrine spiritualiste des éléments nouveaux et des probabilités logiques, dont on pourra discuter les conséquences, mais qu'on ne mettra plus en question.

Voilà ce qu'a donné, en attendant mieux, le problème posé, il y a quarante-quatre ans, par des coups frappés dans le mur d'un humble cottage d'Amérique.

XIII

Les œuvres de l'inconscient.

Des livres attribués aux esprits sont, je crois, une spécialité du spiritisme moderne. Je ne sache pas qu'aucun historien, même parmi les plus mystiques, fasse mention de pareilles choses dans les pratiques du passé. Il est donc à supposer que les bibliothèques disparues ne contenaient pas, dans leurs rayons, de manuscrits de cette nature, et que la critique des vieux temps n'a pas eu à s'escrimer sur ce sujet délicat.

De nos jours, aux États-Unis, un voyant, Jackson Davis, dont l'œuvre n'est pas traduite, a publié une doctrine inspirée par les esprits. En Europe, la France seule, à ma connaissance du moins, a vu ce genre de composition édité par ses libraires.

Le catalogue de la librairie spirite en signale un assez bon nombre. Il y en a de tous les genres, romans, histoires, celle de Jeanne d'Arc, celle de Jésus, même un volume de fables dû à la médiumnité d'un ancien magistrat, président d'un de nos tribunaux de province. Je ne dirai quelques mots que des productions philosophiques et cosmogoniques qui, seules, nous occupent ici.

*
* *

La première en date de ces œuvres étranges, et

non la moins étrange de toutes, fut LA CLÉ DE LA VIE de Michel de Figanières, deux gros volumes parus en 1856, et signalés *urbi* et *orbi* dans le *Siècle*, le plus répandu des journaux de ce temps-là, par un flamboyant article de Louis Jourdan, complètement émerveillé. Un article publié dans la *Revue britannique* et reproduit dans la *Presse*, du 22 septembre 1838, avait déjà signalé les merveilleuses facultés somnambuliques du jeune Michel, alors âgé de vingt-deux ans.

Par quel procédé d'automatisme psychique, les cellules cérébrales d'un petit paysan du Var, sachant à peine lire et écrire, se sont-elles mises en vibration pour créer de toutes pièces un système cosmogonique embrassant tous les problèmes de la vie? La psychologie française, bornée au dédoublement de ses hystériques hypnotisées, n'a pas encore touché à ce point curieux du phénomène qui fait penser à M. Myers que les puissances intellectuelles de l'inconscient pourraient bien être supérieures aux facultés mentales établies dans la conscience.

La *Clé de la vie* a pour objet de faire connaître à l'humanité « le plan et la charpente des mondes, le « plan et la charpente du corps humain, *qui en est* « *le reflet*, les ressorts de la vie de l'homme, les « ressorts de la vie des mondes et de Dieu ».

Toute la doctrine est basée sur cette analogie entre l'homme, les mondes et Dieu, qui semble parfois poussée à des conséquences bien extrêmes. Le défaut de ces constructions est dans le luxe des détails.

Dieu a pour corps l'*omnivers*, ensemble des

mondes manifestés, *matériels, fluidiques, célestes*. L'homme, sa plus petite image, est, comme la trinité divine, *lumière, vie* et *matière*, l'âme, le *Dieu* des trois règnes inférieurs. Son corps aussi est un omnivers, comprenant, comme le cosmos universel, des myriades de mondes, hiérarchie de systèmes stellaires qui, sous la direction de l'âme, s'échelonnent, s'attirent, s'entraînent dans une harmonieuse unité, réalisant les merveilles de l'infiniment petit, au même titre que celles de l'infiniment grand sont réalisées dans les mondes. C'est, on le voit, le microcosme, dans toute l'acception du mot.

Chacun de ces *mondicules* constituant le corps humain a, comme les grands mondes constituant le corps de Dieu, son mobilier minéral, végétal, animal, hominal, son âme rectrice, son atmosphère.

Les *hominicules* sont à l'homme, ce que les âmes humaines sont à Dieu. Attirés par l'amour vers leur centre attractif, leur *déicule*, ces mondicules et ces hominicules des trois mondes, opaque, fluidique, céleste, — monde matériel, monde astral, monde spirituel des Indous — sont partout, servent à tout. Nos sensations, nos impressions, nos sympathies, nos répulsions de tout ordre, de tout genre, sont dûes à l'action intelligente de ces agents de transmission.

Les grands corps stellaires ne procèdent pas autrement dans leurs relations ordinaires. Ils communiquent entre eux au moyen des âmes humaines qui sont leurs hominicules.

La digestion joue un grand rôle dans cette doctrine. Les mondes sont les fruits dont s'alimente « le grand estomac vierge de Dieu », fonctionnant à l'instar du nôtre. C'est peut-être un peu abuser de la parole biblique, — Dieu fit l'homme à son image ; — mais ce réalisme métaphysique fera trouver grâce, je l'espère, à l'esprit inspirateur de Michel de Figanières, devant la physiologie de ce temps.

Une œuvre colossale que je signalerai plus tard, a pris, comme point de départ, la doctrine de cette *clé de la vie,* dont elle déclare développer les principes et redresser les erreurs.

***

Le paysan du Var eut deux collaborateurs dont la part de travail, déclarent-ils, se bornait à la mise en ordre des *communications* reçues par le médium. Peut-être ont-ils plus collaboré qu'ils ne pensent, s'il est vrai, comme l'affirmait notre table de la rue de Beaune, que les inconscients se groupent en syndicats, pour l'exploitation des idées.

J'ai raconté tout au long, dans les *choses de l'autre monde,* les faits et gestes de ce guéridon qui nous transmettait les leçons d'un maître de philosophie parlant en phrases de douze mots.

— « Le phénomène, nous avait-il dit, résulte de
« l'association de vos esprits. L'Être que vous formez,
« *durant le temps,* immatériel, lié à vos sens et à
« vos sentiments, n'est que l'expression de votre
« solidarité animique. »

Un phénomène, s'intitulant tel, et s'expliquant lui-même à ses opérateurs, est déjà une chose peu commune. Mais, si notre table a dit vrai, cette fusion d'intelligences constituant, par affinité, une entité parfaitement distincte, douée de conscience et de volonté, indique un procédé psychique encore plus curieux.

Les spirites diront que nous avions, dans notre table, un vieux penseur désincarné désirant garder l'anonyme ; les occultistes déclareront que nous allions, sans le savoir, glaner, dans la lumière astrale, quelques reflets de leur doctrine. Mais, comment s'y prendra notre jeune psychologie, pour découvrir les statuts de cette société coopérative d'inconscients, fabriquant en participation des idées métaphysiques, par des tours de force littéraires ?

Lorsque, quelques années plus tard, la science secrète de l'Inde vint se dévoiler chez nous, je ne fus pas peu surpris de retrouver dans l'ésotérisme thibétain les principales idées émises par le guéridon de la rue de Beaune, et notre meuble philosophe, dans sa conception des *âmes solidaires*, a aussi devancé l'ésotérisme chrétien.

* *

En 1883, parurent LES VIES MYSTÉRIEUSES ET SUCCESSIVES DE L'ÊTRE HUMAIN ET DE L'ÊTRE TERRE *considérées analogiquement au point de vue spirituel, fluidique et matériel*, sans autre désignation d'auteur que quatre initiales, C. M. E. M.

C'est une série d'enseignements, ou plutôt de renseignements, répondant à des questions posées sur les vies extra-terrestres. Les Revues spirites sont remplies de communications de ce genre, généralement reçues dans les groupes de famille où les esprits racontent à leurs parents et amis leur genre de vie de là bas.

Les vies mystérieuses enseignent que chaque

personne humaine, masculine ou féminine, n'est qu'une moitié de l'entité véritable. En tombant dans la matière, le majeur et le mineur se sont séparés. Avant de passer à un état supérieur, il faut d'abord qu'ils se rejoignent. Ainsi reconstitué, après une série d'existences, dans son unité première, l'esprit, selon l'expression celtique, franchit le cercle d'Abred et passe à un degré supérieur, c'est-à-dire se fusionne avec des esprits de même nature, pour former la première synthèse animique constituant un être nouveau, plus élevé dans la hiérarchie. C'est, on le voit, la doctrine du guéridon et celle d'Anna Kingsford. Le reste de ces *révélations*, moins banales que la plupart des autres, rentre dans le courant des idées de l'occultisme, où viennent plonger décidément, conscientes ou inconscientes, toutes les conceptions de ce genre. Même cette idée des deux âmes sœurs qui se recherchent pour se fondre, et a fait dire parfois de jolies choses à nos poètes, se trouve dans la Kabbale, quoique, à ma connaissance du moins, elle ne soit pas mentionnée dans les traditions de l'Inde. C'était, pourtant, une excuse à présenter pour la déplorable coutume de brûler les veuves sur le bûcher de leur époux. Peut-être brahmanes et tchatrias ont-ils craint qu'on ne leur objectât : — Mais alors pourquoi pas les veufs ? — C'est une plume féminine, dit-on, qui, sous la dictée des esprits, a écrit cette cosmogonie.

*
* *

La fusion des inconscients de trois autres dames, travaillant également sous la même impulsion, dans l'atelier métaphysique, va nous fournir un système partant aussi de la séparation des deux principes, masculin et féminin, à l'origine des êtres, et aboutissant pareillement à la formation de collectivités progressives, mais par des procédés inédits jusqu'à ce jour, et qui nous donnent, sur la vie, des aperçus tout nouveaux.

Les origines et les fins, *cosmogonie sous la dictée de trois dualités différentes de l'espace*, semblent, à première vue, au début, un vague reflet de la philosophie de l'inconscient. Les dualités de l'espace sont constituées par la Volonté et l'Idéal : la Volonté, principe masculin, l'Idéal, principe féminin. Sortis distincts du foyer de l'esprit, ces deux principes ne peuvent y remonter qu'après s'être fondus en un, fusion qui ne s'opérera que par le travail de la vie. Un irrésistible besoin les pousse donc à se lancer dans l'espace, pour accomplir ce travail et arriver à leur fin.

— « A peine séparés de leur foyer brûlant, l'idéal
« regrette son départ et veut retourner en arrière.
« C'est alors que la volonté s'impose, et, de ce
« combat étrange, résulte le choc terrible qui les
« subdivise et éparpille en parcelles innombrables
« les forces désunies de la dualité voyageuse. »

Ce point de départ, un peu étrange, rappelle sans contredit l'invention de M. de Hartmann. Si, comme ces dames me l'ont fait assurer, elles n'avaient aucune idée du monisme allemand, quand ces choses bizarres leur ont été dictées, il faut croire que les idées voyagent dans l'air, soumises à de mystérieuses affinités.

« Ces parcelles d'esprit, qui constituent le principe

vital, s'unissent aux atômes de la matière, et le travail de la vie va consister pour toutes à constituer leur unité, par des fusions successives, où la Volonté et l'Idéal vont dominer çà et là, jusqu'à la réunion finale qui les mettra en équilibre.

Cela commence par les nébuleuses, d'où se détachent peu à peu les mondes nouveaux, sphères incandescentes où bouillonne la matière en ébullition, premier groupement des atômes réunis en molécules. C'est l'âme des atômes, la parcelle, qui dirige le travail des substances en ébullition. Les molécules, en se groupant, produisent les infusoires au sein de l'élément liquide. A chaque évolution progressive, les parcelles éparpillées se réunissent à quelques-unes de leurs sœurs issues du même foyer. Après avoir subi, dans les différentes formes du règne minéral, l'élaboration nécessaire, les parcelles s'en échappent et font leur entrée dans le règne végétal. Ensuite, de plus en plus groupées, elles s'élancent dans le règne animal, qui les conduit lentement, par des groupements nouveaux, au degré supérieur de l'humanité primitive. Toujours l'évolution indoue, plus la théorie des synthèses.

On comprend, ou l'on croit comprendre, que chaque dualité de l'espace a son caractère spécial, qui doit être l'expression d'un des attributs de la vie, une note de la gamme immense des tendances, des aptitudes, des sentiments, des instincts dont les nuances, en nombre infini, différencient et harmonisent, dans l'unité de l'âme universelle, toute la variété des êtres. Les parcelles dispersées d'une dualité quelconque ont le cachet original. Toutes ont une tendance pareille à rejoindre leurs sœurs, afin de reconstituer leurs dualités respectives. Un lien *fluidique* existe donc entre elles, et celles même qui sont encore égarées dans les bas fonds de la vie, se sentent attirées plus haut par les groupements supérieurs. C'est cette *chaîne d'attractions* qui fait progresser les êtres. Une fois arrivée à ce degré plus avancé qui s'appelle l'âme ou l'esprit de l'homme, la lente reconstitution des parcelles poursuit encore son travail. Après l'affinité, c'est la sympathie qui détermine la reconstitution des dualités dans leur nouvelle condition de force et de puissance. Plus tard encore, la sympathie est remplacée par la conscience développée, appelée seule à régir les évolutions futures, formées par le groupement des unités de même ordre.

Mais il faut que tous soient arrivés, pour que l'unité soit parfaite. Chaque dualité est une famille étroitement solidaire qui doit identifier tous ses membres, pour passer à de plus hauts destins. L'amour devient ainsi, en même temps qu'une effluve de l'âme, une nécessité de la vie, et cette solidarité, imposée par l'existence même, établit dans notre monde, pour ne parler que de celui-là, une échelle de providences instinctives ou volontaires, côté charmant de cette œuvre élaborée par la *chaîne* des trois dames qui, sans aucune notion de l'occultisme Indou, séparant l'âme en deux parties, vont nous donner, en quelques lignes, une solution bien plus simple et ingénieuse du *manas* et du *Kama-rupa*.

— « Au moment de la mort, dicte leur incon-
« scient, auquel je laisse la parole, s'effectuera, par
« vos frères de l'espace, le travail de séparation de

« vos fluides, dont il est temps de vous parler. Par
« leur entremise, l'élément raréfié de vos esprits
« ira s'unir à son groupement supérieur, tandis que
« vos parcelles moins pures se scinderont en deux
« parts. L'une restera dans l'espace, pour servir de
« guide à son tour; l'autre, s'unissant à vos fluides
« lourds et épais, formera, avec des groupements
« inférieurs qu'ils attireront à eux, une nouvelle
« personnalité dont elle sera la partie consciente, et
« relativement élevée. La partie restée dans l'es-
« pace sera le trait d'union entre le futur incarné et
« son groupement supérieur. Voilà expliqué le lien
« qui vous unit à l'invisible, et la protection que vous
« en recevez, protection qui vous est due par cette
« part de vous mêmes, intéressée, autant que vous,
« à votre avancement et à votre progrès. »

On ne peut pousser plus loin l'idée de solidarité, et cet inconscient, quel qu'il soit, a trouvé là une jolie chose.

* *

A ce genre de productions, jusqu'à ce jour confiné dans les régions du mystère, et qu'ose à peine effleurer l'hypothèse scientifique craignant de se brûler les doigts, il convient de rattacher l'œuvre dont j'ai parlé plus haut, à propos de la *clé de la vie*. Ce travail considérable n'est plus écrit mécaniquement ou dicté par le pied d'une table. Il est entrepris en pleine conscience, et laborieusement exécuté par le procédé mental ordinaire, quoique l'auteur se sente et se dise inspiré par les grands esprits. C'est ce que M. Myers appellerait la collaboration de l'inconscient et du conscient.

La doctrine qu'élabore, depuis vingt-cinq ans, M. Arthur d'Anglemont, sera exposée dans six volumes de cinq cents pages, dont deux ont déjà paru. Les quatre autres sont en voie de préparation. Deux publications préliminaires, *Dieu et l'être universel* et *Enseignement populaire de l'existence universelle*, ont été lancées en vue de donner une idée d'ensemble du système et d'en préparer la lecture approfondie. L'OMNITHÉISME est le titre général. Le *Fractionnement de l'Infini*, les *Harmonies universelles* sont les deux volumes parus; *L'Ame humaine*, *Les règnes anthropoïdes*, *L'Être astral-social*, *Dieu et les êtres déitaires*, les quatre volumes à paraître.

On voit que tous les problèmes imaginables sont englobés dans cette œuvre qui déclare les résoudre dans leurs plus minutieux détails. L'analogie est à la base de toutes ces solutions. *Analogie, solidarité, série*, voilà, selon M. d'Anglemont, les trois lois universelles, ayant au faîte, le progrès. Ce que nous voyons de Dieu nous aide à connaître l'homme. Les manifestations de l'infiniment grand nous révèlent l'organisation de l'infiniment petit. Le peu que nous connaissons de la psychologie humaine nous fait entrevoir le mystère de la psychologie divine.

Il faudrait un volume pour analyser ce qui a paru de ce travail. Ce que j'en ai pu comprendre est en harmonie avec les concordances déjà signalées de la pensée antique et de l'intuition moderne. Reste à savoir si l'accord est aussi parfait avec les vérités incontestées de la science. — Mais quel savant nous le dira?

Dans cette fin de siècle haletante, dans ce monde

enfiévré d'aujourd'hui, qui veut que tout marche à la vapeur, même la pensée, quand il pense, ces six volumes me font peur, surtout l'avis étant donné par l'auteur que, s'il échappe un rouage, tout l'édifice s'écroule. Mais ces monuments de l'idée sont érigés surtout en vue des temps futurs, et le succès présent importe peu au constructeur, quand, à la joie de l'œuvre achevée, s'unit le sentiment profond d'un grand devoir accompli. C'est le cas de tous les hommes de foi, lumineux ou illuminés, ou même illusionnés, qui ont la ferme conviction que leurs travaux éclaireront le monde.

DÉDUCTIONS

I

Les deux hypothèses.

Là finit notre voyage d'exploration dans ce que les religions fermées et les philosophies officielles, d'accord avec le positivisme scientiste, appelleront les aberrations de la pensée.

Ne nous inquiétons pas de ces jugements. Cette étude n'est pas faite pour ceux qui se croient en possession du vrai, et, contre leurs affirmations, quelles qu'elles soient, ne sentent aucun doute s'élever au fond de leur être ; mais pour le grand nombre qui cherche, et le plus grand nombre, hélas ! de ceux qui ne cherchent pas, désespérant de jamais trouver.

Cette paresse de l'âme, érigée en système, et que la pathologie morale peut qualifier à bon droit d'anémie intellectuelle, est dûe, pour la plus grande part, à la gymnastique du manège universitaire, où l'on atrophie l'esprit des générations, sous prétexte de l'exercer. On a piétiné trop longtemps dans la poussière des écoles, ressassant de siècle en siècle, depuis les Grecs jusqu'à nos jours, les mêmes simulacres d'idées, les mêmes sophismes de rhétorique, sur des clichés remis à neuf. Auguste Comte avait raison. La vieille métaphysique est à bout, de quelque côté qu'elle se tourne. Dans les nuages du pur esprit et les brouillards de la matière, les arguments sont épuisés. Mais l'école positiviste a constaté le mal, sans apporter le remède. Son culte de l'humanité n'est, lui aussi, qu'un trompe l'œil. Elle ne fait que reporter de l'individu sur l'espèce, le problème des destinées. Le même abîme se creuse au bout, et l'affaissement continue dans l'âme affamée d'idéal, mourant de faim dans son désert.

Ce délabrement des esprits a fourni au pessimisme un terrain tout préparé pour héberger ses microbes. Les épidémies mentales se comportent comme les autres. L'infection ne se développe que chez les débilités.

Il faut ramener au point de départ ces cerveaux saturés de syllogismes, qui ne savent plus à quelle logique se vouer. Schopenhauer est venu à temps pour remettre la question sur sa base. Car, au fond, il n'y en a qu'une. Toutes les autres en dérivent. Nous sommes en face d'un fait que nous n'expliquons pas, la vie. Deux hypothèses se présentent : c'est le bien, ou c'est le mal.

Sur cet article fondamental, inutile de philosopher. C'est affaire de sens intime. On voit blanc, ou l'on voit noir. Je parle de ceux qui pensent, et non de la foule instinctive en qui la vue intérieure n'est pas développée encore. Laissons ceux-là se faire bercer par les religions, leurs nourrices. La foi aveugle leur suffit. Mais, pour ceux qui ont atteint l'âge de la réflexion, à ce premier pas de la pensée où je reporte l'esprit humain, c'est une autre foi qui s'impose, foi consciente et raisonnée, non plus enfantine, mais virile, sentiment de confiance réfléchie, remplaçant ou enveloppant les naïves croyances qui mettent sur le chemin de la vie les âmes simples des premiers jours.

Acte de foi, je le répète. On ne peut se leurrer de l'espoir que la science expérimentale pénètre jamais au fond des choses. Quelle que soit la force mère, essence, esprit, atôme chimique, point mathématique, il y aura toujours un extrême que nos procédés n'atteindront pas. Pour percevoir dans l'infini le secret de la cause incréée, il faut autre chose que des sens physiques et des ustensiles matériels. L'instrument de cette recherche doit être de même nature que l'objet de son étude. La raison seule peut découvrir la raison de tout ce qui est, cette raison d'être fût-elle la déraison par excellence, la volonté qui n'a pas d'idée, l'idée qui n'a pas de volonté, le mouvement mouvant pour mouvoir la vie qui ne vit que pour vivre, même le hasard pris en soi.

Il y a pourtant quelque chose de sérieux à la source de ces folies. A ne voir que l'apparence des choses, le pessimisme a raison. C'est là que doit intervenir la foi réfléchie dont je parle. On ne doit pas seulement constater que le mal s'étale, comme à plaisir, sur tous les échelons de la vie. Il faut, de plus, qu'on se demande s'il est possible que la vie soit l'expression réelle du mal.

Il n'y a pas de moyen terme. C'est un chaos de cruautés inconscientes, jetées pêle-mêle, au hasard, par le hasard, ou c'est un enchaînement logique de causes et d'effets résultant d'une loi intelligente. Cette cause première, fondamentale, est bonne ou mauvaise. Si elle est mauvaise, elle veut le mal, le mal absolu comme elle. Si elle est bonne, elle veut le bien, le bien aussi absolu. En ce cas, le mal qui apparaît ne peut être que l'instrument du bien, et l'ignorance seule nous le cache.

De quelque nom qu'on appelle cette loi ordonnatrice, si nous supposons qu'elle existe, peut-on admettre qu'elle soit le mal?

Si l'autre hypothèse est la vraie, si l'indifférence absolue est au fond de la nature, matrice inconsciente de la vie soumise à des forces fatales, ou livrée aux caprices du hasard ; si, ni intelligence, ni plan, ni quoi que ce soit qui ressemble à une idée ne régit le monde moral, pas plus que le monde physique; s'il n'y a pas de loi des destinées, mais des événements qui s'enchaînent, ou plutôt s'accrochent et se suivent, poussés par un mouvement sans but; si, d'un bout à l'autre de cette échelle de destruction, l'individu est sacrifié à l'espèce, sans recours, sans rémission, souffrance physique, souffrance morale, souffrance intellectuelle plongeant pêle-mêle, au bout de la course, dans le gouffre noir et sans fond où tout finit par s'engloutir, bêtes et gens, races et espèces, planètes, comètes et soleils ; si c'est un tel cercle infernal qui est la vie, toute la vie, oh ! alors, c'est le mal, le mal horrible, indiscutable, insondable, sans fin, sans limite, sans trêve ; et la seule explication qu'on puisse concevoir de cette monstruosité infinie, c'est qu'elle est la réalisation de l'absurde et de l'infâme, en haut, en bas, ici, partout.

Il s'agit d'admettre, ou non, cette sottise quintessenciée, comme origine et comme fin de l'universelle existence. Désespérance ou confiance, pessimisme ou optimisme, c'est de là qu'il faut partir.

Le pessimisme est arrivé. Il n'a plus rien à trouver. Il tient le secret suprême. Hasard ou loi inexorable, peu importe ce qui établit la constitution des êtres. C'est la même marche et la même fin. Ils ne naissent que pour mourir. La mort absolue et sans phrases. Mais, en dehors d'eux, rien ne meurt, ni la force qui les produit, ni les éléments qui les forment, force aveugle, éléments passifs, seuls éternels, seuls incréés, pour employer ce mot né des superstitions antiques. Dans la langue scientifique, il n'y pas de création; il n'y a que des combinaisons enfantant des phénomènes qui apparaissent pour disparaître, sur quelque plan de vie qu'ils éclosent.

Ni la pensée, ni la conscience ne trouvent grâce devant la mort. Ces deux produits de la nature pétrissant la matière commune dans des moules de toute espèce, sont soumis au même destin que les humbles manifestations des organismes inférieurs. Ce que l'on nomme l'esprit humain n'est, comme tout ce qui surgit de l'inconsciente trituration, qu'une propriété cachée dans les profondeurs de la substance, un jeu de la moelle et des nerfs, instruments perfectionnés par l'évolution de la force. La faculté de penser, qui paraît à l'ignorance comme le pouvoir mystique d'une entité immatérielle, est uniquement le résultat d'un mouvement de molécules, dans cette construction exquise et encore perfectible, où l'anatomiste découvre la formation des idées provoquées par ce jeu d'orgue que l'on appelle la mémoire, enregistreur des images formées par les sensations.

De ce cerveau humain, chef-d'œuvre du travail

occulte, de ces cellules grises, extrait quintessencié de la substance animale, rayonne le monde moral et intellectuel, expression suprême de la vie, monde qui se crée lui-même par une puissance qu'il porte en soi, la puissance de l'illusion. Le monde moral ne pouvant exister sans la liberté, l'être moral se croit libre. Enlevez à l'enfance humaine l'invention des peines et des récompenses, corollaire de la croyance au libre arbitre, tout né sociable que soit l'homme, ou du moins qu'on le lui dise, la société ne se crée pas.

L'instinct ne trompe pas l'animal; l'intelligence a trompé l'homme. Le plus, inférieur au moins, c'est le point obscur de la doctrine. Mais cette obscurité n'est elle-même qu'une apparence. Dans les possibilités sans nombre des raisonnements consécutifs qui sont les événements du mental, doit se produire, tôt ou tard, le redressement de l'intellect forcé d'extirper son erreur.

Rien n'est libre dans la vie, depuis le mouvement des atômes, jusqu'au mouvement des pensées. Même dans la sphère morale, l'acte accompli résolument et raisonnablement, suppose-t-on, en vertu d'un choix qu'on croit faire, est déterminé à l'avance par la rigueur inflexible des fatalités de l'atavisme et de la logique des impulsions. La volonté n'est qu'un mot, illusoire comme tout le reste. Il n'est pas plus possible à l'assassin de ne pas assassiner, qu'à saint Martin de ne pas déchirer son manteau, pour en donner la moitié au déguenillé qu'il rencontre. Vous donnez parce que vous êtes bon; vous tuez parce que vous êtes mauvais. Mais bon et mauvais sont deux termes de convention qui n'ont une valeur contraire qu'en regard des convenances humaines. Dans la réalité réelle, il n'y a ni bon, ni mauvais. Il y a des phénomèmes déterminés par la nécessité de la réalisation des possibles. En dehors des utilités relatives, le bien, le mal n'existent pas. Le don du manteau est un fait ; l'assassinat en est un autre. La science qui les enregistre, les classe dans des cases arbitraires qu'elle étiquette l'une : bienfaisance, et l'autre : criminalité. Pure convention, je le répète. Pour la philosophie vraie qui constate ces deux faits humains, il n'y a pas plus de mérite dans l'un, que de criminalité dans l'autre. Il y a deux cerveaux distincts, vibrant d'une façon différente. Au point de vue social, seulement, l'un vibre mieux, l'autre plus mal. C'est une question de rapports. Celui qui vibre mal a tort, en regard de l'intérêt commun, et même de son intérêt propre. Le bourreau le lui fera voir. Et même, à défaut du bourreau, auquel, dans l'ordre purement moral, nombre de vibrations échappent, des professeurs de pessimisme, inconséquents par atavisme, émus de pitié pour leur espèce, s'efforceront de lui prouver, sans grand espoir de la convaincre, qu'en vertu d'une loi générale qui régit les relations des êtres, l'intérêt bien entendu de chaque membre de la grande famille consiste à s'harmoniser de son mieux avec les intérêts d'autrui.

Graine jetée sur le sable aride. Ce n'est pas tout de semer ; il faut préparer le terrain. Croit-on que ces savantes leçons sur la solidarité humaine impressionnent profondément les apprentis pessimistes à qui l'on inculque, d'autre part, la théorie bien plus précise : que toutes les vibrations, individuelles et générales, n'ont d'autre issue que le néant ?

Mais ceci est l'affaire des maîtres et des disciples, ou plutôt ce n'est l'affaire ni de ceux-ci, ni de ceux-là, puisque la conscience n'est qu'un mot, et que les cerveaux qui produisent ces enseignements, comme ceux qui se les assimilent, irresponsables de leurs actes, aussi bien que de leurs idées, ne sont pas libres de choisir.

Ce point de vue n'est pas nouveau. C'est un vieil air qui se rejoue, avec quelques variations de plus, improvisées pour notre époque par les mélomanes de l'analyse. Le dilletantisme physiologique ou physiologiste est à la mode aujourd'hui. C'est la myopie intellectuelle, et le binocle est bien porté.

Mais ces vues courtes sont utiles. En constatant l'importance de l'infiniment petit des choses, elles retiennent dans la sphère moyenne et empêchent de s'égarer dans le vide ceux qui ne cherchent que le grand. C'est ainsi que les cultures de la pensée s'amendent les unes par les autres, pour la moisson des temps futurs.

Nous venons de voir la récolte d'en bas. Paix à ceux qui s'en contentent! Mais, pour les cœurs plus exigeants et les esprits plus difficiles, voyons ce qui peut mûrir en haut.

II

La grande synthèse.

I

Nous rentrons dans le domaine de la raison où se reflète l'essence des choses. Les sciences expérimentales correspondant aux sens physiques en rapport avec les substances, s'arrêtent aux causes secondes qui régissent le monde sensible. La raison cherche dans l'invisible le principe de toutes les causes. Sens externe, sens interne, ces deux agents d'investigation qui, à notre époque du moins, ont si grand mépris l'un pour l'autre, emploient, chacun dans sa sphère, un procédé identique pour atteindre leur fin : connaître. Ils s'appuient sur ce qu'ils découvrent, pour supposer ce qu'ils ignorent.

On sait, par l'histoire du passé et l'examen des temps présents, combien peu de ces suppositions sont arrivées, jusqu'à ce jour, à l'absolue certitude. Je n'en vois qu'une bien établie par les sciences dites positives : le mouvement moléculaire, dont elles font la cause suprême. Hors de là, elles flottent encore, ballottées de vague en vague sur la mer des hypothèses; idéalistes à leur façon, quoique repoussant l'idéal; renversant aujourd'hui la vérité d'hier ; toujours néanmoins pressées de conclure, et croyant faire un pas en avant, quand elles ont trouvé un mot.

Si les sciences appelées certaines n'offrent pas plus de certitudes, on comprend que le problème métaphysique ne soit pas résolu encore à la satisfaction de tous, surtout de ceux qui nient l'existence d'un tel problème, et l'on comprendra aussi que les recherches de la pensée, dans la sphère purement idéale, ne peuvent s'appuyer que sur des probabilités, et n'aboutir qu'à une hypothèse invérifiable par l'expérience, et qui ne relève que de la raison.

Dans l'ordre physique, l'hypothèse préjuge une loi qui rend compte de tous les faits constatés dans une même catégorie. Dans l'ordre intellectuel et moral, l'hypothèse, pour être acceptée, doit satisfaire les aspirations de l'idéal et les grands désirs du cœur, faits constatés dans l'esprit, par l'esprit, comme étant son essence même. Je parle de l'esprit majeur, parvenu à la connaissance de soi.

Étant donné qu'on n'admet pas, pour explication de la vie, l'iniquité inconsciente et les cruautés aveugles de ce qu'on nomme les lois naturelles, on doit accueillir comme probable l'hypothèse qui répond le mieux aux objections du doute et aux exigences de l'âme. Chacun doit se créer cette hypothèse selon les lumières de sa raison et se faire sa religion à soi-même, quand les vieux cultes ne suffisent plus.

C'est pour aider à ce travail que j'ai rassemblé les matériaux perdus dans la nuit des âges, ou d'origine trop récente et de source trop discutée, pour avoir franchi la barrière de l'inertie générale. A ces éléments, presque ignorés de tous, joignons l'apport connu des religions officielles et des philosophies courantes, et, sans nous inquiéter de la provenance ni de la date de ces perceptions diverses de la pensée humaine, consciente ou inconsciente, intuitive ou méditative, n'examinons que les idées, et voyons ce qui s'en dégage pour les âmes troublées de cet âge critique et de critique, qui cherchent, de bonne foi, un fil conducteur dans les ténèbres de l'existence. C'est la synthèse des synthèses qu'il s'agit d'établir, et nous partons, je l'ai dit, d'un acte de foi sortant de nous, appuyé sur la raison : la confiance en la vie.

La vie ! Nous la voyons autour de nous, et nous la sentons en nous-mêmes. Elle est. Nous ne l'expliquons pas. C'est le suprême mystère. Pourtant réfléchissons bien. Il y a des nuances dans l'incompréhensible. On peut ne pas concevoir de quelle manière une chose est. Mais on conçoit du moins celles dont elle ne peut pas être. Il s'agit simplement d'éliminer l'impossible. Nous verrons ce qui restera.

L'impossible, dans la conception de la vie, c'est ce qu'on appelle vulgairement la création. Parabhram, En-Soph, le néant, le tout, le rien, l'inconscient du pessimisme, le Dieu de n'importe qui, existant avant la vie et la tirant de lui un beau jour, soit fatigué d'être seul, soit éveillé par le désir, soit poussé par le hasard, soit pour tout autre motif, voilà ce qui ne peut pas être.

La vie *étant* par elle-même dans l'infini du passé et l'infini de l'avenir, cela certainement dépasse les bornes de notre compréhension, et les dépassera toujours, peut-être. Mais, tout en reconnaissant son impuissance, notre raison n'est pas choquée. Il faut bien que ce soit ainsi, puisque nous ne pouvons concevoir un commencement.

Nous sommes d'accord, sur ce point, avec la biologie matérialiste. Mais, après cette hypothèse commune, l'abîme se creuse entre nous.

Y a-t-il ou n'y a-t-il pas, au fond de la vie incréée, un moteur conscient de lui-même, et, des mouvements qu'il produit, et de ce que ces mouvements produisent, contenant tout cela dans une conscience supra-humaine que notre infime conscience, à nous, est incapable de définir? Le matérialisme dit non. Pour lui, ce qui se trouve dans l'effet, n'existe pas dans la cause. Il est aveugle, ou nous le sommes; inutile de discuter. Des siècles de dissertations n'ont pas suffi pour réformer, sur ce point, les visions défectueuses. Séparons-nous donc bons amis, chacun suivant sa route, tous se croyant dans la lumière, et continuons notre chemin avec ceux qui voient l'intelligence et la conscience dans les entrailles de la vie.

A cette intelligence consciente gardons le nom d'*Esprit*, puisqu'on ne veut plus du mot Dieu.

Nous ne savons pas ce qu'est l'esprit dans son essence, pas plus que nous ne savons ce qui constitue la matière. Nous en constatons les manifestations dans la vie et par la vie, mais nous ne les connaissons pas. L'esprit est le moteur; la matière, la chose mue; c'est tout ce que nous croyons savoir. A moins de nous noyer dans des abstractions indéchiffrables, même pour ceux qui les professent, nous ne pouvons pas les séparer. — « L'esprit le plus pur qu'il soit, a dit Leibnitz, ne peut se concevoir qu'accompagné de force et de matière. » Ajoutons que force et matière ne peuvent se concevoir, elles-mêmes, qu'accompagnées de l'esprit. Du reste, pour nous, la force n'est que l'activité de l'esprit, et les deux termes se confondent.

Donc l'esprit est partout, inséparable de la forme, dans l'atôme déduit par l'analyse, comme dans l'être universel que l'idée synthétique pressent, germe de conscience dans l'un, conscience absolue dans l'autre, toutes les fractions de la vie de même essence que le tout. — « Tout est de Dieu, tout vit en Dieu, dit saint Paul, après les vieux sages. »

Le christianisme s'est séparé sur ce point de son principal fondateur, pour reprendre le Jéhovah de la fable biblique. Le panthéisme oriental et le monothéisme de l'occident ont, chacun de son côté, exagéré leur principe. Le créateur judéo-chrétien n'est pas plus acceptable que la substance indoue rééditée par Spinosa. La vie est en dehors de l'un, et se perd, abîmée dans l'autre. La vérité doit se trouver dans la fusion de ces deux grands courants de la pensée religieuse qui se partagent encore le monde, et viennent, en ce moment, se rejoindre chez nous, comme à un rendez-vous donné.

Ce rapprochement était déjà entrevu par quelques esprits. Il y a plus de vingt ans, je l'indiquais dans les *Grands mystères*, comme la solution à venir. Charles Fauvety, élucidant la question de Dieu, dans sa *Religion laïque*, arrive à cette définition qui n'est pas autre chose que le mariage des deux systèmes :

— « Le Moi, écrit-il, qui est l'être conçu dans son
« unité, nous est connu dans l'homme. Pour le
« connaître dans l'Être qui les contient tous, nous
« n'avons qu'à universaliser l'idée que nous avons
« de notre moi vivant raisonnable et conscient, en
« l'élevant à la plus haute puissance, jusqu'à la
« perfection et à la plénitude.

« Il y a donc une création, mais elle n'a rien de
« miraculeux, et n'est autre que la vie elle-même,
« toujours identique et parfaite dans le moi con-
« scient de l'univers, tandis que l'univers, pris dans
« sa matérialité toujours nouvelle et toujours chan-
« geante, en représente le non-moi dans lequel,
« pour lequel et par lequel, la pensée divine
« s'objective.

« Ainsi le monde visible avec tous ses phénomènes
« et les formes inépuisables de son perpétuel *deve-*
« *nir* est à l'être universel et parfait ce que notre
« corps est à notre unité consciente, et c'est la vie
« qui met en communion tous les êtres avec l'être
« universel, et établit entre tout ce qui existe des
« rapports de mouvement dont l'ordre universel et
« la grande harmonie des choses portent l'éclatant
« témoignage.....

« La vie et l'intelligence sont inséparables, et
« partout nous voyons que l'intelligence se déve-
« loppe proportionnellement à la vie elle-même, de
« façon à ne connaître dans son ascension d'autre
« limite que celle de l'esprit pur qui est Dieu. La
« vie universelle n'est pas seulement l'âme du
« monde matériel, elle est aussi l'âme divine. »

Voilà le Dieu un et multiple de l'humanité une et
multiple elle-même. Quelque développement que

prenne la raison, je ne crois pas qu'elle puisse en concevoir un autre. Toutes les brumes du Parabhram et de l'inconditionné viennent de ce qu'on a toujours supposé un commencement à la vie. Rien n'est dans cet état impossible qui serait l'éternel chaos. La conscience absolue, elle-même, est conditionnée par les lois de la vie universelle qui sont les modes de son être. Tous les êtres particuliers sont en germe dans la substance Une, dont ils émanent chacun à son heure, fractions, effluves, rayonnements de cette unité suprême, vers laquelle ils remontent dans leurs étapes successives. Si l'on appelle création cette éclosion perpétuelle d'êtres nouveaux dans la vie manifestée, la création est permanente.

Cette vraisemblance fondamentale, une fois admise, va nous donner la clé des probabilités que nous cherchons. — Après la vie divine, passons à la vie des mondes.

Que l'antique intuition ait découvert ce que commence à soupçonner la science d'aujourd'hui, le retour à la concentration de la substance différenciée, concentration que doit suivre une phase d'expansion nouvelle, il y a là de quoi faire réfléchir nos académies qui ne réfléchissent pas facilement, et de quoi aussi inspirer, pour les affirmations du passé, un certain respect à ceux qui réfléchissent. Mais, peut-être, l'Inde pousse-t-elle un peu loin l'analogie dans son rêve des nuits de Brahma, quand elle fait disparaître à la fois, au fond de son grand Pralaya, avec l'espace et le temps, avec toute forme et toute pensée, la totalité de la vie. Tout naît, tout évolue, tout meurt dans les manifestations de la matière, depuis l'infiniment petit, jusqu'à la nébuleuse composée de millions de soleils. Mais ne doit-on pas supposer l'activité finale infinie et ses créations incessantes, remplaçant, à chaque instant de la durée, par des germes de mondes nouveaux, les mondes qui ont fini leur temps ? — « Le monde que nous voyons, disent les Védas, n'existait pas au commencement. » S'il ne s'agit, dans la pensée indoue, que de ce monde que nous voyons, nous sommes d'accord avec elle. Il rentrera, à coup sûr, concentré ou dispersé dans la poussière des atômes, comme y rentreront tour à tour les mondes que nous ne connaissons pas. La science qui prévoit cette fin en étudiant le jeu des forces, n'a évidemment en vue, elle aussi, que la nébuleuse qu'elle connaît. Mais, sur l'extinction du cosmos universel plongeant dans la nuit du *rien-tout*, il est permis de concevoir des doutes.

Cette question reste dans l'inconnu, peut-être dans l'inconnaissable. En tout cas, nous manquons de base pour la résoudre. Laissons-la aux siècles futurs. Des mythes, des symboles, des légendes, de toutes les créations accessoires dues au génie des races diverses, nous avons dégagé la grande ligne. C'était la tâche du moment. Dans le mystère de la vie, ce qu'il nous importe de connaître, c'est bien plus notre raison d'être en elle, ses procédés en ce qui nous touche, que sa façon d'être en soi. A l'aide de ces lueurs éparses réunies en un seul flambeau, éclairons maintenant, dans la mesure du possible, le problème de nos destinées.

II

Par cela seul que nous vivons, nous avons un droit dans la vie et sur la vie. Si elle trace un chemin que nous devons parcourir, elle doit nous mettre sur la voie et placer devant nos pas une lumière qui les empêche de s'égarer, ou les ramène sur la route. Elle a rempli ce devoir ; ce fanal, elle l'a mis en nous. C'est le sentiment de justice, non pas seulement la justice que nous devons, mais la justice qui nous est due. — « Cherchez d'abord la justice de Dieu », a dit le Christ occidental.

Ces paroles s'adressent à la raison assez mûre déjà pour interroger l'existence ; mais, dès le premier âge de notre espèce, un pressentiment s'éveille dans sa pensée naissante : l'instinct de la survivance.

L'animalité nous a transmis les organismes matériels, qui nous mettent en rapport avec la nature. Elle nous a donné en outre le germe du sentiment familial et social, qui nous relie à notre espèce. Mais elle n'a rien fourni à l'idéalité transcendante, apanage du genre humain. La notion d'une autre vie est le point de départ de l'idéal. C'est le premier jalon à l'entrée du chemin, le problème posé à la raison, qui ne le résoudra qu'en trouvant la justice.

Parallèlement à l'idée de survivance, est éclose dans l'esprit la notion d'une cause toute puissante, objet de terreur ou d'amour. C'est sur ce canevas commun déposé dans la conscience par la source universelle, que chaque race, chaque peuple, chaque état mental ou social, a brodé à sa manière.

Nous connaissons ces broderies, chez ceux-ci informes et grossières ; fines, délicates, ingénieuses, parfois même, à force d'ingéniosité, par trop compliquées chez ceux-là.

Mais, sous la diversité des dogmes et des rites, la plupart des religions qui, jusqu'à ce jour, ont gouverné le monde, ont une affirmation commune : nous sommes les fils de Dieu. Cette foi imposée aux masses dans une forme mystique, impérieuse, soit par des illuminés, soit par des raisons conscientes, a soutenu les âges d'enfance. Malgré les fautes et les crimes des sacerdoces abaissant sciemment ou insciemment l'idéalité première, cette révélation de l'esprit a persisté dans l'âme humaine, et l'abomination de la chute, l'iniquité du châtiment, l'horreur du supplice éternel n'empêchent pas les foules menacées de l'enfer par leurs prêtres, de répéter dans leurs prières, cette tendre et sainte parole : — « Notre père, qui êtes aux cieux. » Le cœur vaut mieux que l'esprit, et sa clairvoyance est plus forte.

Fils de Dieu ! n'est-ce pas, sous la forme sentimentale, la doctrine de la science secrète ? filiation, émanation, c'est toujours l'effluve divine. L'enfant est de la nature du père, et ce qui sort de l'Un suprême est de même essence que lui. On retrouve, dans le dogme extérieur, l'idée mère voilée sous la fable.

Reste la question du mal, inexplicable avec la création. Cette toute bonté impuissante ou cette toute puissance barbare, qui n'a pu ou voulu empêcher la souffrance, et s'amuse à créer notre espèce, sachant, dans sa prescience, qu'une bonne partie d'entre nous est vouée de toute éternité aux supplices de l'enfer, constitue la plus étrange invention qui soit sortie de la cervelle humaine. Deux autres monstruosités sont issues de cette aberration première. Pour expliquer aux fidèles et s'expliquer à elle-même une contradiction aussi flagrante, la théologie chrétienne n'a rien trouvé de mieux que la prédestination et la grâce, catholiques et protestants ne voyant pas que ce second article de foi, au lieu d'innocenter leur Dieu, lui infligeait au contraire les circonstances aggravantes de la préméditation.

Le fils a sauvé le père. La touchante figure de Jésus a noyé, dans sa douce auréole, les traits sombres de Jéhovah, et l'on peut dire, en vérité, que la rédemption a racheté la chute. Mais ce triomphe du sentiment sur la raison, qui charme les âmes enfantines, ne suffit plus aux exigences du bon sens monté en grade, et beaucoup de ceux qui ne peuvent plus croire, suivant le cours habituel des réactions de la pensée, ne voient de refuge contre l'absurdité du dogme, que dans l'absurdité contraire de la négation absolue, aussi aveugle que la foi dont elle se moque. Loin de l'une, comme de l'autre, ouvrons les yeux de l'esprit :

La doctrine de l'évolution nous a donné la raison d'être de la mort qui, pour les occultistes de l'Inde, n'est qu'un entr'acte dans la carrière individuelle. Nous pensons que ce doit être plutôt un changement de mode d'activité, sur un autre plan d'existence. Quoi qu'il en soit, la réincarnation est une conséquence nécessaire de l'ascension progressive qui, seule, explique la vie.

La grande objection faite à cette croyance est la

perte de la mémoire des existences antérieures. En outre des raisons morales et sociales qui rendent l'oubli nécessaire, une considération purement physiologique établit suffisamment l'impossibilité du souvenir.

Nous acceptons pleinement l'adage classique cher au vieux matérialisme : — « Il n'y a rien dans l'intellect qui n'ait été d'abord dans la sensation, » avec le correctif classique aussi et également indiscutable : — « Si ce n'est l'intellect lui-même. » Selon l'expression du poète païen initié aux mystères, l'être qui se réincarne a bu les eaux du Léthé. Dans la vie qu'il va recommencer, il n'apporte que des tendances, à l'état de purs instincts, qu'on dit données par la nature. Son organisme cérébral, bien que façonné par ces tendances acquises dans les vies passées, est un livre tout à fait neuf, ouvert aux impressions du dehors qui s'inscrivent, une à une, dans les fameuses cellules grises dont a tant usé et abusé l'anthropologie de nos jours, et y forment les images qui sont les matériaux de la pensée, d'aussi récente éclosion que l'album qui les recèle. Il est donc impossible que la mémoire reproduise ce qu'elle n'a pas enregistré, et la conscience qui se forme avec ces éléments nouveaux, est, elle aussi, complètement neuve. Ainsi la loi physiologique est d'accord avec les convenances psychiques, pour établir, entre chacune de nos existences terrestres, cette scission providentielle.

Mais l'organisme matériel dissous, la pleine conscience doit se retrouver dans la lucidité de l'être, qui reprend alors possession de la chaîne de son passé.

L'évolution, qui explique la mort, explique aussi la souffrance. Si nous acceptons l'hypothèse de l'être universel se manifestant à lui-même par lui-même, dans l'infinie variété de l'éternelle création ; si c'est cette perpétuelle irradiation, suivie d'un perpétuel retour à la grande unité, qui est la vie, et je ne crois pas qu'on puisse s'en faire une conception à la fois plus haute et plus simple, conception qui embrasse tout ; si chaque être particulier, parcelle de l'essence divine, est chargé de reconstituer l'âme suprême, pour qu'elle se sente vivre en nous, comme, à mesure que nous montons, nous nous sentons vivre en elle, le mal n'accuse plus l'impuissance ou l'effroyable caprice d'une cause aveugle ou cruelle. Il devient un des éléments, un des facteurs de l'existence. C'est lui qui façonne notre âme, suscitant l'intelligence par le mystère, et le sentiment par la pitié. La vie est à la fois science et amour. Plus nous savons, plus nous aimons, plus nous embrassons d'infini, plus nous conquérons de puissances, plus nous nous élevons vers le faîte. Le mal nous force à chercher, pour nous rendre maîtres des forces brutales qui le causent, et la première vibration de sympathie est mise en jeu par une souffrance dont s'apitoye notre cœur.

Ces choses sont écrites en nous, mais nous ne savons pas les lire. A chaque pas fait en avant hors des ténèbres de l'ignorance, à chaque prise de possession d'un secret de la nature, comme après chaque victoire remportée sur nos instincts égoïstes, une joie inoubliable, seul triomphe sans alliage, seul bonheur sans inquiétude, d'autant plus intense que la lutte a demandé de plus rudes efforts, démontre à notre intellect que la conquête des forces de la vie est bien sa vraie destinée, et aux tendresses de notre âme qu'elles n'ont qu'à s'ouvrir encore et à s'épandre de plus en plus, pour goûter à l'infini les ravissements de la bonté. Les religions de notre enfance nous ont dit que nous devons gagner le ciel. A chaque œuvre de pitié, à chaque généreuse action, ce ciel, qui nous est promis, nous le sentons dans notre être ; à chaque infraction à la loi, à chaque douleur infligée ou seulement dédaignée par nous, un sourd malaise nous prévient que nous ne sommes pas sur la voie. Voilà les jalons plantés sur la route par les soins de la nature que nous accusons d'être aveugle, quand c'est nous qui ne voyons pas.

Les imprécations contre la vie, arrivées à l'état aigu, attestent que, dans notre espèce, la conscience est en progrès, à défaut de l'intelligence. On préfère ne croire qu'au hasard et au néant, plutôt que de supposer l'iniquité à la source. Quant à admettre, sur le lit de douleur, que la souffrance puisse être bonne, c'est, pour la masse des patients, une idée inacceptable. Chacun voudrait refaire à sa façon les ressorts de toutes les choses, et s'étendre béatement sur les coussins moelleux qu'il rêve, sans songer que la conquête au prix de la peine est la saveur donnée au bien, et que, pour apprécier le soleil, il faut avoir traversé l'ombre. On aimerait mieux ne pas monter, c'est-à-dire ne pas exister, ce qui est la même chose. Mais la vie est la loi des lois. Nous sommes parce que nous sommes, et ne pouvons pas ne pas être. La révolte est enfantine, et, c'est, de plus, du temps perdu. Le mal nous voile la justice. Essayons d'écarter le voile, au lieu de crier contre lui.

Et qui nous dit, après tout, que ce n'est pas nous, étincelles du grand foyer, qui avons voulu descendre, pour reprendre un à un, et savourer l'un après l'autre tous nos attributs divins? Ainsi se comprendrait peut-être, autant que nous pouvons comprendre, l'éternel rayonnement dans le cercle éternel.

Sauf ce mystère premier devant lequel la raison s'incline, résignée à ne pas voir, tout devient clair et lucide dans cette grandiose hypothèse, une fois sa base acceptée. C'est l'être qui se crée lui-même par la force qui est en lui, force inconsciente d'abord dans les premiers pas de l'évolution dirigés par les lois de la nature qui, dans l'admirable construction des organismes, montre un plan et une méthode peu compatibles avec la cécité. Quand la vie devient consciente, et que l'être entre en possession de soi, la loi naturelle intervient encore, pour limiter cette possession, et faire obstacle ou remédier aux grands écarts de l'ignorance. C'est ce qui fait dire, non sans quelque raison, que l'être conscient n'est pas libre. Mais, dans le conflit philosophique du libre arbitre et du fatalisme, on a tort des deux côtés, quand on pousse à l'absolu. Dans le monde de la conscience et de la volonté, liberté, fatalité deviennent proportionnelles au développement de l'esprit, et sont purement relatives, impliquant la même mesure pour ce qu'on nomme la responsabilité. Le bon sens public et législatif a du reste tranché cette question, en admettant, dans le code pénal, les circonstances atténuantes.

Sur l'état de l'esprit désincarné, toutes les doctrines sont d'accord pour affirmer que cette seconde phase de l'existence est une conséquence de la vie passée. Elles diffèrent dans l'appréciation de l'influence que peut exercer le séjour dans *l'autre monde* sur le déterminisme de l'avenir.

Cette hypothèse est secondaire. Que la vie extra-mondaine soit, comme le disent les Indous, un arrêt dans l'activité, un simple rêve, heureux ou pénible, sans influence sur l'incarnation future uniquement déterminée par les fruits bons ou mauvais de l'incarnation précédente, ou, comme le croient les spirites, que l'âme, sortie de la chair, toujours active et pensante, toujours reliée à son espèce en pensée et en action, puisse encore monter ou descendre, c'est une question de détail. L'important pour la logique de la vie, c'est que l'effet suive la cause, que le passé fasse l'avenir, et que, forcée ou voulue, l'expiation soit utile, incitation au progrès dans la libre ascension de l'être.

Quant au monde où vivent les esprits, ceux qui admettent la survivance commencent à sortir de l'hypothèse et à entrevoir une réalité. La science est forcée de les suivre. Quelques-uns de ses chercheurs sont en train de découvrir un autre état de la matière, une autre condition de vie où fonctionnent des énergies douées de conscience et de volonté. Il est presque démontré, même pour les positivistes, qu'il y a en nous un double, impondérable, intangible, dont les agissements nous révèlent des puissances émanées d'un monde à part, monde astral, monde fluidique, n'importe le nom; la chose est, bouleversant les notions acquises, ou plutôt s'y surajoutant. Par l'hypnotisme et la télépathie, les savants y font leur entrée. C'est une autre physiologie qui commence. La routine recule bien encore. Mais les hardis vont en avant. Nous n'avons qu'à les attendre. Le scepticisme d'école n'abdiquera pas; nous le savons. Fût-il contraint d'admettre les *Posthumes*, cette survivance éphémère ne sera pour lui qu'un retard de la mort. Mais la voûte sera ébranlée, et, à travers les lézardes de la bâtisse matérialiste, quelques lueurs moins grossières trouveront moyen de filtrer.

Reste le dernier problème, le dénouement final pour l'être particulier. Que devient l'homme devenu ange, même passé à l'état divin? On connaît la solution de l'occultisme. La fraction retourne à l'unité, l'étincelle à son foyer. Pour l'Inde, c'est le Nirvâna, pour la Kabbale, le tabernacle du saint des saints. L'Ésotérisme chrétien voit des synthèses échelonnées, légions d'âmes solidaires dont les groupements successifs, de plus en plus complexes, de plus en plus immenses, constituent à chaque progrès une unité plus élevée, comme la biologie, dans le monde physique, voit s'associer les molécules pour former les organismes, et ces organismes, qui sont des êtres vivant chacun de sa vie propre, s'unir et se combiner, pour former des entités supérieures. Les colonies animiques, d'après la loi d'unité et d'économie de ressort, évolueraient ainsi comme les colonies animales de M. Edmond Perrier, jusqu'au dernier progrès... Si toutefois le progrès s'arrête.

Ce mystère, situé à une distance incommensurable du petit point où nous nous trouvons, n'est abordable que pour le rêve, et ici nous raisonnons, nous ne rêvons pas.

Ce que nous pouvons comprendre, et même affirmer, c'est que la fin, s'il y en a une, ne peut être que le couronnement de nos aspirations suprêmes, réalisées par nos efforts. Fions-nous à la loi de la justice ; fions-nous à la loi d'amour qui doit être aussi dans la vie. Notre personnalité d'aujourd'hui ne peut savoir ce qu'elle sera, ce qu'elle pensera, ce qu'elle voudra, dans ces hauteurs inaccessibles de l'espace et de la durée. Revenons à notre humanité à peine au début de sa course, et montrons aux incertains qui marchent sans voir la route, où nous allons, et où nous sommes.

III

Sur la route.

Sans dépasser les limites de ce qu'on nomme le simple bon sens, on peut accepter l'hypothèse timidement risquée par Pascal sur l'unité de l'espèce humaine. Je crois que, si Pascal vivait aujourd'hui, voyant ce que nous voyons, et sa haute intuition s'étayant des documents qui manquaient à son époque, il entrerait plus hardiment dans cette idée du genre humain considéré comme un seul homme.

Précédant Pascal qui ne parle que de la solidarité intellectuelle, Térence avait compris la solidarité des âmes. Et tant d'autres.... et tous les autres, fils d'Europe ou d'Asie, qui, aux puissances de l'esprit, ont eu le don, si rare encore, d'unir l'élévation du cœur. Avant et depuis le Chinois Lao-tzeu criant à son peuple jaune : — « Ne rendez aux vainqueurs que des honneurs funèbres », les êtres d'élite, trop clairsemés dans les siècles, se sont sentis vivre dans l'humanité, et l'ont sentie vivre en eux.

Les deux grandes religions modernes, celle surtout, la dernière venue, qui a dit aux hommes : — « Soyez tous frères, pour être tous *un* », ont vulgarisé ce sentiment jusqu'alors ignoré des masses, ici farouches, là résignées. Avec moins de chaleur que saint Paul, mais tout autant de clarté, le Bouddhisme pousse aussi à l'union des âmes, quand il enseigne que le don n'est méritoire, que si l'on donne avec le cœur. C'est à Bouddha que remonte la sympathie prêchée comme article de foi, la pitié pour l'humble et le faible, devenue l'ardente charité de l'apôtre chrétien annonçant, six cents ans plus tard, la bonne nouvelle aux gentils.

La véritable morale humaine, inaugurant ce que l'Inde appellerait un cycle nouveau, date de ces deux religions si mal comprises par leurs prêtres. Mais, en dépit des sacerdoces, du clergé d'Occident surtout, bientôt dévoyé par l'orgueil, la semence germa dans l'âme des foules. Quoiqu'en disent nos gens d'église et de castes, la Révolution française fut une explosion du sentiment chrétien. On n'avait pas vu encore le cœur d'une nation déborder de ses frontières, proclamant la fraternité des peuples, décrétant les droits de l'*homme*, et invitant à ses agapes les citoyens de toutes les patries, — justification, cette fois, par une œuvre vraiment pie, du *Gesta Dei per Francos*. Vieille Gaule devenue France, n'est-ce pas elle déjà qui avait dit cette fière parole contemptrice du droit divin consacrant les tyrannies : — « Les nations sont au-dessus des chefs. »

Le Bouddhisme n'a pas rayonné. Semi-chinoises, semi-indoues, ses races ne sont pas expansives, et l'idéal du Nirvâna n'était pas propre à les tirer de leur torpeur. Ce n'est pas l'Asie qui est venue chez nous ; c'est nous qui sommes allés chez elle. C'est le monde chrétien qui évolue. Vieille Europe et jeune Amérique, là, fermente la sève humaine. L'Occident seul a l'activité, la force, la science pratique et la volonté qui s'impose. C'est lui qui rayonne sur le monde, par le bien et par le mal. Les maîtres

Indous ont beau dire, nous sommes le cœur et la tête. Si l'unité se réalise, elle se réalisera par nous.

Elle se réalise, en effet, dans son corps et dans son esprit. Son corps se fait sous nos yeux; son esprit se crée par nos âmes. Sans s'aventurer trop loin dans les spéculations de l'analogie, on peut dire que la circulation sanguine et nerveuse du grand corps de l'humanité se régularise aujourd'hui par la facilité des communications et la rapidité des transports, qui relient dans une vie commune tous les peuples de la terre.

Quant à l'unité morale, malgré l'anarchie apparente des passions et des convoitises, elle aussi est en chemin. La loi de son évolution est dans les instincts de nos masses, jusqu'aux dernières couches sociales, et même là plus qu'ailleurs. Elles la nomment le progrès, dont le dernier terme, à leurs yeux, est la réalisation de la justice. Ceux d'en haut qui ne sont pas abêtis par le vieil orgueil de caste, ou dont la concupiscence de l'or n'atrophie pas à la fois l'intelligence et le cœur, conviennent que les pauvres gens ont bien le droit de réclamer.

Ils ne se contentent pas de réclamer, ils cherchent. Ils tâtonnent en aveugles, ou s'élancent en furieux, s'exagérant parfois ce que leur doit l'équité stricte. Mais il y a du cœur dans ces foules où les dévouements intimes sont des habitudes courantes, et, jusque dans les aberrations de leur socialisme naïf, on trouve, à défaut du savoir ou de la simple réflexion, le sentiment d'une société future qui doit faire à chacun sa part.

Plus haut aussi, il y a du cœur. Parmi les favorisés du sort, se manifeste, pour les déshérités d'autrefois, une sympathie qui, de plus en plus, s'accentue. La bienfaisance devient intelligente... Les initiatives se groupent et élèvent peu à peu la charité au rang d'institution sociale. Les pouvoirs prêtent leurs concours à ces œuvres d'*utilité publique,* terme qui contient implicitement la reconnaissance officielle de la loi de solidarité.

Dans la sphère intellectuelle, tous les systèmes, toutes les doctrines, ceux qui remuent les idées et ceux qui veulent qu'on ne les remue pas, positivistes, matérialistes, pessimistes, spiritualistes de tous degrés, contre le mal, d'où qu'il soit sorti, venu d'en haut, parti d'en bas, poussent le même cri : — « Sus à l'infâme! » Qu'Auguste Comte soit content! L'altruisme est à la mode. Les partisans de M. Büchner s'associent dans cette croisade aux amis de M. de Mun, et le pape n'est pas éloigné de décréter, comme loi divine, le socialisme international.

Laissons la part des calculs politiques et des scènes de comédie, peut-être moins forte qu'on ne croit. Ne voyons que le fait, et les faits! Il y a là un courant, un souffle, une vibration des âmes qui met sur les derniers jours de ce siècle un cachet tout spécial. Est-ce encore la loi des cycles? La science secrète de l'Inde déclare qu'à la fin de chaque période centenaire, le mouvement évolutif se précipite toujours.

Constatons ce que nous voyons, et ne cherchons pas dans la brume! Cycle ou non, il est de toute évidence que le mouvement se produit.

Et cet élan est général, entraînant, et unissant dans les mêmes préoccupations toutes les nations chrétiennes. Dans les antagonismes sociaux, dans les rivalités de race, dans notre état de paix *armée*, sur ces grandes questions morales, la trêve de Dieu se fait. Chaque capitale, tour à tour, reçoit, honore et festoye un congrès humanitaire. Tout l'Occident met en commun les efforts et les recherches de ses plus hautes intelligences et de ses plus nobles cœurs, pour trouver l'assainissement des basses régions de la vie. Des femmes de toutes contrées se concertent, pour chercher le remède aux détresses du corps et de l'âme qui jettent dans la fange honteuse tant de leurs misérables sœurs.

Aucune histoire d'aucune époque, dans l'ordre social et moral, ne signale un ébranlement pareil. Nous allons à l'unité humaine, et nous sommes sur la route.

Mais que de chemin à faire encore, et quelles seront les péripéties du voyage? Deux points noirs sont à l'horizon. Deux cyclones nous menacent : guerre étrangère, guerre intestine. Cela n'empêchera pas d'arriver. Mais on peut glisser dans le sang, et s'attarder par des chutes.

La paix internationale est dans les mains d'un jeune homme a qui son aïeul a laissé en héritage, avec le sceptre impérial, un fardeau d'iniquité. L'annexion des deux provinces arrachées à la France, le couteau sur la gorge, ce retour aux conquêtes brutales d'un temps qu'on croyait fini, ces populations violées, encore frémissantes, après un quart de siècle, sous la botte des soldats, sont un anachronisme impie. L'empire allemand s'est, de gaieté de cœur, rejeté dans la barbarie. La vanité française méritait une leçon; mais le vieux renard moqueur qui l'a fait tomber dans le piège, n'a pas vu qu'en abusant ainsi de la victoire, il attachait au pied de la dynastie qu'il mettait sur le pavois, un boulet qui la fera choir, si elle ne sait s'en délivrer. Sa grossière politique a désarticulé l'Europe et rompu l'équilibre naturel des races : le centre faisant contre-poids aux extrêmes. L'union de l'Allemagne et de la France impliquant l'alliance latine, assurait la paix du monde. Leur antagonisme est une menace perpétuelle suspendue sur l'Occident, la gêne des nations riches, la ruine des états pauvres, les milliards bêtement dévorés, comme on sait. Et l'on appelle grand diplomate, ce revenant du moyen âge, cuirassier blanc doublé de Machiavel !

Le jeune empereur peut réparer cette faute sur le point de devenir un second crime. Il est actif et éclairé. Il a le sentiment moderne et l'intelligence du bien. Il tient à laisser un nom dans l'histoire. Il y en a un à prendre, le plus glorieux, le plus durable dans la mémoire et la bénédiction des peuples : Pacificateur.

La guerre sociale, heureusement, n'est rêvée que par quelques fous, sans parler d'une poignée de déclassés ambitieux à qui l'histoire n'a pas assez démontré qu'ils seraient les premières victimes, les révolutionnaires ayant coutume de se dévorer entre eux. Mais il ne faut pas jouer avec ce feu, et, contre les explosions, la soupape de sûreté du suffrage universel pourrait bien, quelque vilain jour, devenir insuffisante.

Que les pasteurs des peuples écoutent bêler le troupeau, et se pénètrent de l'idée qu'aux temps nouveaux il faut des bergeries nouvelles, plus de

propreté dans les étables, meilleur fourrage au
ratelier, judicieux emploi des houlettes, et beaucoup de délicatesse dans la tonte des brebis. Que
les Guillots d'autrefois, encore en fonctions, se le
disent, et même ceux d'aujourd'hui, peut-être un
peu trop disposés à se croiser les bras dans la ferme,
et, par routine ou paresse, à garder le plus possible des constructions en ruines et des us et coutumes non moins ruinés de jadis.

Les masses sont exploitées. Les charges pèsent
sur le faible. On ménage le superflu, on prend sur
le nécessaire. Notre état social fonctionne à rebours
du sens commun. C'est le monde renversé. L'homme
est le seul animal connu qui puisse, pendant des
siècles, marcher ainsi sur la tête. La France, qui,
la première, a signalé cette anomalie, doit, pour
compléter sa tâche, le remettre sur ses pieds. C'est
le grand relèvement et la sublime revanche.
Qu'elle donne l'exemple au monde! *Gesta Dei per
Francos.*

Quand j'ai publié Nos Bêtises, *on m'a reproché
de beaucoup railler, mais de ne pas conclure.*
Ma conclusion, la voilà.

FIN

NOTES

NOTES

Note 1.

Ce que dit la science.

— « Si ce n'était m'écarter du but de ces recherches, je pour-
« rais montrer facilement qu'en physiologie, le matérialisme
« ne conduit à rien et n'explique rien.

« Les propriétés des tissus constituent les moyens nécessai-
« res à l'expression des phénomènes vitaux ; mais, nulle part,
« ces propriétés ne peuvent nous donner la raison première de
« l'arrangement fonctionnel des appareils. La fibre du muscle
« ne nous explique, par la propriété qu'elle possède de se rac-
« courcir, que le phénomène de la contraction musculaire,
« mais cette propriété de la contraction qui est toujours la
« même, ne nous explique pas pourquoi il existe des appareils
« moteurs différents construits, les uns pour produire la voix,
« les autres pour effectuer la respiration, etc..., et, dès lors, ne
« trouverait-on pas absurde de dire que les fibres musculaires
« de la langue et celles du larynx ont la propriété de parler ou
« de chanter, et celles du diaphragme la propriété de respirer,
« etc... Il en est de même pour les fibres et cellules cérébrales.
« Elles ont des propriétés générales d'innervation et de con-
« ductibilité, mais on ne saurait leur attribuer pour cela la pro-
« priété de sentir, de penser et de vouloir.

« Il faut donc bien se garder de confondre les propriétés de
« la matière avec les fonctions qu'elles accomplissent. »

(CLAUDE BERNARD, *discours de réception à l'Académie française*).

Ce que dit la raison.

— « La réalité a produit la pensée et a dû s'y empreindre.
« Nous faisons partie de l'univers. S'il a un but, nous tenons
« pour notre part à ce but.
« La conscience a le droit d'être regardée comme une partie
« intégrante du tout, de la réalité absolue. »

(Alfred Fouillée).

« L'activité inconnue qui est au fond de la nature même, en
« étant venue à produire dans l'homme la conscience et le
« désir réfléchi du mieux, il y a là un motif de croire que le mot
« de l'énigme des choses n'est pas, au point de vue métaphysi-
« que et moral : *Il n'y a rien.* »

(M. Guyau).

Note 2.

Essence, substance.

« L'idéalisme, conception des parties supérieures de la série,
« répond identiquement au matérialisme, conception des par-
« ties inférieures. L'âme, série-essence est aussi semblable à la
« matière, série-substance, qu'un triangle rectangle de cent
« mille lieues de côté est semblable à un triangle rectangle de
« quelques pouces.
« La force divine, — ou expansive, — marche librement au
« milieu de la nature. Les essences et les substances s'empa-
« rent de cette force libre, selon leur puissance d'accapare-
« ment, et s'unissent ensemble de la même manière que les
« diverses portions des séries matérielles s'unissent entre
« elles.
« La puissance divine rayonne par tout l'univers comme
« l'électricité à travers les corps. L'homme voit la force divine
« pénétrer son corps, physiquement sous le nom d'électricité,
« lumière, chaleur ; comme essence, sous le nom de toutes les
« vertus que l'entendement lui assigne. La force divine rencon-

« tre physiquement la matière qui lui fait obstacle, et, comme
« essence, la nature humaine, matérielle aussi. »

(Louis Lucas).

Note 3.

La volonté.

— « La volonté n'est pas un effet, mais une cause. C'est pour-
« quoi nous ne pouvons l'expliquer. — La volonté *est*. Elle peut
« se corrompre, par le mauvais usage qu'on en fait; l'homme
« est donc libre, quoique toujours asservi. »

(Saint Martin).

Note 4.

Le surnaturel.

— « Les faits que nous disons surnaturels répondent à deux
« conditions différentes : d'abord nous n'en connaissons pas la
« cause, puis nous ne les voyons pas survenir communément.
« Tant que les hommes n'ont pas su expliquer les éclipses, ils
« y ont vu des faits surnaturels, puisque les éclipses représen-
« taient une anomalie à l'ordre astronomique quotidien, et
« qu'aucune intelligence humaine n'en pénétrait la cause. Le
« surnaturel est devenu phénomène naturel, dès que notre
« ignorance de la cause a été dissipée.

« Le fait de la chute d'une pierre n'est vraisemblable et ne
« nous semble naturel, que parce qu'il se présente fréquem-
« ment. De par la connaissance intime des choses, il serait ab-
« solument surnaturel. »

(Charles Richet).

« Je ne prétends point contester la possibilité d'êtres invisi-
« bles d'une nature différente de la nôtre et susceptibles d'ac-
« tionner la matière. Cette vie intellectuelle que nous voyons,
« en quelque sorte, sortir du néant et arriver graduellement
« jusqu'à l'homme, s'arrêterait-elle brusquement à lui ?... C'est
« peu probable. »

(Albert de Rochas).

« — « Il peut être tenu pour démontré, ou, si l'on voulait pous-
« ser plus loin, il pourrait facilement être prouvé, ou, mieux
« encore, il sera prouvé un jour, je ne sais où ni quand, que
« l'âme humaine, dès cette vie, est en communauté intime avec
« toutes les natures immatérielles du monde spirituel, qu'elle
« agit sur elles, et en reçoit réciproquement des impressions,
« dont toutefois elle n'a pas conscience comme homme, tant
« que les choses restent en l'état. »

(KANT).

Note 5.

Une excuse de la nature.

La nature est-elle aussi indifférente que le supposent les métaphysiciens ? Dans les hécatombes imposées par l'évolution de la vie, n'épargne-t-elle pas autant qu'elle peut, la souffrance aux individus sacrifiés ? Le serpent, l'oiseau de proie, la bête féroce ont inventé l'hypnotisme avant nous, et fascinent, dit-on, leurs victimes. L'homme entraîné dans l'horreur des luttes sanglantes ou des supplices subis pour une passion ou une idée, s'hypnotise lui-même par l'exaltation du cerveau qui le rend insensible à la douleur. N'y a-t-il pas là, si l'on réfléchit bien, une circonstance atténuante en faveur de la nature ?

Note 6.

L'astronomie des poissons.

A propos de l'habitabilité des mondes, un hasard, que je qualifierai de merveilleux, a fait tomber sous mes yeux un livre assez étrange : *Sur l'origine du Monde*, écrit au fond de la mer par un membre de l'institut des poissons. Ce savant océanien, appartenant à la section des astronomes sous-marins qui ont la vue très basse, comme toute la gent aquatique, et n'aperçoivent la terre que sous forme de masse opaque dont ils sont parvenus, par un procédé qui nous échappe, à calculer la densité, se moque agréablement, dans son œuvre académique, des poissons volants et des dauphins folâtres qui prétendent, contre toute donnée scientifique, que ce bloc solide appelé du nom de terre est capable d'être habité. Pour ces académiciens à branchies, décorés de l'ordre de la Barbue, il n'y a d'habitable que l'eau qui les loge et les héberge. Ils ne peuvent pas s'imaginer que d'autres conditions d'existence puissent servir à faire vivre des êtres différant d'eux. Même, s'il y a des eaux douces, dépourvues de sel et de bitume, comme des anguilles, suspectées de panthéisme, en ont fait courir le bruit, l'astronome les adresse à ses collègues qui travaillent dans la chimie, pour qu'il soit bien démontré par toutes les sciences réunies, qu'en dehors de l'eau salée, toute vie est impossible. — Renvoyé à M. Faye, qui fera part à l'Institut des hommes de la grosse bévue de son confrère poisson.

Note 7.

Le cycle de Ram.

Selon Fabre d'Olivet et, après lui, M. de Saint-Yves, le berceau de la race blanche serait l'Europe, et non l'Asie. Le héros du Ramayana, qui détruisit l'empire des Atlantes, vainqueurs eux-mêmes des noirs Lémuriens, possesseurs de la terre Indoue, était un Celte émigré de la Gaule, à la suite de dissensions religieuses. Ram entraîna ses partisans à la conquête de l'Inde. Après des luttes épiques, les Atlantes, privés des secours de la race mère que l'Océan venait d'engloutir, furent subjugués ou détruits. D'après des traditions occultes encore conservées de nos jours, une civilisation blanche se serait greffée sur la rouge, recueillant le savoir ancien et l'imprégnant de son esprit. Cette nouvelle civilisation, ayant l'*agneau* pour emblème, aurait fait, pendant des siècles, le bonheur des peuples, sous le nom de cycle de Ram. C'est le souvenir de cette période de félicité sociale restée dans la mémoire humaine, qui aurait accrédité dans les légendes de toutes les races l'idée d'un âge d'or évanoui et d'un paradis perdu. A cette période de paix et d'amour, aurait succédé l'ère des conquérants despotes prenant le *taureau* pour emblème, et dont le suprême exploit aurait été celui de Cambyse allant étouffer en Égypte les derniers bêlements de l'agneau. On trouvera cette histoire tout au long racontée dans la *Mission des Juifs* de M. de Saint-Yves, qui exhorte les fils d'Israël à nous ramener au cycle de Ram. — Que M. de Rotschild l'entende!

Démêle qui pourra ce chaos préhistorique ouvert à toutes les fantaisies, et pour lequel nous n'avons qu'un fil conducteur bien fragile, le grand poëme de l'Inde qui raconte l'épopée aryenne à la façon des poètes, et des plus poètes de tous les poëtes, les poëtes indous, près desquels les imaginations de l'Arioste et du Tasse ne sont que des jeux d'enfants.

Note 8.

Madame Blavatsky.

La dame russe qui fut l'instigatrice et l'âme du mouvement occultiste en même temps réveillé dans l'Inde et intronisé chez nous, est morte, il y a quelques mois, à Londres. Cette femme étrange, passionnée et passionnante, déchirée par les uns, encensée par les autres, restera, je crois, un mystère, même pour ceux qui l'ont le plus connue. Mais ce que nul ne contestera à la grande-prêtresse de la théosophie, c'est une remarquable intelligence et une indomptable volonté. Si elle a réellement passé, chez les adeptes du Thibet, plusieurs années de sa vie, compulsant leurs archives cachées et s'initiant à leurs pouvoirs secrets, ou, si elle a tout inventé, les Mahatmas et le reste, il y a, dans ces deux cas, au point de vue purement cérébral, une personnalité peu commune.

Note 9.

Un mot sur l'atavisme.

A propos des tendances innées, les partisans de l'atavisme déclarent qu'il n'y en a pas d'autres que celles fournies par les ancêtres.

L'ingénieux naturaliste anglais qui a si largement défriché le terrain indiqué par Lamark, ne prévoyait pas qu'il allait faire école, non seulement dans les académies savantes, mais dans les cénacles de la libre pensée, et que le *Darwinisme* allait devenir un des grands arsenaux du matérialisme contemporain.

Il est notoire aujourd'hui que l'intuition de Lamark avait raison contre Cuvier, et le système de l'évolution, resté intact en Orient, entré chez nous dans le *plan* positif, n'aura bientôt plus d'adversaires. Mais la passion sectaire qui fausse tout, a, là encore, forcé la note et gâté la découverte du maître, en l'exagérant pour les besoins de sa cause.

Des trois lois formulées par Darwin, la sélection et l'adaptation au milieu peuvent être admises sans conteste. Mais la transmission héréditaire a d'abord une lacune à sa base. Elle n'explique ni la nature, ni la première apparition des propriétés et des facultés qu'elle transmet.

En transmet-elle autant que le pensent, même les modérés du système? Sauf le type de l'espèce, l'instinct spécial qui la distingue, et certaines aptitudes qu'on peut dire instinctives aussi, développées et maintenues dans quelques variétés obtenues par la culture de l'homme, exemple : le chien d'arrêt, ni dans l'ordre intellectuel, ni dans l'ordre affectif et moral, dans ce qu'on nomme le caractère, je ne vois cette transmission. Même sans monter jusqu'à nous, puisque j'ai parlé du chien, j'invoque le témoignage de tous ceux qui en élèvent. Il y a autant de différence dans les *caractères* des chiens de la même portée, que dans ceux des enfants de la même famille et du même lit. J'ai connu, pour ma part, quatre chiens d'arrêt, trois femelles et un mâle, nés le même jour, de la même mère, complètement différents d'intelligence, d'allures, de tempérament et d'humeur. Quand il s'agit de l'homme, l'influence de l'atavisme, au point de vue intellectuel et moral, est encore bien plus discutable. Sans parler des fréquents exemples de gens d'esprit engendrant des crétins; de rejetons d'honnêtes souches méritant d'aller au bagne, et, dans le sens inverse, de descendants de générations incultes s'élevant, au premier rang d'une branche d'activité sociale, ne voyons-nous pas, dans l'histoire des idées et des institutions, comme un perpétuel flux et reflux de générations réagissant les unes contre les autres? — « A père avare, enfant prodigue, » dit la sagesse des nations. Si l'atavisme était cette loi déterminante qu'on suppose, nous habiterions encore les cavernes de l'âge de pierre..

Je ne sais qui a dit : — « L'enfant a tout reçu de ses père et mère, et de l'humanité antérieure, tout hors le *moi*. » Le moi, c'est le caractère. Et, si quelque chose influe sur le caractère, c'est l'éducation,—adaptation au milieu,— qui nous imprègne de son atmosphère. Le grand sentiment commun qui, arrivé à la maturité, détermine une phase nouvelle, n'est pas dû à l'atavisme familial, mais à la lente incubation d'un nouvel idéal dans l'espèce ou la fraction de l'espèce dont on fait partie intégrante. On est fils de son époque, bien plus que de ses parents, qui sont de l'époque antérieure.

— « Pendant le cours de ma longue vie, disait le calife Ali,
« gendre de Mahomet, j'ai souvent remarqué que les hommes
« ressemblent plus au temps dans lequel ils vivent, qu'ils ne
« ressemblent à leurs pères. »

Le rôle de l'atavisme, c'est le maintien de l'espèce, et, jusqu'à un certain point, la fixité des progrès dus à la sélection artificielle ou naturelle. Sa fonction est purement physique. Il ne peut rien sur l'esprit. — « Le père, dit Louis Lucas, transmet à son fils un orchestre, les organes, et des artistes, les forces. Le compositeur chef d'orchestre, l'âme vient après. »

— « Si, écrit le docteur Gros, dans un livre qu'il faut lire, le
« *Problème*, un individu était uniquement le produit de ses
« *facteurs ataviques* pris à un degré quelconque de son ascen-
« dance et plus ou moins nombreux, suivant la période choi-
« sie, les caractères individuels, souvent contradictoires, de
« tels facteurs se trouveraient en lui comme brouillés, effacés,
« atténués les uns par les autres, et leur confusion définitive
« s'exprimerait par un type veule, indécis, vague, insignifiant,
« ayant à peine conservé quelques traits indistincts de la race
« prédominante.

« L'observation ne montre rien de pareil. C'est souvent le
« contraire qu'on observe. Une lignée assez obscure, un cou-
« ple assez ordinaire donne lieu à un être ou éclatent des beau-
« tés corporelles imprévues, des qualités d'âme insoupçonnées.
« En lui revit presque l'archétype d'une race longtemps
« abaissée par les hasards pathologiques. En lui apparaît sur-
« tout quelque chose d'absolument nouveau et de spécial qui
« est *lui*. L'union accidentelle de l'élément mâle à l'élément
« femelle ne suffit pas pour expliquer ce phénomène, le plus
« étonnant peut-être que la nature puisse nous présenter.....

L'individu est par lui-même quelqu'un. Il apparaît avec ses

« caractères propres, mêlés à ceux de la race de ses parents
« qu'il continue. S'il ressemble à l'un de ses ancêtres lointains,
« c'est que, par lui-même, il avait, avant son incarnation, des
« ressemblances, des affinités puissantes, profondes, avec cet
« ancêtre dont il a trouvé la forme organique virtuelle con-
« servée à l'état de rythme inscrit dans l'organisme de ses père
« et mère immédiats. »

Et, de fait, dans la collection des ancêtres, pourquoi celui-là, plutôt qu'un autre ? — Encore un mystère expliqué par la réincarnation.

« L'être, poursuit M. le docteur Gros, a un sexe déterminé
« depuis longtemps, ce qui est probable, mais, à coup sûr,
« avant l'instant de la *conception* par laquelle il entre dans la
« vie terrestre. C'est en vertu de cette prédestination, qu'il est
« *mâle* ou *femelle*. Sans cela il serait hermaphrodite. Les deux
« sexes se mêleraient en son organisme avec les apparences
« extérieures et grossières appartenant à chacun d'eux, tout en
« s'annihilant l'un l'autre au point de vue des fonctions, comme
« il arrive chez les hermaphrodites accidentels qu'on a pu ob-
« server et décrire. Ce cas tératologique de l'hermaphrodisme
« ne peut s'expliquer que par l'action égale (et ensemble pré-
« dominante) de la forme mâle et de la forme femelle des pa-
« rents, l'action de la forme propre de l'être incarné, lui-même,
« ne pouvant s'exercer, ou s'exerçant mal sur les parties infé-
« rieures de son organisme en formation, par suite de quelque
« circonstance pathologique. »

Je signale à la faculté ce cas pathologique d'un confrère qui compromet la corporation.

Note 10.

Les réformes.

Nous avons à organiser notre régime démocratique. Sur beaucoup de points, nous sommes encore sous l'Empire, mixture de démocratie apparente et d'autocratie réelle que ce génie florentin, mâtiné de corse, qui s'appela Napoléon Ier, accommoda si habilement pour sa consommation privée.

Tant que durera la situation politique qui pèse en ce moment sur l'Europe, la France a besoin d'une unité compacte et d'un pouvoir fort. La situation sociale implique les mêmes nécessités. On ne peut laisser la patrie à la merci d'un coup de main d'une bande d'écervelés, enfants, fous ou criminels. Il faut donc, et avant tout, un gouvernement qui gouverne. C'est la question vitale.

J'insiste sur le mot *patrie,* que quelques insensés proscrivent. L'accord international qui tôt ou tard s'établira, n'effacera pas les nuances dans la grande unité humaine. Ces nuances sont les races diverses, ou, si l'on veut, les nations. Chacune d'elles est un organe distinct de l'humanité collective, une note de la gamme. Il faut les mettre en harmonie, mais non pas les effacer. Les exaltés *humanitaires,* qui crient « à bas les patries », exagèrent outre mesure le sentiment de l'unité, laquelle est un ensemble d'accords et non une note unique. Chaque organisme national a le devoir et la mission de se maintenir dans ses traditions séculaires, ses facultés spéciales, et de se développer librement dans les limites de ses droits, limites qui sont les droits d'autrui.

Revenons à notre France, et soyons heureux, sinon fiers d'être Français, car nous sommes, en ce moment, la nation la moins égoïste de toutes, et, si les peuples nous aiment, malgré nos petits travers, c'est qu'ils savent que nous avons conscience de travailler aussi pour eux, lorsque nous travaillons pour nous.

Dans l'œuvre politique proprement dite, nous avons peu de chose à faire. L'apprentissage du suffrage universel est à peu près terminé. C'était une arme dangereuse, et la forte entaille de l'Empire, qui nous laisse amputés de deux provinces, l'a suffisamment démontré. Mais si l'on ne mettait pas des couteaux dans la main des enfants, sauraient-ils jamais s'en servir? Espérons pourtant que notre sang n'aura pas coulé en vain, et servira d'avertissement pour les autres.

Il y a bien dans notre établissement républicain une Chambre mal occupée. Le Sénat n'est ni chair ni poisson. Ce rouage pondérateur, indispensable dans la machine, pèche par son origine. Ce devra être, en même temps que le Conseil des anciens, la représentation élevée des grands organismes sociaux, syndicats industriels, syndicats agricoles, syndicats ouvriers, syndicats commerciaux, syndicats artistiques qui s'ébauchent en ce moment. La science, la magistrature, l'enseignement, les clergés, la presse, devront y avoir des représentants, élus par les membres de chaque catégorie. Mais, tout un peu boiteuse qu'elle soit, notre Constitution chemine. C'est plutôt une question d'art, et nous avons de plus pressants besoins. Les questions dites sociales nous talonnent. Ce n'est pas trop, pour les résoudre, du concours empressé de tous, individus, corporations, État.

Et d'abord, un mot sur l'État, à qui certaines écoles veulent retrancher son plus bel apanage. — « Pas d'état socialiste! » s'écrient d'un commun accord, les individualistes de la ploutocratie et ceux de la démagogie, anarchistes d'en haut et anarchistes d'en bas.

Que peut être l'État, s'il n'est pas *socialiste?* Il l'a même toujours été, et ne peut pas être autrement. C'est le socialiste par excellence, puisque sa grande mission consiste à régler les rapports sociaux. Seulement, dans les temps passés, son socialisme s'exerçait en faveur d'un petit nombre, contre la masse qu'il exploitait. — L'État, c'est nous, disaient les nobles, au bon vieux temps féodal. — L'État, c'est moi, dit Louis XIV, après les Grands jours d'Auvergne. — L'État, c'est moi, dit la bourgeoisie, après la prise de la Bastille. Aujourd'hui, l'État, c'est *tous.*

La fonction qu'il exerçait, soit au profit d'un seul, soit au profit de quelques-uns, il doit l'exercer maintenant au profit de tous les membres de la famille. Supprimez cette fonction, il n'y a plus que le chaos. Les anarchistes d'en bas, sont de simples imbéciles. Mais les anarchistes d'en haut savent bien ce qu'ils font, en demandant le laisser faire, sous l'égide de la gendarmerie qui ne laisse faire que les forts. Heureusement le code de la sélection sociale basé sur la loi naturelle, ne compte plus guère d'adorateurs que dans les cathédrales de l'agiot.

La réforme fiscale est la première qui s'impose. Prendre sur les besoins du pauvre est une iniquité sociale. Exonérer de l'impôt ceux qui n'ont en capital, terre et mobilier, que juste ce qu'il leur faut pour vivre, eux et leur famille, voilà l'idéal à poursuivre. On n'a pas besoin, pour cela, de déranger les élus du banquet de la vie. On peut les laisser à table, et ne prélever sur la desserte, que quand ils ont quitté le festin. Impôt sur les successions et suppression de l'héritage collatéral *ab intestat,* rendant à la collectivité sociale une part des richesses acquises par quelques-uns, à l'aide du capital créé par tous; monopole par l'État de l'alcool et des objets de consommation dont la falsification est un danger pour la santé publique, permettant à la fois de remédier aux trop grands progrès de la chimie et de remplacer les impôts, ironiquement appelés indirects, qui pèsent sur le nécessaire de tous..., on n'a que le choix des moyens, et il faudra bien qu'on y arrive. Cela commence à se poser dans le désidératum commun, en dépit de la bureaucratie et de la ploutocratie, routine et égoïsme, ces deux ennemis de tout progrès. Le reste viendra à son rang, et ne se fera pas en un jour, mais à chaque heure suffit sa tâche.

Hiérarchie administrative, communes groupées dans le canton, cantons groupés dans la province, chaque rouage, petit ou grand, ayant sa vie, son autonomie, son initiative légitimes; organisation, à tous ces degrés de l'échelle, de l'assistance, de l'assurance et du crédit; tout cela résumé, pondéré, équilibré par l'État, grand ressort de la mécanique, et la liberté de s'isoler, de se grouper, de s'associer, laissée à tous, pour leur organisation domestique, pour leurs travaux industriels, tel est l'édifice non à construire, mais à aménager, car les murs existant déjà. Reste à former les locataires. Et ce n'est pas une mince besogne, car la réforme des mœurs et surtout des caractères est cent fois plus difficile que celle des institutions. Nous avons, comme éducateurs, le maître d'école et la presse. Le maître d'école fait ce qu'il peut; mais la presse éduque bien mal, ayant, hélas! grand besoin de s'éduquer elle-même.

L'idéal de la société future se résume en ces quelques mots empruntés à Charles Fauvety qui appelle cela *socialisme*. Fourier l'appelait *harmonie* :

— « *Le socialisme est cette forme des sociétés humaines, qui doit succéder à la civilisation, comme la civilisation a succédé à la barbarie, et doit avoir pour objet de faire participer tous les hommes aux avantages de l'état social, en organisant cet état social de façon à ce que tous les membres d'une même unité nationale participent équitablement à tous les biens matériels, affectifs, intellectuels et moraux acquis par les générations antérieures et à acquérir par les générations présentes ou futures. — Le but du socialisme ainsi défini est donc la réalisation progressive de la solidarité humaine élevée jus-*

qu'à la suprême perfection et à la plénitude de la vie pour chacun et pour tous. »

Va pour *socialisme*, quoique ce mot ne signifie absolument rien, parce qu'il signifie absolument tout ; et que les souverains héréditaires qui possèdent l'amour de leurs sujets, se rendent compte que ce plan peut être réalisé par les monarchies, aussi bien que par les républiques.

Note 11.

Ésotérisme, exotérisme.

J'emprunte à la *conclusion* d'un beau livre de M. Charles Barlet, *Essai sur l'évolution de l'Idée,* cette remarquable description de l'évolution de l'esprit dans l'humanité.

— « La vie se concentre, selon les périodes de l'existence,
« tantôt dans l'un, tantôt dans l'autre des trois organes so-
« ciaux : *le sanctuaire* où l'idée supérieure s'incorpore ; *l'école*
« qui l'élabore et la transmet ; le *peuple* qui la réalise par l'ac-
« tion. C'est ainsi que, dans le cours de notre existence terres-
« tre, nos tuteurs, nos inspirateurs ou nous-mêmes détermi-
« nons plus particulièrement nos actes. Il y a donc des temps
« où la science supérieure, l'ésotérisme, doit s'effacer devant
« la liberté humaine appelée à se diriger par ses propres for-
« ces ; de là les périodes de l'involution de l'idée : — état théo-
« cratique avec initiation individuelle et rare ; — occultation
« ou *occultisme* avec initiation mystérieuse ; — initiation gé-
« nérale, ère de science religieuse que Christ a inaugurée pour
« l'Occident.

« Toutefois aucun organe ne reste jamais inactif : apparent
« ou caché, le travail de chacun d'eux est constant, mais sou-
« mis à la loi hiérarchique qui le rattache aux deux autres.
« Toujours l'idée providentielle, la force centripète, domine
« l'ensemble, en le pénétrant de ses germes, de son involution,
« et se dissimulant davantage à mesure qu'elle lui infuse la
« vie.

« Le destin conduit les détails par la fatalité de sa loi évolu-
« tive ; de gré ou de force, toute individualité doit s'encadrer
« dans son inévitable trinité : naissance, vie et mort, libre seu-

« lement de s'y mouvoir en un sens ou dans l'autre, et à charge
« de subir quelque jour le jugement du Dieu inflexible.

« Aura-t-il su assentir à l'idéal que son existence lui a ensei-
« gné, l'individu sera appelé au degré suivant de la vie totale ;

« A-t-il cru pouvoir résister, pour le triomphe de son égoïsme,
« à l'attraction du centre idéal, il sera brisé par la mort dans
« l'irrésistible tourbillon de retour, et par l'effet de ses actes
« mêmes.

« C'est ainsi que se présente, dans son évolution, l'ensemble
« de l'humanité vivante qui n'est qu'une individualité dans les
« immensités du cosmos. Pleine d'innocence en son premier
« âge, alors aussi rapprochée que jamais de l'invisible au sein
« duquel elle dormait tout à l'heure, elle en reçoit encore l'in-
« fluence presque directe par ses rares prophètes et ses initiés
« venus pour lui transmettre l'éternelle *tradition*.

« Elle grandit ; elle croit en intelligence et en liberté ; le tra-
« vail de la vie se divise et se subdivise en elle ; le germe idéal
« se partage comme un signe de ralliement qui doit un jour
« reconstituer la réunion triomphale de la famille dispersée.
« Les maîtres se retirent ; le libre travail va grandissant ; la
« masse active, fermente, s'agite, bouillonne ; ces éléments se
« croisent, se heurtent, se combattent ; puis, petit à petit, le
« classement s'opère, l'apaisement se fait, l'activité cesse,
« l'immobilité lui succède ; l'idée initiale accomplie, la *mort*
« prononce son jugement.

« Par là, la synthèse de l'œuvre finale en vue de laquelle
« cette vie avait pris naissance, la masse des élus qui, par
« leur seule présence, proclament la gloire de la pensée
« créatrice ;

« Par là, le résidu mort, inharmonique, des damnés qui se
« sont retirés de la vie commune, *rudis indigestaque moles*,
« masse informe qui doit attendre que l'effluve idéale revienne,
« qu'un Christ redescende aux enfers pour la racheter en l'ani-
« mant pour d'autres réalisations sublimes...

« Telle est la vie morale, telle est aussi la vie de détail, au
« sanctuaire, à l'école, ou dans le peuple, à travers les siècles,
« comme dans les petites périodes qui voient vivre et mourir
« un système économique, philosophique et religieux. Par-
« tout vous verrez au début un homme ou un groupe d'hommes
« inspirateur ; avec lui se forme la période d'enfance, de foi, à

« laquelle succéderont celle d'analyse et celle de synthèse
« finale, sauf les accidents morbides ou mortels.

« Nous n'avons donc pas à nous préoccuper des fluctuations,
« des agitations, même les plus terribles, de l'école ou de la
« société, non plus que du sacrifice des vies individuelles de-
« mandé par la vie universelle ; ce n'est là que l'œuvre du des-
« tin. Une seule pensée mérite nos soins : la réalisation de
« l'idéal dont l'involution a produit le mouvement auquel nous
« sommes libres d'assentir ou non, par l'effort de nos volontés
« et de l'intelligence.

« Mais comment pouvons-nous réaliser l'idéal ; que pouvons-
« nous particulièrement à notre époque pour et par l'évolution
« de l'idée ?

« Pour le comprendre, il suffit de considérer quel moment
« de l'évolution notre siècle représente. C'est le temps que
« nous avons vu particulièrement critique, de l'analyse ex-
« trême, de l'extrême division, mitigée par une tendance à la
« fédération. Pour la société, c'est l'enfance de la démocratie,
« menacée de la maladie démagogique. Pour la pensée publi-
« que, c'est le positivisme matérialiste qui menace de la disso-
« lution par l'épicurisme et le scepticisme.

« Cependant nous semblons avoir franchi déjà le point dan-
« gereux de ce cap, car, à l'école, comme dans le public, nous
« tendons en toutes choses vers la synthèse, et c'est en elle
« qu'est notre salut, avec le but du mouvement que nous tra-
« versons.

« Nous n'avons donc à nous effrayer ni des menaces d'anar-
« chie sociale, ni des sombres désespérances du nihilisme. Ce
« sont les produits nécessaires de l'obscurité que le destin
« nous condamne à traverser, souterrains qui nous conduisent,
« si nous savons les parcourir, aux splendeurs d'une science
« et d'une organisation sociales inconnues depuis de longs
« siècles. »

Ces quelques lignes donnent la mesure du penseur dont la *conclusion* vient appuyer la mienne.

TABLE DES MATIÈRES

	Pages.
I. — Jeune science et vieille métaphysique............	1
II. — L'inconnaissable................................	4
III. — La nature....................................	14
IV. — La philosophie de l'Inconscient................	21
V. — L'Inde antique.................................	33
VI. — Le bouddhisme exotérique moderne............	59
VII. — La doctrine secrète...........................	68
VIII. — La métaphysique chinoise.....................	113
IX. — La Gaule celtique.............................	128
X. — La Kabbale...................................	136
XI. — L'Ésotérisme chrétien.........................	177
XII. — Le spiritisme................................	200
XIII. — Les œuvres de l'inconscient..................	238

DÉDUCTIONS :

I. — Les deux hypothèses.......................	253
II. — La grande synthèse........................	261
III. — Sur la route..............................	279

Notes..	287
Note 1. — Ce que dit la science...................	289
— Ce que dit la raison.........................	290
Note 2. — Essence, substance.....................	290
Note 3. — La volonté............................	291
Note 4. — Le surnaturel.........................	291
Note 5. — Une excuse de la nature................	292
Note 6. — L'astronomie des poissons..............	292
Note 7. — Le cycle de Ram.......................	293
Note 8. — Mᵐᵉ Blavatsky.........................	294
Note 9. — Un mot sur l'atavisme..................	295
Note 10. — Les réformes.........................	297
Note 11. — Ésotérisme, Exotérisme................	301

LE PUY-EN-VELAY. — IMPRIMERIE MARCHESSOU FILS.

DERNIÈRES PUBLICATIONS

COLLECTION IN-18 A 3 fr. 50 LE VOLUME

BORDONE (GÉNÉRAL)
Garibaldi (Portrait et Autographe). . . . . 1 vol.

DAUDET (ALPHONSE)
Port-Tarascon. Derniers exploits de l'illustre Tartarin. — Collection Guillaume illustrée. . . . . 1 vol.
L'Obstacle. Pièce en 4 actes. — Collection Guillaume illustrée. . . 1 vol.

FLAMMARION (CAMILLE)
Uranie. Collection Guillaume illustrée. . . . . 1 vol.

GRANGIER (LOUIS)
L'Oncle Ernest . . . . 1 vol.

HUGUES LE ROUX
Au Sahara. Illustré d'après des photographies de l'Auteur . . . . 1 vol.

LANUSSE (L'ABBÉ)
Les Héros de Camaron. . . . . 1 vol.

MAËL (PIERRE)
Mariage mondain. . . . . 1 vol.
Amours simples. Roman. . . . . 1 vol.

MENDÈS (CATULLE)
Le Soleil de Paris. Illustrations de Métivet. . . . . 1 vol.

J. MICHELET
Rome. . . . . 1 vol.

PRADELS (OCTAVE)
Les Desserts Gaulois. Illustrations de Fraipont. . . . . . . 1 vol.
Robert Daniel. Roman. . . . . 1 vol.

SACHER MASOCH
La Sirène. Roman de mœurs russes. . . . . 1 vol.

SALES (PIERRE)
Beau Page. . . . . 1 vol.

SIMON (JULES)
Mémoires des Autres. Illustrations de Noël Saunier. . . . . 1 vol.

TOLSTOÏ (LÉON)
Pamphile et Julius. . . . . 1 vol.
De la Vie. . . . . 1 vol.
Le Travail. . . . . 1 vol.

XANROF
Chansons à rire. Illustrations et musique. . . . . 1 vol.
Pochards et Pochades. Illustré. . . . . 1 vol.

www.ingramcontent.com/pod-product-compliance
Lightning Source LLC
Chambersburg PA
CBHW071257160426
43196CB00009B/1323